全国高等院校物流专业"十四五"精品规划系列教材
武汉理工大学本科教材建设专项基金项目

绿色物流
（第3版）

王长琼　李顺才　编著

中国财富出版社有限公司

图书在版编目（CIP）数据

绿色物流／王长琼，李顺才编著．—3 版．—北京：中国财富出版社有限公司，2020.12 （2025.8 重印）

（全国高等院校物流专业"十四五"精品规划系列教材）

ISBN 978-7-5047-7302-9

Ⅰ.①绿… Ⅱ.①王…②李… Ⅲ.①物流管理—无污染技术—中国—高等学校—教材　Ⅳ.①F259.22

中国版本图书馆 CIP 数据核字（2020）第 259257 号

策划编辑	郑欣怡　徐　妍	责任编辑	雷晓玲		
责任印制	荀　宁	责任校对	杨小静	责任发行	敬　东

出版发行	中国财富出版社有限公司		
社　　址	北京市丰台区南四环西路 188 号 5 区 20 楼	邮政编码	100070
电　　话	010-52227588 转 2098（发行部）	010-52227588 转 321（总编室）	
	010-52227566（24 小时读者服务）	010-52227588 转 305（质检部）	
网　　址	http://www.cfpress.com.cn	排　版	宝蕾元
经　　销	新华书店	印　刷	北京九州迅驰传媒文化有限公司
书　　号	ISBN 978-7-5047-7302-9/F·3258		
开　　本	787mm×1092mm　1/16	版　次	2021 年 1 月第 3 版
印　　张	18.5	印　次	2025 年 8 月第 3 次印刷
字　　数	383 千字	定　价	56.00 元

版权所有·侵权必究·印装差错·负责调换

内容提要

本书以可持续发展思想为指导,将绿色理念融入物流系统管理和决策之中,系统论述了绿色物流的基本理论、方法及策略。全书分为十二章。第一章介绍绿色物流相关概念;第二章介绍物流系统对自然环境的影响;第三章介绍物流系统碳足迹管理;第四章介绍资源环境对物流发展的制约;第五章介绍绿色物流战略及系统框架;第六章到第十章分别介绍绿色物流包装、绿色物流运输、绿色采购与供应物流、供应链逆向物流以及城市物流的绿色化;第十一章讨论绿色物流系统的评价指标体系;第十二章探讨绿色物流发展与制度创新。本书注重绿色物流理论方法与实践的结合,书中附有大量的案例。本书可作为高等院校物流类专业的本科生和研究生教材,也可供企业物流管理人员、政府物流主管部门参考使用。

前　言

随着社会经济的高度发展，在人类物质文明大大提高的同时，地球上的资源正在日益减少，人类赖以生存的环境也正面临着威胁。在这种背景下，20世纪90年代，全球兴起了一股"绿色浪潮"，以可持续发展为目标的"绿色革命"蓬勃兴起，20世纪90年代中期出现的"绿色物流"，正是这种"绿色运动"向物流领域的渗透。物流业作为一个高能耗、高排放的行业，发展绿色物流具有特别重要的意义。目前，绿色物流仍属于一个相对较新的概念。随着可持续发展战略的推进，绿色物流的理论、方法和实践均取得了新的发展。正是在此背景下，我们对2011年出版的《绿色物流》进行了修订。

本次修订对原书的结构和内容进行了较大幅度的调整和更新。在原有内容的基础上，增加了物流系统碳足迹管理、绿色采购及供应物流等内容，部分章节新增了引导案例，更新、改写了绝大部分章节的内容。为帮助读者理解各章的重点，每章后面都增加了思考题。本次修订不仅融入了绿色物流研究领域的新成果，还增加了最新实践案例的分析，因而保证了本书内容的前瞻性和实践性特点。本书既可作为高等院校物流专业方向本科生和研究生的教学用书，也可作为企业管理人员、政府物流主管部门的参考用书。

本书由武汉理工大学王长琼、华中科技大学李顺才共同编著。其中，第一章的第一节，第四章，第十一章的第一节、第二节，第十二章由李顺才撰写，袁晓丽参加了第三章的撰写，其余章节由王长琼撰写。杨畅、田仁久、罗琦、孙艺嘉、叶月瑶、刘晓宇、张迁和邵明霞参加了案例整理和图表绘制工作，在此表示衷心感谢。

本书在写作过程中，参考了大量的国内外资料，作者已尽可能详细地列入参考文献，在此对这些专家学者们表示深深的感谢。

由于绿色物流的理论和方法仍在不断发展的过程中，对它的研究和实践仍在不断深入，限于作者的水平，书中难免存有不足之处，欢迎广大专家和读者批评指正。

编著者
2020年7月

目 录

第一章 绿色物流导论 1
第一节 可持续发展概述 3
第二节 可持续供应链管理 9
第三节 绿色物流的概念 14
第四节 绿色物流的产生背景 19
第五节 绿色物流管理的价值 22
第六节 绿色物流研究的主要内容 23

第二章 物流系统对自然环境的影响 30
第一节 物流系统与环境系统概述 32
第二节 物流包装对自然环境的影响 37
第三节 物流运输对环境的影响 42
第四节 物流系统其他功能要素对环境的影响 49
第五节 物流设施对生态环境的影响 52

第三章 物流系统碳足迹管理 61
第一节 碳足迹的概念 63
第二节 碳足迹测算规范及标准简介 66
第三节 碳足迹测算的基本原理和计算方法 69
第四节 物流活动的碳足迹计算过程 73
第五节 物流运输活动的碳足迹估算 77

第四章 资源环境对物流发展的制约 88
第一节 经济增长的资源环境约束 90
第二节 资源环境与经济活动的互动 94

第三节　物流与环境的共生发展 …………………………………………… 99

第五章　绿色物流战略及系统框架　103

　　第一节　可持续发展的绿色物流战略 …………………………………… 105
　　第二节　绿色物流系统构成及特征 ……………………………………… 108
　　第三节　企业绿色物流系统框架 ………………………………………… 115
　　第四节　供应链循环物流系统 …………………………………………… 119

第六章　绿色物流包装　127

　　第一节　绿色包装的概念 ………………………………………………… 129
　　第二节　绿色包装材料 …………………………………………………… 132
　　第三节　绿色物流包装方式 ……………………………………………… 136
　　第四节　实施绿色包装的宏观策略 ……………………………………… 140

第七章　绿色物流运输　148

　　第一节　可持续发展的运输模式 ………………………………………… 150
　　第二节　物流运输绿色化的目的和原则 ………………………………… 156
　　第三节　实现物流运输绿色化的策略 …………………………………… 157

第八章　绿色采购与供应物流　168

　　第一节　绿色采购的概念、内涵及特点 ………………………………… 170
　　第二节　基于产品的绿色采购策略 ……………………………………… 172
　　第三节　绿色供应商管理 ………………………………………………… 176

第九章　供应链逆向物流　186

　　第一节　逆向物流的概念 ………………………………………………… 188
　　第二节　逆向物流产生背景及重要性 …………………………………… 193
　　第三节　逆向物流系统流程 ……………………………………………… 197
　　第四节　逆向物流系统网络类型 ………………………………………… 200
　　第五节　电子电器产品逆向物流 ………………………………………… 203
　　第六节　逆向物流有效管理的策略 ……………………………………… 208

第十章　城市物流的绿色化　215

　　第一节　城市物流的概念、构成及特殊性 ……………………………… 216

  第二节 物流发展与城市环境问题 ………………………… 222
  第三节 城市物流的绿色化发展策略 ……………………… 225
  第四节 城市共同配送 ………………………………………… 229
  第五节 城市废弃物物流概述 ………………………………… 234

第十一章 绿色物流系统的评价指标体系 ………………………… 241

  第一节 物流业可持续发展评价思想概述 ………………… 244
  第二节 物流业可持续发展评价原则及框架 ……………… 247
  第三节 物流业可持续发展评价指标体系 …………………… 250
  第四节 物流系统的绿色度评价 ……………………………… 254

第十二章 绿色物流发展与制度创新 ……………………………… 261

  第一节 "市场失灵"与物流政策制度 ……………………… 263
  第二节 绿色物流发展的政府规制 …………………………… 266
  第三节 绿色物流发展的政策激励 …………………………… 274
  第四节 绿色理念的教育与传播 ……………………………… 279

参考文献 ……………………………………………………………………… 284

第一章　绿色物流导论

引导案例　沃尔玛绿色供应链管理实践

作为全球最优秀的零售商,沃尔玛的发展经历了多个阶段。最初是针对低收入家庭购买需求的低价策略,到 20 世纪 90 年代末期是通过供应链物流降低总成本、提高竞争优势的策略,2000 年以后,沃尔玛开始走可持续发展之路。通过"绿色化"来强化供应链管理进程的商业模型是一个具有战略意义的决策,对沃尔玛的发展、配送技术以及企业形象都有积极的影响,促使沃尔玛发展成为一个全球绿色供应链领导者。

一、雄心勃勃的新目标

2000 年,新的总裁兼首席执行官 Lee Scott(李·斯科特)上任后采用了一种能够让物流过程更经济、对环境更友好的策略——绿色物流。这就意味着沃尔玛要建立一个能独立监督海外供应商并确保能满足社会和环境标准的系统。Lee Scott 认为,做一个成功的环境管理者和盈利并不是互斥的,两个目标可以同时实现。例如,如果一辆货车的燃油里程效率每加仑提高 1 公里,每年就会节约 52 美元;Lee Scott 还认为,如果沃尔玛仅仅强调自己的环境行动,则可能失去了 90% 的改善外部环境的机会,因此必须在整个供应链范围实施可持续性战略。2005 年年末,沃尔玛向所有店铺职员和供应商发出了可持续性倡议,提出了 3 个雄心勃勃的目标,以大幅降低沃尔玛的经营活动对环境的影响。这 3 个目标是:100% 使用可再生能源;零浪费;销售有利于保护资源和环境的产品。

沃尔玛还设立了一些部门的具体目标。例如,运输车队的燃料使用效率要在 3 年内提高 25%,10 年内翻一番,温室气体排放在 7 年内减少 20%;车队制定了购置柴油—电力混合驱动的冷藏车计划,以节约燃料费并减少温室气体排放;各门店的能耗在 7 年内减少 30%;等等。正是基于环境友好的理念,沃尔玛构建了可持续的价值网,通过环保产品的采购和供应商管理实现向绿色供应链的转变。

二、可持续的价值网络

沃尔玛构建了可持续的价值网络（Sustainable Value Networks，SVNs），由表 1-1 所示的 14 个子网络构成，共同实现公司的 3 个目标。与沃尔玛业务相关的非营利组织、雇员、客户和供应商均可加入该网络，沃尔玛向网络参与者共享有关运作信息，以便共同发现问题、提出解决方案，实现供应链的绿色化。公司利用网络方法降低供应链整体的碳排放和环境影响，提高盈利能力；应用系统观点帮助零售商和供应商找到解决环境问题的方法。

表 1-1　　　　　　　　　　沃尔玛可持续的价值网络

环境目标	100% 使用可再生能源	零浪费	销售有利于保护资源和环境的产品
网络构成	·全球温室气体战略 ·燃料替代品 ·全球物流 ·能源、设计、建造和维护	·运作及采购 ·包装	·化学集约型产品 ·海产品 ·电子电器产品 ·食品和农产品 ·森林和纸制品 ·珠宝 ·瓷器 ·纺织品

三、"可持续发展 360"战略

该战略不仅着眼于减少公司自身的碳足迹和环境影响并提高能效，还通过各种方式在供应商、员工、消费者和社区群体中大力倡导可持续的生产方式和消费理念，通过合作项目帮助他们进行可持续发展能力的建设。

（一）供应环保产品

自 2010 年以来，沃尔玛货架上的环保产品越来越多。沃尔玛要求其木制产品及纸制品的木料来源是环境友好的，产品中要含有较多的可再生原料。例如，美国沃尔玛商场中 80% 以上的纸质本以及所有的复印纸类产品都产自经过认证的、有专人管理的森林；自有品牌 Garanimal（加拉马尔）木制儿童玩具、Mission（美声）木架沙发床等木制产品均已获得森林管理委员会的认证；沃尔玛还重新设计了 Mainstays（明庭）系列卫浴用品的包装，去掉了分包装，节约了大约 33 吨的波纹纸板和 32 吨的塑料。

（二）沃尔玛供应商管理

沃尔玛非常重视与供应商的合作，共同打造可持续的绿色供应链。沃尔玛全球采购办公室于 2009 年发起了"沃尔玛能效提升项目培训"，帮助供应商提高能源使用效率，减少能源成本。来自玩具、家具、服装、电子等不同行业的几百家供应商受益于该项目。沃尔玛通过派专业人士到供应商工厂进行节能机会点评估，组织节能技术研讨会、专业能效知识培训、经验分享会等方式，帮助供应商提升能效。

（三）绿色包装

2010 年，沃尔玛在深圳举行了绿色包装大会，宣布与广东包装技术协会共同启动供应商包装改进工程，减少包装浪费。沃尔玛实施了环保积分卡项目，将环保包装列为供应商的评估标准之一；还为环保包装实践中表现突出的供应商颁奖。

（四）倡导可持续性的消费

沃尔玛同全球 70 多家机构合作，提出了"产品可持续性指数"的概念，为消费者、零售商及供应商判断一件商品的可持续性提供标准。沃尔玛开发了简单易用的工具，为顾客提供浅显易懂的信息，帮助顾客了解产品的可持续性。

📍 案例解析

随着全球资源环境的恶化，可持续发展已成为企业发展的一种必然选择。从上述案例可以看出，沃尔玛通过环保产品的采购、绿色供应商管理、绿色包装等行动，将可持续发展理念贯穿供应链全过程，实现绿色供应链管理，同时实现供应链的经济效益和环境效益。绿色供应链管理是一个复杂的过程，涉及产品设计、采购与供应商管理、生产、物流以及产品回收处理的全过程，还包括了绿色消费管理。绿色物流（Green Logistics 或 Environmental Logistics）是一种融合了环境保护观念的物流决策模式，是绿色供应链管理的重要组成。

本章作为全书的导论，首先介绍可持续性与供应链管理的融合——可持续供应链管理的概念；其次介绍绿色物流的概念、产生背景；最后介绍绿色物流管理的价值以及内容框架等基本问题。

第一节 可持续发展概述

可持续发展是人类经济社会发展的共同选择，企业可持续发展也是企业获得持久竞争优势的必要条件。联合国全球契约组织进行的可持续性调查表明，管理供应链的可持续性是企业实现可持续发展的重要途径。

一、可持续发展观的历史演进

随着人类文明的演化，人与自然的关系经历了一个从和谐到失衡、再到新的和谐的螺旋式上升过程，人类的发展观也随着这一进程不断进化。人类社会由农业社会、工业社会向信息社会转变，人类的发展观亦由传统发展观向可持续发展观转变。

工业革命之前，人类生产以农牧业为主，以土地为主要生产资料，以犁、锄、刀、斧等为主要生产工具，以马车、木船为主要交通运输工具。这一时期的生产力水平较低，人们的活动空间和时间都受到限制。活动空间受地理条件的严重制约，仅局限于相互联系很少的几个耕作地之间；而活动时间受自然界的节律和周期的严重制约。从总体上看，人类仍然被动地接受自然的统治，人与自然的关系基本保持和谐状态。

随着科学技术的发展，特别是机器生产的发展，发生于 18 世纪下半叶的工业革命，使人类开始以崭新的方式从事生产活动，从简单的直接消费自然界的物质转变为从根本上加工改造这些物质。生产资料从土地扩展到矿石、煤炭、石油等多种不可再生资源；机器设备代替了手工工具，汽车、火车等运载设备代替了传统的马车、木船等运输工具。人与自然的关系发生了根本的改变，由过去简单的生产消费的关系逐渐变成人类利用、控制和改造自然的关系。

特别是第二次世界大战以后，人们对发展的理解是按照经济的增长来定义的，即以国民生产总值或国民收入的增长为重要目标，以实现工业化为主要内容。在这一发展观的指导下，世界各国都追求经济的高速增长，"烟囱"产业被看成是"朝阳"产业，备受推崇；尤其是在第三次技术革命的推动下，生产力得到快速发展，攫取自然资源的能力得到空前的提高，经济发展达到了前所未有的高度。但与此同时，隐藏在发展背后的一系列危机暴露了出来，人类被迫面对人口膨胀、资源短缺、环境污染、生态破坏以及发展不平衡等一系列日益严重的世界性问题。为此，人们开始反思传统的经济发展模式。从 20 世纪 60 年代到 80 年代，逐渐形成了可持续发展（Sustainable Development）这一战略性发展观。

1962 年，美国的卡逊（Rachel Carson）发表了《寂静的春天》，为人类的前途描绘出一幅惨淡的图景。她注意到，由于化学杀虫剂的生产和应用，很多生物和害虫一起被杀灭，连人类自己也不能幸免。该书唤起了人们对传统发展观的反思。1969 年，由美国麻省理工学院主持并组织不同领域的科学家共同完成了《环境危机研究报告》。该报告后来被作为 1972 年 6 月联合国在瑞典斯德哥尔摩举行的第一次"人类环境会议"的背景材料。会议通过了《人类环境宣言》，该宣言指出："为了当代人和后代人，保护和改善人类环境已成为人类紧迫的目标，它必须同世界经济发展这个目标同步协调地发展"。这包含了可持续发展的初步思想。

1972年，英国科学家出版了《生存的蓝图》，罗马俱乐部发表了著名的《增长的极限》。1976年，美国学者巴巴拉·沃德（Barbara Ward）和雷内·杜博斯（Rene Dubos）发表了《只有一个地球》。这些作品从不同角度将人类对生存与环境的认识推向了一个新境界，即可持续发展的境界。

1987年，由挪威前首相布伦特兰（Brundtland）夫人担任主席的联合国世界环境与发展委员会发表了一篇划时代的报告——《我们共同的未来》，正式提出了可持续发展的概念：可持续发展是既满足当代人的需求，又不对后代人满足需求的能力构成危害的发展。2002年，在南非约翰内斯堡召开的联合国可持续发展大会，确定发展仍是人类共同的主题，经济、社会、环境是可持续发展不可或缺的三大支柱。

1994年3月，我国政府颁布了《中国21世纪议程》，提出了促进社会、经济、资源、环境以及人口、教育相互协调的可持续发展总体战略和政策方针；1995年正式将"可持续发展"作为我国的基本发展战略。至此，可持续发展从理论、观念到实践都进入了一个崭新的历史时期。

二、可持续发展的内涵

可持续发展的思想源远流长。在我国古代圣贤先哲的著作中，包含了十分丰富的、朴素的可持续发展思想。例如，《吕氏春秋》中的"竭泽而渔，岂不获得，而明年无鱼"；《老子》中的"人法地，地法天，天法道，道法自然"；《孟子》的"天时不如地利，地利不如人和"；《管子》中的"亡伤襁褓，时则不调""地力不可竭，民力不可惮"；贾思勰的"顺天时，量地利，则用力少而成功多，任情返道，劳而无获"等。这些都从不同侧面论述了人与自然、人与人的关系准则。这些朴素的观点虽然包含了尊重自然规律的基本思想，但没有形成可持续发展的思想体系。

迄今为止，全球不同学者和机构给出的可持续发展的定义有100多种。下面列举几个权威机构的定义。

联合国世界环境与发展委员会（1987）认为，可持续发展是既满足当代人的需求，又不对后代人满足需求的能力构成危害的发展。

世界环境与发展大会的《里约环境与发展宣言》（1992）中认为，"人类应享有以与自然相和谐的方式过健康而富有生产成果的生活的权利，并公平地满足今世、后代在发展与环境方面的需求"。

《21世纪议程》同样认为可持续发展是指"既满足当代人的需求，又不对后代人满足需求的能力构成危害的发展"。

世界银行（1992）认为，可持续发展是指建立在成本效益比较与审慎的经济分析基础上的发展和环境政策，加强环境保护，从而导致福利的增加和可持续水平的提高。

我国学者对可持续发展的内涵也提出了自己的见解。如宋健（1996）认为可持续发展的内涵既包括经济发展，也包括社会的发展和保持、建设良好的生态环境。

由此可见，可持续发展的内涵十分丰富，包括降低经济活动对环境的影响、增加人类福利，从产出最大化转向公平增长、消除贫困、提高效率三者协同的发展范式等。其中最权威的、得到大多数认同的是联合国世界环境与发展委员会给出的定义。

三、可持续发展的基本原则

尽管对可持续发展的定义见仁见智，但是关于可持续发展的基本原则还是达成了比较一致的共识。

（一）公平性原则（Fairness）

公平性体现的是选择的平等性，即一部分人的发展不能以损害另一部分人的发展为代价，当代人的发展不能以损害后代人的发展为代价。可持续发展所追求的公平性原则包含3层含义，具体如下。

一是代内公平，即当代人之间的横向公平。一部分人的发展不能以损害另一部分人的发展为代价，要给世界以公平的分配权和公平的发展权，要把消除贫困作为可持续发展进程中特别优先的问题来考虑，实现真正意义上的发展。

二是代际公平，即世代人之间的纵向公平。人类赖以生存的资源是有限的，当代人的发展不能以损害后代人来满足其需求所必需的自然资源和环境为代价，应让世世代代享有公平的自然资源和环境的利用权利。

三是区际公平，即强调世界各民族之间发展的公平性。世界资源的绝大部分为少数国家所支配和消耗，影响了发展中国家合理利用地球资源来实现其发展的进程。因此要谋求发展中国家在科技进步共享、贸易发展和资源分配上的公平性。

（二）持续性原则（Sustainability）

自然资源和环境是人类赖以生存和发展的基础，自然资源供给的永续性和生态环境对污染容纳的持久性是人类社会得以持续发展的首要条件。这一基础一旦遭到破坏，人类的生存就受到威胁，发展也就无从谈起了。因此，人类必须认识并正确对待自然资源供给能力的有限性和生态环境容纳污染能力的有限性，从根本上调整自己的生产和生活方式，保持和改善生态环境，正确处理当前需要和长远需要以及当前利益和长远利益之间的关系，把人类的社会经济发展放在可持续发展的稳固基础上。

持续性原则要求人类的经济和社会发展不能超越自然资源和生态环境的承载能力，人类对自然资源的耗竭速率应充分考虑资源的临界性，应以不损害大气、水、土壤、生物等构成的自然系统为前提，不仅要约束资源浪费行为和环境污染行为，而且必须保护和加强资源建设，恢复环境质量。可持续性原则强调"人口、资源、环境、发展"的动态平衡。

（三）共同性原则（Common）

由于不同国家（地区）有着不同的历史、文化和经济发展水平，可持续发展的具体目标、政策措施、实现模式亦相应地有所区别。但是，可持续发展作为全人类发展所追求的总目标，所体现的公平性原则和持续性原则是共同的。要实现这一总目标，必须全球联合行动。无论是发展中国家还是发达国家，无论是市场经济国家还是计划经济国家，其经济和社会发展的目标必须根据可持续性原则加以确定。任何国家（地区）的经济发展都必须以全球性可持续发展为基本方针。《里约环境与发展宣言》中同样反映了共同性原则：致力于达成既尊重各方利益，又保护全球环境与发展体系的国际协定，认识到我们的家园——地球的整体性和相互依存性。可见，可持续发展的共同性原则体现的是全球尺度的整体性、统一性和共享性。

由此可以看出，可持续发展思想的主题在于正确规范两大基本关系：一是"人与自然"之间的关系准则，人与自然之间的相互适应和协调进化是人类文明得以发展的必要条件；二是"人与人"之间的关系准则，人与人之间的同舟共济、平等互利、互助互信、共建共享以及当代的发展不以危及后代的生存与发展为代价等，是人类文明得以延续的充分条件。这要求人类以极高的认知能力与道德责任感自觉地规范自己的行为，共同创造一个和谐的世界。只有将这种必要条件与充分条件完整地组合起来，才能使不同社会制度、不同意识形态、不同文化背景的人们在可持续发展问题上达成基本共识，最终实现代际公平、区际互补以及人与自然协调、持续发展的目标。

四、企业可持续性及企业可持续性的三重底线

（一）企业可持续性

可持续性（Sustainability）是可持续发展的同义词，但是二者略有差异。联合国世界环境与发展委员会给出的可持续发展定义是关于宏观层面经济社会发展的定义，该定义很难直接应用到企业运营管理中。例如，企业如何识别未来的以及现在的需求，如何选择合适的技术和资源来满足这些需求，如何实现社会和自然环境之间的平衡等。对于这些问题，可持续发展定义不能为企业提供直接的指导。

"可持续性"一般是指企业可持续性，是可持续发展概念在微观经济层面的应用。

由于企业的经营活动消耗大量资源,产生大量环境污染物,因此,企业可持续性对于实现社会的可持续发展至关重要。从相关文献研究看,企业可持续性概念主要集中在生态环境的可持续性,同时也强调了社会责任和经济责任。与可持续发展概念一样,该概念同样也经历了较长时期的探索。例如,Shrivastava(什里瓦斯塔瓦)将企业可持续性定义为企业具备的一种降低由资源短缺、能源成本波动、污染及废弃物管理导致的长期风险的潜能。2003年新西兰可持续发展工商协会(New Zealand Business Council for Sustainable Development,NZBCSD)将企业可持续性定义为企业为改善其经营活动对社会和环境的影响而进行的对从供应商到制造商/服务提供商、直到最终客户的原材料和服务的管理。尽管不同定义有不同的描述,但各定义之间的本质是相同的。

综合相关文献研究的观点,可将"企业可持续性"的内涵归纳如下:企业可持续性是企业的社会绩效、环境绩效和经济绩效的集成,即企业在追求经济效益的同时,要考虑企业活动带来的环境问题和社会问题,追求经济增长、环境管理与社会公平之间的平衡。

(二) 企业可持续性的三重底线

最常见的可持续性测度是经济、环境和社会三方面的测度,即企业可持续性必须同时考虑经济绩效、环境绩效和社会绩效,实现三者的平衡。这就是企业可持续性的三重底线(The Triple Bottom Line,TBL)原则,如图1-1所示。

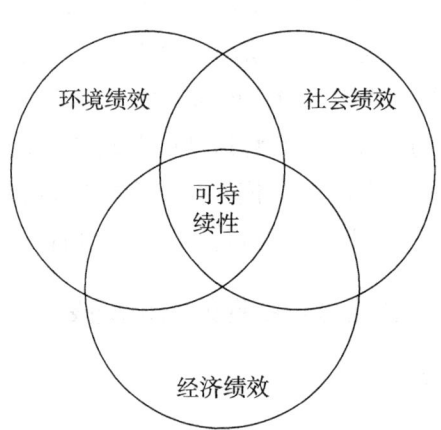

图1-1 企业可持续性三重底线原则

传统上,利润是企业经营的单一底线,是股东的经济利益。三重底线是同时在经济、社会、环境三个维度上所达到的最佳绩效,是对过去单一底线经营理念的更新。三重底线要求企业在重视传统的经济绩效的同时,还要关注社会绩效(如商业伦理、诚信合作、善待员工、社区和谐、公益等)以及环境绩效(如自然资源消耗、资源节约、能耗效率、生态保护、废弃物排放等），即要求企业从单一的利润最大化目标转向经济、社会、环境三个维度整体目标的最优。

三重底线原则阐述的是一个企业如何在经济、社会和环境三个方面达到平衡。由图 1-1 可知，在社会绩效、环境绩效和经济绩效的交叉区域，是企业可以从事的活动，即可持续性活动，这些活动不仅能给自然环境和社会福利带来积极的影响，也能为企业带来长远的竞争优势和经济效益。例如，企业的节能减排行动和资源回收再利用行动，既具有明显的环境绩效，也能降低企业原料成本和废弃物处理成本，因此，能提高企业的经济效益。再如，营造安全的良好的工作条件以及改善员工福利，有利于提高员工工作积极性和生产效率，降低企业招聘成本，既具有良好的社会效益，又能提高企业的经济效益。

第二节　可持续供应链管理

一、基本概念及内涵

随着经济的全球化，越来越多的企业将其采购、生产、营销等业务活动扩散到全球不同的国家（地区），企业的供应商、分销商等业务伙伴分布在全球不同地区。供应链上的供应商、生产商、分销商以及客户通过物料流动、信息流动和资金流动关联成一个整体，核心企业通过其供应链活动，能更有效地传播可持续性理念。将企业可持续性战略延伸到整个供应链，实施可持续供应链管理（Sustainable Supply Chain Management，SSCM）是实现经济社会可持续发展的重要途径。

从文献研究看，"可持续供应链管理"并没有统一的定义。Carter（卡特）和 Rogers（罗杰斯）（2008）将 SSCM 定义为：为提高企业及企业所在供应链的长期经济效益，通过系统协调跨组织的核心业务流程，对组织的社会、环境和经济目标进行战略的、透明的集成和实现。Stefan Seuring（斯特凡·瑟林）和 Martin Müller（马丁·穆勒）认为，可持续供应链管理是综合考虑由客户和利益相关方需求驱动的经济、环境和社会三维目标，对供应链的物流、信息流和资金流以及供应链企业间的合作进行的管理。

SSCM 的实质是可持续性与供应链管理的融合，即基于可持续性的三重底线原则实施的供应链管理。参照供应链管理的定义，本书给出可持续供应链管理定义如下：可持续供应链管理是指以三重底线为原则，即经济目标、环境目标和社会目标的统一，对供应链上的物流、信息流、资金流以及成员间的协调和合作进行的有效管理。

根据以上定义分析，可持续供应链管理的主要特性如下。

（1）目标的多重性。为提高整个供应链的效益，可持续供应链管理要权衡更广范围的绩效目标，因此，供应链上企业在传统经济目标之外还必须考虑供应链上更广范围的问题——环境和社会的可持续性目标。

（2）战略重要性。可持续供应链管理应该融入供应链战略远景中。根据三重底线原则，供应链的最佳效益发生在经济、社会和环境效益三者交汇之处，所以供应链上企业在构建战略远景和长期战略目标时，应该从战略高度实施可持续供应链管理；并以此战略为指导，制定相应的实施策略和行动，实现经济效益、环境效益和社会效益的平衡。

（3）企业间的深度合作。为实现供应链可持续性整体目标的最大化，供应链企业的合作范围更广、程度更深。例如，废旧产品回收再利用能同时产生环境效益、社会效益和经济效益，该策略的有效实施就需要供应商、生产商、分销商以及消费者之间的充分合作。

二、可持续供应链管理系统框架

可持续的供应链管理概念最早出现在欧洲，早期主要是关注供应链的环境可持续性，即以减少供应链活动的资源消耗和各种排放为目标，也称绿色供应链管理或闭环供应链管理，这与欧洲完善的环境法规体系有关系。针对日益严重的电子电器设备废弃物带来的问题，2003年，欧盟颁布了《报废电子电器设备》（WEEE指令），指令规定由生产商或进口代理商负责产品的回收和再处理，以此控制最终废弃物总量。这些规定促使生产商在产品设计时就充分考虑产品回收和再利用问题，并促使供应链核心企业将产品回收再利用纳入供应链管理范畴，从而形成了闭环供应链管理。2000年以后，供应链的社会责任问题逐渐受到关注。但是，社会绩效衡量指标的量化很困难。

可持续供应链管理涉及的领域相当广。理论上，只有同时考虑供应链的经济绩效、环境绩效和社会绩效才属于可持续供应链管理。实际上，关于可持续的供应链管理的文献中，大多数文献只涉及其中两个目标，即经济目标和环境目标，或经济目标与社会准则。因此，一般认为，只要将环境问题或社会责任问题或二者同时纳入供应链管理中都属于可持续供应链管理范畴。

2012年，加拿大学者Hassini（哈西尼）、Surti（苏尔蒂）和Searcy（瑟西）基于供应链管理功能，建立了可持续供应链管理系统框架，认为可持续供应链管理系统包括6项主要功能：采购（Sourcing）、加工（Transformation）、交付（Delivery）、价值主张（Value Proposition）、客户和产品使用（Customers & Product Use）以及回收再利用（Recycling），如图1-2所示。

根据图1-2的框架，下面简要介绍主要功能。

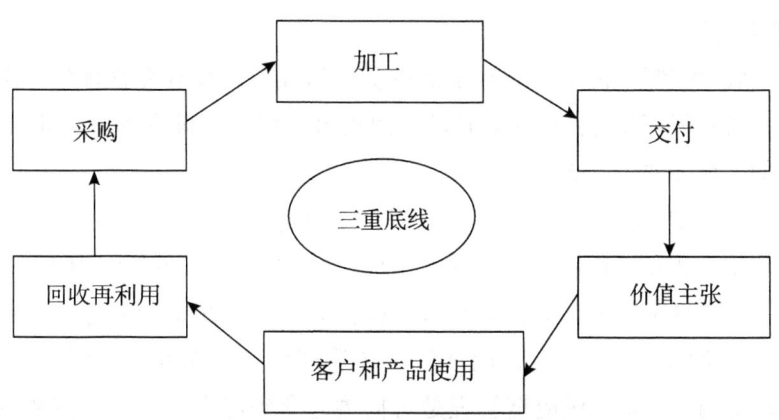

图1-2 可持续供应链管理系统框架

1. 采购与加工

采购与加工是可持续供应链管理最重要的功能。绿色采购是实施可持续的供应链管理的重要策略,包括采购安全、环保、高能效的供应品,选择绿色供应商等。可持续的加工策略主要包括绿色制造(生产过程节能减排、清洁生产)等。

2. 交付

交付包括了产品从生产商到达客户所经历的全过程。其中,设施选址、运输策略和包装策略的选择对温室气体排放有明显影响。这些正是绿色物流要解决的问题。对于交付功能中的库存问题,虽然较少文献将其纳入可持续供应链管理范围,但是,由于库存决策与生产决策、运输决策密切相关,因此,会间接地影响供应链的能耗和排放。可持续的库存管理就是以排放和成本的最小化为目标而进行的库存决策,也称绿色库存管理。

3. 价值主张与客户和产品使用

一般来说,环保的、低排放的产品往往成本更高,因此,销售价格更高。企业为了更好地销售绿色、可持续性的产品,不仅要能为客户清楚描述可以从中获得的好处,还要为客户提供价值主张,即通过绿色营销,向消费者宣传企业的绿色环保产品具有的独特性能和价值。例如,产品生产使用可再生原料、无毒物质,采用清洁能源等可持续性策略对消费者个人、对自然环境以及对社会具有益处,提高消费者可持续的消费意识,促进更多的消费者购买绿色环保和节能的产品,支持企业可持续性行动。

根据对消费用品(如小轿车、计算机、家用电器等)进行的生命周期评价分析结果,消费者在产品使用环节也会产生大量的排放。因此,向消费者普及、宣传产品使用过程中的节能减排知识也是企业可持续性战略的重要构成。

4. 回收再利用

产品的回收/再利用/再循环有利于减少资源消耗，减少废弃物排放。产品回收再利用是逆向物流和闭环供应链的主要目的。回收再利用的原料或再制品进入采购环节，形成可持续的、循环的供应链。

从图 1-2 可以看出，可持续供应链管理的范围非常广泛。文献中常见的另外两个概念——闭环供应链和绿色供应链，都属于可持续供应链管理的不同侧面。闭环供应链管理以产品回收再利用为目标，它确保了社会对投入产品中的资源进行高效的再利用，宗旨是减少资源消耗和排放。闭环供应链管理涉及逆向物流、废弃物回收物流、产品回收管理等内容。绿色供应链管理是对从供应商到客户的正向供应链过程的绿色化管理，广义的绿色供应链管理也包括了产品回收再利用。

三、绿色供应链管理

（一）绿色供应链管理的概念

早在20世纪90年代中期，美国国家科学基金会（NSF）资助密歇根州立大学进行了一项"环境负责的制造（Environmentally - Responsible Manufacturing，ERM）"的研究项目，项目组于1996年首次提出了绿色供应链的概念，认为绿色供应链包括绿色设计、绿色材料、绿色生产、绿色包装运输、绿色营销和绿色回收等模块。

Nagel（纳格尔）（2000）认为，绿色供应链管理涉及产品从设计、生产到使用的全过程，是在原有供应链管理基础上对环境保护意识的强调，绿色供应链要求在供应链范围达成一种长期稳定的战略关系，并且在运营过程中需要一定的技术支持。国内学者朱庆华认为，绿色供应链管理就是在供应链管理中考虑和强化环境因素，即通过与上、下游企业的合作以及企业内各部门的沟通，从产品的设计、材料的选择、产品的制造、产品的销售以及回收的全过程中考虑整体效益最优化，同时提高企业的环境绩效和经济绩效，从而实现企业和所在供应链的可持续发展。

综上所述，绿色供应链管理就是指将环境问题集成到传统的供应链管理全过程中，它包括了供应链管理的各个方面，即在从产品设计、原料采购、供应商选择、产品生产、物流及最终产品向消费者的配送，直到产品寿命终结的管理过程中，既考虑经济性目标，又考虑资源最佳利用、废弃物排放和温室气体排放最小化的目标。绿色供应链管理侧重于环境可持续性。

（二）绿色供应链管理系统框架

从原料获取、制造到使用消耗、报废直至再循环利用的每一个环节，都会对环境产生影响，因此，将环境准则纳入供应链管理的各个环节，就构成了绿色供应链管理的主要内容。

图1-3是由学者Emmett（埃米特）和Sood（苏德）提出的绿色供应链管理系统框架示意，其中，绿色供应链规划、绿色采购、绿色供应链执行、碳足迹管理是其中的4个核心环节；绿色供应链的转移战略、持续改进和绩效评价3项功能为绿色供应链的实施提供支撑。

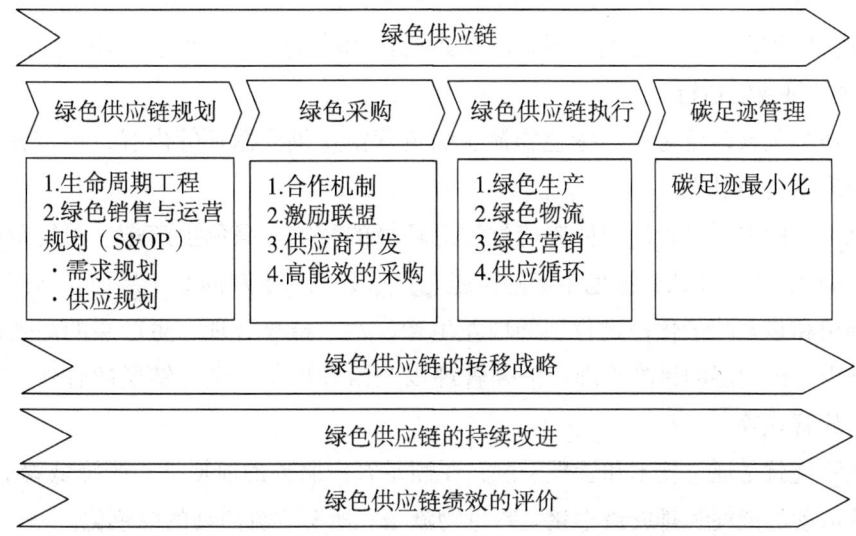

图1-3　Emmett和Sood提出的绿色供应链管理系统框架示意
资料来源：S. Emmett, V. Sood. Green supply chains: an actionable manifesto [M]. Berlin: Spinger, 2010.

绿色供应链的转移战略主要解决企业如何从传统供应链战略向绿色供应链战略转变的问题，其中最关键的是供应链所有成员间的合作问题。绿色供应链管理是一种新的管理理念，需要在实践中不断地改进，"持续改进"就是为如何发现绿色供应链实施中存在的问题、如何制订改进思路等提供解决方案。绿色供应链的绩效评价是通过分析、评估绿色供应链系统的运行情况，帮助企业发现实施中存在的问题、识别影响绩效的关键因素，从而帮助企业持续改进，提高绿色供应链的整体绩效。

（三）绿色供应链的核心环节

下面主要介绍绿色供应链的4个核心环节。

1. 绿色供应链规划

绿色供应链规划是将环保理念引入传统的供应链规划过程中，以使供应链上的所有活动对环境影响的最小化。其主要特点是以产品生命周期工程（Life Cycle Engineering，LCE）为基础，进行绿色战略规划；然后通过绿色销售与运营规划（Sales and Operations Planning，S&OP）进行绿色供应链策略的规划。

生命周期工程是指借助特定的技术方法，对产品在生产、使用直到报废的整个生命周期中的活动对环境和经济的影响进行评价的系统工程。其中，环境影响评价采用生命周期评价法，经济效果评估则应用生命周期成本法。在生命周期工程分析的基础上，以利润最大化和环境影响最小化为目标，进行绿色需求规划和绿色供应规划。

2. 绿色采购

绿色采购是指将环境准则引入采购管理过程中，目的是从供应链的源头降低对环境的影响。绿色采购管理主要包括合作机制、激励联盟、供应商开发、高能效采购等内容。

3. 绿色供应链执行

执行环节包括绿色生产、绿色物流、绿色营销及供应循环等内容，是实施绿色供应链管理最重要的过程。

绿色生产的主要目的是降低制造过程对环境的影响。绿色生产是一项复杂的系统工程，Emmett 和 Sood 认为绿色生产的实施包括从微观到宏观的 5 个层面，即产品层的回收再利用和包装减量化；过程层的精益生产、六西格玛管理；生产层的高效制造和废弃物减少；组织层的风险管理、信誉管理以及激励机制；供应链层的合作、网络规划、碳排放管理等。

绿色物流就是通过技术和管理手段，在满足客户服务的前提下，既降低物流成本，又使物流活动的能耗和排放最小化。绿色物流是对所有物流活动的绿色化。

绿色营销是针对消费者绿色消费行为而进行的营销活动，包括绿色产品宣传、绿色销售团队、绿色有形展示等。绿色产品市场、绿色营销渠道以及绿色定价等是实现绿色营销的保证。

供应循环是指供应链上的零部件供应来源于废旧产品的回收再利用或再循环，为此，需要考虑二元供应策略和订货策略。

4. 碳足迹管理

碳足迹（Carbon Footprint）是指生产、生活等活动产生的碳排放量。绿色供应链系统碳足迹管理的目的是实现整个供应链系统碳排放量的最小化，包括 4 个循环进行的过程：碳测度—碳排放的最小化—碳排放监测—碳排放报告，其中碳排放的最小化是供应链碳足迹管理的关键。

第三节 绿色物流的概念

由图 1-3 可知，绿色物流是绿色供应链的重要组成环节，也是可持续的供应链管理的重要组成。

一、绿色物流的定义及内涵

(一) 绿色物流的定义

绿色物流（Green Logistics）是在20世纪90年代中期才出现的概念。正如其他绿色化运动一样，这里的绿色是一个特定的形象用语。既不能将绿色看成是植物或农产品的代名词，也不能将绿色理解为纯天然的、回归自然的代名词。绿色浪潮中的"绿色"泛指的是有利于生态环境的活动、行为、计划和观念在经济活动中的体现。具体地讲，绿色包括两方面含义：一是创造、保护和谐的自然生态环境，减少对自然资源的占用，以保证人类社会和经济的可持续发展；二是依据"红色"禁止、"黄色"警示、"绿色"通行的惯例，用"绿色"表示合乎科学性、规范性、能保证永久地通行无阻的行为。

绿色物流目前还没有统一的定义。文献研究中，最早提出绿色物流概念是 H. J. Wu 和 S. Dunn（1995），他们认为绿色物流就是对环境负责的物流系统，包括从原材料的获取、产品生产、包装、运输、仓储直至送达最终用户手中的正向物流过程的绿色化，还包括废弃物回收与处理的逆向物流。Jean-Paul Rodrigue（让-保罗·罗德里格），Brian Slack（布莱恩·斯拉克）和 Claude Comtois（克劳德·科莫瓦斯）认为，绿色物流是与环境相协调的物流系统，是一种环境友好而有效的物流系统。丹麦学者 Bjorn Petersen（比约恩·彼得森）和 Palle Petersen（帕勒·彼得森）出版的著作《绿色物流》（*Green Logistics*）中定义：绿色物流就是对正向物流（Forward Logistics）和逆向物流（Reverse Logistics）的生态管理。

美国逆向物流执行委员会（Reverse Logistics Executive Council，RLEC）对绿色物流的定义是：绿色物流也称为"生态型的物流"（Ecological Logistics），是一种对物流过程产生的生态环境影响进行认识并使其最小化的过程。RLEC还对绿色物流与逆向物流的概念进行了对比，认为逆向物流是指物品及包装材料从消费地向其上一级来源地的流动过程，流动的目的在于恢复物品价值或使其得到正确处理。可见，逆向物流是绿色物流的一个方面。

从以上介绍可以看出，凡是以降低物流过程对生态环境影响为目的的一切手段、方法和过程都属于绿色物流的范畴。因此，本文将环境可持续性准则与现代物流的概念相结合，给出"绿色物流"的定义：绿色物流是指以降低污染物排放、减少资源消耗为目标，通过先进的物流技术和面向环境管理的理念，进行物流系统的规划、控制、管理和实施的过程。

近几年，随着"低碳经济"概念的提出，物流领域出现了另一个与绿色物流相似的术语"低碳物流"。"低碳经济"是指在可持续发展理念指导下，通过技术创新、制度创新、产业转型、新能源开发等多种手段，尽可能减少煤炭、石油等高碳能源消耗，减少温室气体排放，达到经济社会发展与生态环境保护双赢的一种经济发展状态。将"低碳经济"理念运用于物流领域，即通过科学的管理手段和技术创新途径，降低物流过程中的消耗和碳排放，就形成了低碳物流的概念，其核心是物流各环节资源能源消耗的最小化和污染排放的最小化。可见，低碳物流概念与绿色物流概念相似。

（二）绿色物流的内涵

上述对绿色物流的各种定义，虽然有不同的表述，但其本质和内涵是一致的，体现在如下几个方面。

1. 绿色物流的最终目标是可持续性发展

上述定义的共同之处就是，认为绿色物流是对生态环境友好的物流，亦称生态型的物流。其根本目的是减少资源消耗、降低废弃物排放。该目的既有利于自然环境，节约社会资源，又能降低企业成本和废弃物处理成本，因此，是经济利益、社会利益和环境利益的统一。这正是可持续发展的目标。因此，绿色物流也称作可持续的物流（Sustainable Logistics），是可持续供应链的重要构成。

一般的物流活动主要是为了实现企业的盈利、满足顾客需求、扩大市场占有率等，这些目标最终均是为了实现某一主体的经济利益。而绿色物流的目标是在实现上述经济利益的目标之外，还追求节约资源、保护环境这一既具经济属性，又具有社会属性的目标。尽管从宏观角度和长远的利益看，节约资源、保护环境与经济利益的目标是一致的，但对某一特定时期、某一特定的经济主体来说是矛盾的。按照绿色物流的最终目标，企业无论在战略管理还是战术管理中，都必须从促进经济可持续发展这个基本原则出发，在满足消费者物流需求的同时，注重按生态环境的要求，保持自然生态平衡，保护自然资源，为子孙后代留下生存和发展的权利。绿色物流是可持续发展战略与现代物流相结合的一种现代物流观念。

2. 绿色物流的活动范围涵盖产品全生命周期

产品在从原料获取到使用消费直至报废的整个生命周期，都会对环境产生影响。绿色物流既包括对从原材料的获取、产品生产、包装、运输、分销直至送达最终用户手中的正向物流过程的绿色化，还包括对退货产品和废弃物回收逆向物流过程的生态管理与规划。因此，其活动范围涵盖了产品从产生到报废处理的整个生命周期。

由于生命周期不同阶段的物流活动不同，其绿色化方法也不相同。从生命周期的不同阶段看，绿色物流活动分别表现为绿色供应物流、绿色生产物流、绿色分销物流、废弃物物流和逆向物流；从物流活动的作业环节来看，一般包括绿色运输、绿色包装、绿色流通加工、绿色仓储等。

3. 绿色物流的理论基础包括可持续发展、生态经济学和循环经济理论

物流系统是经济系统的一个子系统，物流过程不可避免地要消耗资源和能源，产生各种排放物，影响自然环境。因此，必须以可持续发展原则为指导，将资源环境问题纳入物流管理战略中。其次，物流系统通过物料流动、能量流动建立起了与生态系统之间的联系，借助生态经济学的理论和方法，通过合理的物流系统规划和决策，形成物流与环境共生的发展模式，实现生态环境与物流系统（经济子系统）的协调发展。

另外，以物质闭环流动、资源循环利用为特征的循环经济，是按照自然生态系统物质循环和能量流动规律构建的经济系统，其宗旨就是提高资源的配置效率，降低最终废弃物排放量。而绿色物流要实现对正向物流过程和逆向物流过程的环境管理，也必须通过物料循环利用和循环流动提高资源利用效率，减少污染物排放。

4. 绿色物流的行为主体包括公众、政府及供应链上的全体成员

在产品从原料供应、生产、包装、运输以及完成使用价值而成为废弃物后，即产品生命周期的每一阶段，都会对环境产生影响。物流的绿色化既涉及专业物流企业的绿色经营管理，又与供应链上的产品生产商、供应商密切相关，还需要分销商甚至最终消费者的合作。例如，包装容器的环保性改进需要产品生产商与物流运输企业进行沟通和合作；产品的回收再利用也需要供应商、生产商、分销商与物流企业的共同协作。

另外，各级政府和行政主管对于推广和实施绿色物流战略具有不可替代的作用。由于物流的跨地区和跨行业特性，绿色物流战略的实施不是仅靠某个企业或某个地区就能完成的，也不是仅凭企业的道德责任就能主动实现的，它需要政府的法规约束和政策推动。

公众是环境污染的最终受害者，能对绿色物流的实施起到监督作用；公众的环保意识，如购买环保节能的产品、翻新制品等，又能促进企业主动实施绿色物流战略。因而，广大公众也是实施绿色物流不可缺少的行为主体。

二、绿色物流的特征

绿色物流除了具有一般物流所具有的特征外，还具有学科交叉性、多目标性、多层次性、时域性和地域性等特征。

（一）多学科交叉性

绿色物流是物流管理与环境科学、生态经济学的交叉。由于环境问题的日益突出以及物流活动与环境之间的密切关系，在研究社会物流和企业物流时，必须考虑环境

问题和资源问题；又由于生态系统与经济系统之间的相互作用和相互影响，生态系统也必然会对物流这个经济系统的子系统产生作用和影响。因此，必须结合环境科学和生态经济学的理论、方法进行物流系统的规划、管理、控制和决策，这也正是绿色物流研究的主要任务。多学科的交叉性，使得绿色物流的研究方法非常复杂，研究内容十分广泛。

（二）多目标性

绿色物流的多目标性体现在企业的物流活动要顺应可持续发展的战略目标要求，注重对生态环境的保护和对资源的节约，注重经济与生态的协调发展，即追求企业经济效益、消费者利益、社会效益与环境效益4个目标的统一。系统论观念告诉我们，绿色物流的多目标之间通常是相互冲突、效益背反的。如何取得多目标之间的平衡正是绿色物流要解决的问题。从可持续发展理论观念看，环境效益保证将是前三者效益得以持久保证的关键所在。

（三）多层次性

绿色物流的多层次性体现在以下3个方面。

首先，从对绿色物流的管理和控制主体看，可分为社会决策层、企业管理层和作业管理层三个层次的绿色物流活动，也可以说是绿色物流的宏观层、中观层和微观层。其中，社会决策层的主要职能是通过相关政策和法规手段传播绿色理念、约束和指导企业物流战略；企业管理层的任务则是从战略高度、与供应链上的其他企业协同，共同规划和管理企业的绿色物流系统，建立有利于资源再利用的循环物流系统；作业管理层主要是指物流作业环节的绿色化，如运输的绿色化、包装的绿色化、流通加工的绿色化等。

其次，从系统的观点看，绿色物流系统是由多个子系统构成的，如绿色运输子系统、绿色仓储子系统、绿色包装子系统等。这些子系统又可按空间或时间特性划分成更低层次的子系统，即每个子系统都具有层次结构；不同层次的物流子系统通过相互作用构成一个有机整体，实现绿色物流系统的整体目标。

最后，绿色物流系统还是另一个更大系统的子系统，这个更大的系统就是绿色物流系统赖以生存发展的外部环境，这个环境包括了促进经济绿色化的法律法规、人口环境、政治环境、文化环境、资源条件、环境资源政策等各个方面，它们对绿色物流的实施起到约束作用或推动作用。

（四）时域性和地域性

时域性指的是绿色物流管理活动贯穿于产品的全生命周期，包括从原材料供应、内部生产物流、产成品分销、包装、运输直至报废、回收的整个过程。

绿色物流的地域性体现在两个方面,一是指由于经济的全球化和网络化,物流活动早已突破了地域限制,形成跨地区、跨国界的发展趋势,相应地,绿色物流活动的管理也具有跨地区、跨国界的特性;二是指绿色物流管理策略的实施需要供应链上所有企业的参与和响应,这些企业可能分布在不同的城市、甚至不同的国家,物流活动需要服从不同国家的标准、法规。例如,欧洲一些国家制定了托盘标准、汽车尾气排放标准、汽车燃料类型规定等,其他国家不符合标准要求的货运车辆将不被允许进入本国。跨时域、跨地域的特性也说明了绿色物流系统是一个动态的系统。

第四节 绿色物流的产生背景

随着经济的高速发展,物流量也快速增加,物流各环节对环境的影响也随之加剧。20世纪90年代产生的绿色物流概念正是针对资源环境问题提出的。绿色物流的产生是全球绿色运动向物流领域的渗透,也是物流业节能减排的必然选择,更是现代物流发展的必然趋势。

一、全球绿色运动的兴起与发展

绿色是生命之色。绿色象征着生命、健康和活力,不仅代表着人类生活环境的本色,还意味着和谐的生态环境。20世纪,人类社会通过"大量生产—大量消费—大量废弃"的经济模式与生活方式促进人类物质文明大大提高的同时,地球上的资源也在日益减少,人类赖以生存的环境以及地球原本和谐的生态环境也正面临着威胁,这种威胁还在随着全球经济的发展而加剧。从20世纪60年代初到80年代,相继有很多学者及团体组织发表了与地球环境问题相关的研究报告,揭示出人口爆炸、土地沙化、资源枯竭、能源危机、环境污染等对人类生存的重大影响,并呼吁采取各种保护环境的措施,以促进建立人与自然和谐相处的发展战略与生产生活方式,绿色浪潮及绿色运动由此产生并迅速发展。

20世纪90年代,全球的绿色运动到达了新的高度,这期间成立的绿党是20世纪全球绿色政治浪潮兴起的重要标志之一,对生态及生态环境问题忧心忡忡的人们第一次以结党的方式组织起来,并试图谋求影响公共决策。绿党政治浪潮的另一个标志是国际环保组织的兴起。随着全球绿色运动声势的不断壮大,非政府组织迅速崛起。据联合国环境规划署1976年的统计,全球有932个非政府组织从事环境保护运动。1992年,世界环境与发展大会在巴西里约热内卢召开,到会参加的非政府组织达6000多个。目前,联合国环境规划署支持的环境联络中心与7000多个非政府组织有联系。

以可持续发展为目标的"绿色"革命，正成为各国政府、企业和公众广为关注和共同追求的事业。20世纪90年代，各种冠以"绿色"的名词相继出现，例如，绿色产品、绿色消费、绿色设计与制造、绿色流通等。随着人类对环保要求的不断提高，绿色运动正在向各个领域渗透，包括环境友好的绿色建筑、绿色工业、绿色技术、绿色认证、绿色生活等。绿色物流正是这种绿色化运动向物流领域的渗透，国际社会认为，有必要通过改善物流管理、采用环保型物流技术等途径，达到社会可持续发展的目的。

二、物流业节能减排的必要性

现代工业经济的不断发展是建立在大量能源消耗的基础之上的，环境恶化和生态系统失衡等诸多全球性危机也因此引发，威胁着人类的生存和社会的发展。能源的大量消耗造成各种废弃物、危害性气体（二氧化碳、硫化物、氮化物、有害粉尘等）的大量排放，从而危害环境。以二氧化碳排放为例，在化石燃料中（折合成每吨标准煤的能量计算），煤炭的二氧化碳排放量居首位，比石油多30%，比天然气多70%。

现代物流的发展要消耗大量的能源。物流活动中的运输、储存、包装、装卸搬运、流通加工、信息处理等环节都会消耗大量能源，其中，以运输环节的能源消耗最为严重。运输环节消耗的主要是燃油类能源。世界主要发达国家交通运输业的能源消耗占全球总消耗的30%左右。根据近几年的《中国统计年鉴》数据，我国交通运输、仓储及邮政业的能源消耗量占当年全国能耗总量的9%左右，而同期的交通运输、仓储及邮政业的生产总值仅占当年国内生产总值的4.5%左右。这充分说明了我国物流业的单位GDP（国内生产总值）能耗相对较高。因此，有必要通过加快发展绿色物流，推进物流业的节能减排增效，促进物流业转型升级和创新发展。

不同物流运输方式具有不同的能耗表现。据统计，平均每千吨公里货物周转量的燃料（标准煤）消耗，船舶运输约为2千克，铁路运输约为12千克，公路运输约为40千克，航空运输约为800千克。由于公路运输量在社会物流量中占的比重特别大，例如，我国中部省份公路货运量占社会运输总量的比例达70%以上，因此物流业的能耗特别大。

物流过程中能源的大量消耗，不仅加重了能源紧缺程度、增加了物流成本，还增加了有害废弃物的排放量，造成地球气候环境的恶化。据欧洲运输经济研究机构的研究结果，运输过程产生的一氧化碳约占一氧化碳总排放量的75%；运输过程产生的二氧化碳约占二氧化碳总排放量的40%，其中98%是公路运输造成的。由此可见，物流过程中高能耗和高排放问题的严重性。因此，物流业的节能减排是一个十分迫切的重要问题，物流业所面临的挑战不再是简单的如何实现物流系统的利润最大化，而是如何在追求利润的同时做到节能减排，以实现物流业的可持续发展，即实现物流的绿色化发展。

近几年，我国政府颁布了一系列政策文件倡导绿色物流和绿色供应链的发展。例如，2017年由国家发展和改革委员会（以下简称"国家发展改革委"）、商务部等多部门制定的《商贸物流发展"十三五"规划》提倡生态环保，绿色发展，推广使用绿色物流设施设备和绿色包装，提高资源使用效率，促进商贸物流绿色化转型，推动商贸企业实施绿色供应链管理，实现绿色仓储与配送可持续发展。2017年国务院办公厅发布的《关于积极推进供应链创新与应用的指导意见》中，提出了发展绿色供应链的重点任务，具体措施包括：推行产品全生命周期绿色管理；积极推行绿色流通，加强绿色物流新技术和设备的研究，开发绿色包装材料；建立逆向物流体系，促进产品回收和再制造发展等。2018年国务院办公厅发布《关于推进电子商务与快递物流协同发展的意见》，提出要强化绿色理念，开展供应链绿色流程再造，提高资源利用率，大力推行绿色包装、绿色运输与配送。

可见，构建绿色供应链、发展绿色物流已成为我国经济社会可持续发展的必然选择。

三、绿色物流是全球经济一体化发展的必然要求

环境也是一种有价值的资源。环境成本内在化是当今世界讨论的热点问题。随着国际社会对人类共同生存环境的关注，在国际贸易中，与贸易有关的环境保护要求将增加企业成本支出，最终影响企业的竞争力。将环境与贸易挂钩，用经济手段解决环境问题符合当代环境问题的发展趋势。在国际贸易中更多地考虑环境因素已成为一种必然。

随着全球经济一体化的发展，一些传统的关税和非关税壁垒逐渐淡化，但是，环境壁垒逐渐兴起。例如，WEEE指令规定，进入欧盟市场的电子电器产品中的十大消费品，其生产商（或进口产品代理商）必须负责产品废弃后的回收和处理，并制定了各类产品回收再循环率目标值。再如，欧盟的《关于限制在电子电器设备中使用某些有害成分的指令》（RoHS指令）规定，所有在欧盟生产或试图进入欧盟市场销售的消费类电子电器设备，其所含有的铅、汞、镉、六价铬、多溴联苯、多溴二苯醚不得超过指令中的规定限制。欧盟这两个环保指令对于准备进入欧盟市场的企业提出了新的挑战：一方面要生产出完全符合指令要求的产品，需要产品供应链上、下游成员之间的共同努力，即实施绿色供应链管理；另一方面必须实施产品的绿色包装，构建产品回收逆向物流系统。

随着全球环境意识的增强，ISO 14000已成为企业进入国际市场的通行证。ISO 14000的两个基本思想是预防污染和持续改进，它要求企业建立环境管理体系，使其经营活动、产品和服务的每一个环节对环境的影响最小化。ISO 14000不仅适用于第一、

第二产业,也适用于第三产业。

进入WTO(世界贸易组织)后,我国逐步取消了大部分产品的分销限制,外国商人可以分销进口产品及我国产品;在物流服务方面,也取消了大部分外国股权限制,外国物流企业已进入我国物流市场。一些外国企业已经在绿色物流方面很成熟。例如,国际著名的物流企业UPS(联合包裹服务公司)已将经济增长、环境责任、社会责任作为企业的长期经营战略,在绿色物流理念和技术研发方面取得显著成效。这给国内物流企业带来巨大冲击,同时意味着物流业的竞争更加激烈。我国物流企业要想在国际市场上占一席之地,融入可持续发展理念、发展绿色物流将是其理性的选择。

第五节 绿色物流管理的价值

绿色物流战略不仅对环境保护和经济的可持续发展具有重要的意义,还会给企业带来巨大的经济效益。

一、绿色物流管理的社会价值

现代物流包含了产品生命周期的整个物理性位移的全过程,从原材料/零部件的采购供应开始,经过生产物流,再进入销售物流,最后,还包括废旧产品逆向物流。因此,实施绿色物流管理将对经济系统各行业的绿色化发展具有重要的带动作用,因而具有重要的社会价值。

首先,实施绿色物流管理,有利于节约自然资源和能源,减少排放,是实行可持续发展战略的重要途径之一。由定义可知,绿色物流首先表现为一种节约资源、保护环境的理念。由于物流活动跨越了产品全生命周期,因此,绿色物流管理理念的实施能有效减少产品全生命周期的资源消耗和能源消耗,减少温室气体排放和废弃物排放。从而有利于自然环境的改善,这是绿色物流管理首要的、最直接的社会价值。例如,企业实施绿色物流包装,采取无包装或包装容器重复再利用的方式,能显著减少包装材料消耗和包装废弃物排放,从而节约自然资源。

其次,实施绿色物流管理,有利于促进绿色理念在全社会的推广和传播。物流是企业与企业、企业与消费者之间交流的重要界面。实施绿色物流管理,需要上、下游企业间的协调与配合,从而促进绿色理念在上、下游企业间的推广。另外,绿色物流方案的实施(如包装容器的回收再利用)也需要消费者和广大公众的支持。因而,实施绿色物流有利于向广大公众宣传、传播绿色环保理念,有利于绿色理念在全社会范围的普及。这也是实施绿色物流的重要的社会价值。

二、绿色物流管理的经济价值

实施绿色物流管理能给企业带来直接和间接的经济价值。生态经济学理论告诉我们，生态系统是具有经济价值的，生态系统与经济系统之间存在一种固有的平衡。严格的环境标准将迫使企业选择更加环保的物流方式，也将迫使企业更加有效地利用资源，从而降低资源成本、提高市场竞争能力。因此，我们不能只看到解决环境问题需要付出实际成本的一面，还应该认识到，环境的改善会给企业带来更多的经济机遇和参与国际竞争的机会，最终带来巨大的、实实在在的经济效益。

首先，实施绿色物流战略的企业必须在运作层面注重节能减排。例如，包装容器的重复利用、运输路径最短化、车辆装载率最大化等，这些措施将直接降低企业物流运营成本。再例如，企业构建促进废旧产品回收再利用的逆向物流体系，既减少了废弃物排放，又有利于企业降低原料成本，而且良好的逆向物流系统还能为产品的改进设计提供反馈信息，提高产品竞争力，从而提高企业盈利水平。这是实施绿色物流为企业带来的直接经济效益。

其次，实施绿色物流管理能提高企业整体管理水平，赢得更多的市场机遇。例如，企业注重 ISO 14000 等环境管理体系的认证，提高环境管理水平。在国际市场上，拥有环境资质认证的企业更容易得到其他企业的承认，从而在激烈的国际市场竞争中占据优势。通过 ISO 14000 环境标准认证也是国内企业进入国际市场的必要条件之一。

最后，实施绿色物流有利于企业树立良好的企业形象和信誉，从而更容易获得消费者和投资者的青睐。随着消费者环境意识的增强，拥有绿色消费观念的公众越来越多，他们更愿意选择环境友好的产品和服务。对于物流企业来说，具有良好的环境管理业绩和社会形象，更容易被供应链上的企业所选择，为企业提供更多的市场机遇。

第六节 绿色物流研究的主要内容

20 世纪 90 年代以来，学术界、商业界开始从不同角度开展绿色物流的理论研究与实践，逐渐掌握了绿色物流研究的特点和主要内容。绿色物流的研究范围相当广泛，既有宏观层次的战略问题，又包括策略和运作层面的决策问题。根据美国逆向物流执行委员会对绿色物流的定义，可以将绿色物流的研究内容归纳为两个类别：一是绿色物流机理性研究，即认识物流与环境的相互影响关系；二是绿色物流管理及策略方法的研究，即实现物流活动的环境负荷最小化的方法和策略。下面按此分类进行详细介绍。

一、绿色物流机理性研究

绿色物流机理性研究主要目的是认识物流与环境的相互关系，从理论上解释实施绿色物流管理的必要性和重要性。可归纳为如下两方面内容。

（一）物流各环节对环境的影响问题

国内外很多学者通过大量调查与分析，研究物流系统各环节产生的环境问题，例如，公路运输中的能源消耗和废气排放、包装废弃物污染问题、城市环境问题等。为更深入研究物流活动对环境的影响，一些定量分析方法受到研究者的重视，常见的有生命周期分析法、物流活动碳足迹分析法等。认清物流活动对环境的影响，是实施物流绿色化管理的基础。

本书将在第二章、第三章分别介绍物流系统对环境的影响以及物流系统碳足迹管理的相关内容。

（二）资源环境与物流发展的关系

环境系统与物流系统的发展相辅相成。不合理的物流方案会加重环境影响。反过来，资源环境问题也会影响物流系统的决策，如资源获取代价、车辆运行约束、燃料限制等。本书第四章将分析资源环境问题对经济发展和物流发展的影响。

二、绿色物流管理及策略方法的研究

这一类研究的目的是研究探讨使物流活动的环境负荷最小化的方法和策略，由于物流系统类型的不同，相应的绿色化方法也不相同，研究内容可归纳为以下几方面。

（一）企业绿色物流策略研究

从企业层面看，物流活动连接着供应链上、下游企业，贯穿产品全生命周期，且不同环节的物流活动具有不同的环境影响。因此，企业绿色物流系统必须从供应链范围、产品生命周期的角度进行研究，包括绿色采购与绿色供应物流等。另外，各种类型的物流系统都包含运输、包装等物流作业活动，物流的绿色化取决于物流各环节的绿色化，即绿色运输、绿色包装、绿色仓储与配送等。

本书从第五章到第九章将介绍企业层面的绿色物流的内容，包括企业绿色物流战略及系统框架、绿色物流包装、绿色运输、绿色采购与绿色供应商管理、逆向物流等。

（二）区域物流、城市物流的绿色化

城市物流属于特殊地理范围限制的区域物流，随着城市扩张及电子商务的迅猛发展，城市物流的重要性日益突出，已成为城市可持续发展的重要任务。城市物流具有不同于企业物流的特殊性，城市物流被认为是解决城市交通拥挤和大气污染等问题的重要途径，因此，城市物流的研究受到学术界和政府的高度关注。本书第十章将介绍城市物流绿色化的内容。

（三）绿色物流宏观策略研究

为推动绿色物流的广泛实施，需要从整体上评价物流业绿色发展程度，还需要宏观层面政策法规的干预。这属于绿色物流宏观策略研究的内容。本书第十一章、第十二章将分别介绍绿色物流体系评价、绿色物流发展的政策法规、绿色理念传播等内容。

由于绿色物流的多学科交叉性，上述研究内容既涉及物流技术与装备问题，也有物流各环节的绿色管理问题，既有中观层面的城市物流问题，也有宏观层面的政策法规问题。因此，绿色物流的研究内容广泛且复杂，而且将随着理论和实践的发展而不断扩展。

案例　福柯斯公司从产品物流延伸到废弃物物流

福柯斯（FUCOX）公司是日本一家从事散装水泥运输的大型企业，总部位于东京江东区。公司业务从为水泥厂提供运输服务，拓展到为水泥厂提供塑料废弃物物流服务。到现在，该公司的废弃物物流事业已延伸到多个不同的行业。废弃物物流为公司带来了新的商机。

一、认清环保商机，发展逆向物流

环境保护、废弃物回收再利用等有效利用资源的主题为全世界所瞩目。毫无疑问，这一主题今后会变得越来越重要。日本制定和颁布了家电、食品等多种废弃物再利用的法规，这种举动将扩大并影响到各个领域。

传统的原料、制品等所谓的"动脉物流"的价值已得到社会各界广泛认识；消费过后留下的废弃物产生的"静脉物流"的社会价值也逐渐显露出来。应该说，循环型社会的发展要求也为物流领域带来了新的商机。

实践表明，物流企业开展逆向物流事业成功的关键有如下两点。

第一，物流企业必须与中间处理商和最终处理厂保持密切合作的关系。中间处理厂不只是收集、运输本公司的废弃物，也处理来自其他公司的废弃物。成功的企业几乎都是与中间处理商建立某种形式的合作关系。物流企业收集的废弃物最终要运输给最终处理厂。因此，物流企业只有提供从中间处理到最终处理全过程的服务，才更有可能取得成功。

第二，先从公司运输领域中出现的废弃物着手，再延伸到整个废弃物物流领域。从废弃物物流企业的发展历程看，一般都是在原有运输业务的物流延长线上发展起来的，即所运输的产品消费使用后，回收这种产品的废弃物，由此开始加入废弃物物流领域。原因有两点：一是物流企业对自己所运输产品的一系列特性比较熟悉，更有可能从整体考虑回收处理问题及所需成本等实际问题；二是产品逆向物流流程往往与产品前期使用阶段涉及的人员相同，便于工作的推进。

可见，物流企业在原有的产品物流的延长线上拓展逆向物流是成功的关键。

该公司原是散装水泥运输的大型企业，因此，与建筑企业有广泛联系。设立环境事业部以前，有些废弃物处理企业打算与公司合作，大都不了了之。但是，公司也零零星星承担了一些逆向物流业务，例如，为某大型印刷公司处理陈旧出版物、回收尼龙包装袋。

公司在1995年成立环境事业部后，取得了废弃物运输的许可证。公司管理层认识到，如果只是从事废弃物的收集搬运，利润会很少。因此，公司想方设法，建立了与中间处理厂、最终处理厂的联系。自此，废弃物物流事业迅速发展起来。

二、将强化塑料作为水泥厂的燃料和原料加以回收

FUCOX公司与水泥厂有着很深的业务联系，而水泥业是积极利用废弃物的一个行业。水泥厂需要消耗大量的燃料，如果利用可燃烧的废弃物作为替代燃料，就能一举两得——不仅削减了购买燃料的成本，反过来说，还能从燃烧处理废弃物的过程中获利；如果有些废弃物还能成为水泥原料，那么就能一举三得。

将废弃塑料作为燃料再利用的做法在水泥行业非常普遍。但是，水泥厂一般不愿接受在塑料中加进玻璃纤维制成强化塑料，因为玻璃纤维的特性影响了燃烧能力。所以，这种强化塑料一直只能进行掩埋处理。这对产生这种废弃物的企业来说也是一个难题。

针对这种现状，FUCOX公司先后咨询了水泥厂、塑料厂及其相关企业，一方面，了解使废弃物变为燃料或原料的必要条件；另一方面，了解这种强化塑料的特性。

1999年，公司与相关企业共同实施一个关于强化塑料再处理技术的项目。参加这一项目的成员包括：排出废弃物的行业强化塑料协会、负责新能源与产业技术综合开发的经济产业省、接收废弃物的住友大阪水泥厂、协助实验的日本某废弃物再利用中心等。在这些项目中，FUCOX公司起协调作用。

通过几个部门的共同研究和实验，终于找到了从强化塑料中获取高热量的方法，并且还使燃料燃烧后产生的玻璃成分自动转化为水泥原料。该方法于2001年1—3月进行了技术试验，同年7月就正式投入生产。

有了这一技术之后,FUCOX 公司的客户扩大到所有产生强化玻璃废弃物的厂家,如生产浴盆、安全帽、橱窗模特的厂家等,FUCOX 公司与这些厂家签订废弃物处理合同,负责收集强化塑料废弃物,并运到中间处理厂。经中间处理厂处理后,FUCOX 公司再将成品运输到水泥工厂。强化塑料废弃物物流过程如图 1-4 所示。

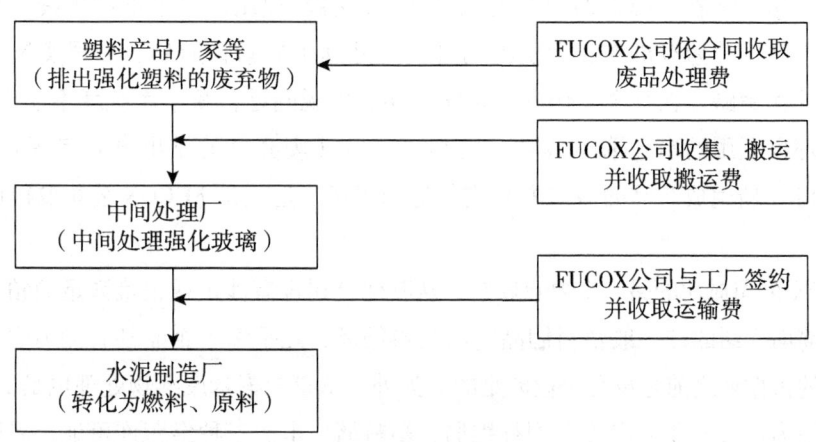

图 1-4 强化塑料废弃物物流过程

三、利用散装水泥运输车运输垃圾燃烧后的灰烬

FUCOX 公司拥有多辆运输散装水泥的专用卡车。为了充分发挥这些散装运输车的效率和效益,公司大力开拓环保市场。

日本各县都有垃圾焚烧炉,使用这种焚烧炉垃圾燃烧后产生的灰烬中还含有重金属和二噁英。要想使其达到完全无害的程度,则必须再用熔融炉进行超高温处理。但是,较之焚烧炉,熔融炉的建设费用更昂贵,因此常常是几个县共用一个熔融炉,这样就增加了将灰烬从焚烧炉运送到熔融炉的任务。因为这种燃烧灰烬呈粉尘状,所以可以利用运输散装水泥的运输车。FUCOX 公司参加了位于车辆基地附近的县燃烧灰烬运输业务的招标工程,2002 年 4 月起承接了两个县的业务。

虽然可以直接使用同一部车既运水泥又运灰烬,但公司还是为运输灰烬配备了专用车辆。如果运输灰烬的业务不断增加,就可使用旧车运输灰烬,提高车辆的使用率。该公司先从业绩和信誉两方面入手,在权衡公司车辆基地位置等因素的基础上,积极参加各县的项目投标。

公司对运输燃烧灰烬的业务进行了长远规划,准备将来与焚烧炉制造厂家及熔融炉厂家联合,向更多的县提出各种逆向物流的建设性方案,包括位置选择和具体运作事宜。为了更有效地利用散装水泥运输车,造纸公司和火力发电厂也成为公司准备开发的业务领域。除此之外,公司还大力推进其他废弃物处理项目,例如,音乐磁带的销毁。但由于该业务关系到著作权等问题，处理程序规定更为严格。

FUCOX公司通过不断积累工作业绩，一步步地实现成为综合逆向物流企业的目标。

四、面向综合逆向物流事业的企业战略

回收利用意味着资源的循环，也就是让资源循环使用，尽量不产生废弃物。该公司的循环再利用分为有机物和无机物两种，经处理生成新物质后，公司实施的经营战略是为其寻找销路。在整个运作中，若任一环节出现问题，整个系统就不能正常运转。要想让循环再利用的事业取得成功，与其从入口（废弃物的排出方）考虑运营架构，不如从出口（新生成产品的需求方）进行逆向思考。这正是FUCOX公司取得成功的创新之处。

FUCOX公司成功的另一个要点就是，从其他公司没有涉足或很难涉足的领域开始创业。就像前面介绍的，一般塑料制品的回收再循环，几乎每个企业都有能力完成，但是强化塑料的再循环之前是没有企业涉足的。另外，从事榻榻米废弃物处理也是FUCOX公司首创，因为从事该业务需要得到纤维屑、塑料屑、木屑三种经营许可证，需要与政府部门沟通，因而没有其他公司涉足这个行业，这对FUCOX公司而言也是一大商机。

对难以处理的废弃物进行成功再利用后，再介入其他一般废弃物的处理业务就更容易了。例如，在经手强化塑料的废弃物处理业务后，一些废弃物排出厂家也一起把其他废弃物处理业务委托给FUCOX公司完成。在重新改装修葺房屋时，会扔掉陈旧的榻榻米，由于只有FUCOX公司能处理榻榻米，厂家也会将其他的盥洗用品废弃物等一起交给FUCOX公司处理。这正是FUCOX公司经营战略的着眼点。

强化塑料废弃物的最大排出地在关东，而水泥厂多位于关西以西的沿海，因此，FUCOX公司采用海运的方式将两者更有效地连接起来。

【问题讨论】

1. 结合案例，分析说明为什么废弃物处理政策法规能为物流企业带来新的发展机遇？

2. 分析FUCOX公司的成功案例，讨论物流企业怎样才能取得逆向物流事业的成功？

思考题

一、名词解释

可持续发展；企业可持续性；三重底线原则；可持续的供应链管理；绿色供应链

管理；绿色物流

二、简答题

1. 企业可持续性概念的内涵是什么？
2. 可持续供应链管理的主要特性有哪些？
3. 闭环供应链管理和绿色供应链管理的主要区别是什么？
4. 绿色供应链管理的核心内容有哪些？
5. 绿色物流的主要特征有哪些？举例分析绿色物流的时域性与地域性的特性。结合我国循环经济和低碳经济发展战略，分析我国现阶段发展绿色物流的重要意义。

实训项目

查阅统计年鉴等公开资料，收集、比较物流业与其他行业的能耗情况。论述我国物流业实行节能减排的必要性。

第二章 物流系统对自然环境的影响

引导案例　中远海运集装箱运输有限公司的环境负荷

航运业作为国际贸易的主要运输载体，其承担了全球贸易运输总量的 90% 以上。2018 年 4 月，国际海事组织（IMO）在伦敦召开了第 72 届海上环境保护委员会会议，通过了一项减少船舶温室气体排放的战略，该战略愿景是至 20 世纪中叶，全球航运业温室气体排放量与 2008 年相比至少降低 50%，各国应尽快开始减排工作，朝零碳排放目标迈进。这意味着，航运业减排大幕正式拉开。我国目前已成为世界上最重要的海运大国之一。航运量迅速增长的同时，对生态环境产生的影响也越来越明显。本案例介绍中远海运集装箱运输有限公司（以下简称"公司"）在航运中的能耗和排放情况，从而了解物流运输对环境的影响。

一、公司简介

中远海运集装箱运输有限公司隶属于中国远洋海运集团有限公司，主要业务包括国际、国内海上集装箱运输服务及相关业务以及海铁联运服务等。公司的上游行业主要有造（修）船业、石油化工产业，下游主要是国内外的贸易业务，涉及钢铁、化工、消费品等行业。公司拥有 228 条国际航线、134 条国内航线、9 个国内口岸、450 家服务网点。

公司参与了商务社会责任协会（Business for Social Responsibility，BSR）下属的清洁货物工作小组（Clean Cargo Working Group，CCWG）的活动。遵照 CCWG 的宗旨，航运公司要主动报告其在全球航线中的二氧化碳、硫化物及氮化物的排放量，与全球同行业的平均水平对比，了解公司的环境保护绩效，以寻找改进空间，并为 CCWG 成员中的客户、代理商在选择航运公司时提供参考。

二、能耗与温室气体排放

2018 年，公司集装箱船队增加了 15 艘，完成航线集装箱货运量共计 1836.6 万标准箱，比上一年增加了 8.70%。随着船队数量和业绩的提升，船舶的能耗量和温室气体排放量相应增加。2017 年和 2018 年公司航线集装箱运输的油料消耗情况如表 2-1 所示，集装箱船舶运输中消耗的燃油指的是柴油（轻油）和燃料油（重油），另外还要消耗润滑油。

表 2-1　　2017 年和 2018 年公司航线集装箱运输的油料消耗情况

年份	船数（艘）	油料消耗（吨）			单位油料消耗（千克/千吨海里）		
		柴油	燃料油	润滑油	柴油	燃料油	润滑油
2017	361	182050.00	4609030.00	8506.24	4.80	4.80	0.02
2018	376	156776.80	4992708.20	11698.80	4.79	4.79	0.01

表 2-2 是 2017 年和 2018 年公司航线集装箱运输的温室气体排放情况，包括二氧化碳、氮氧化物、硫氧化物。由表 2-2 可知，船舶运输中，二氧化碳的总排放量远远高于其他两种排放物。虽然 2018 年温室气体总排放量比上一年均有所增加，但是，单位周转箱平均排放量均较上一年下降了。对于航运企业来说，集装箱运输过程中产生的能耗占整个企业总能耗的 99% 以上，其能耗增加使得二氧化碳等温室气体的排放也增加了。

表 2-2　　2017 年和 2018 年公司航线集装箱运输的温室气体排放情况

年份	总排放（吨）			平均排放（千克/千吨海里）		
	二氧化碳（CO_2）	氮氧化物（NO_x）	硫氧化物（SO_x）	二氧化碳（CO_2）	氮氧化物（NO_x）	硫氧化物（SO_x）
2017	14900262.80	431179.20	287464.80	15.04	0.44	0.29
2018	16014898.35	463453.66	308969.10	14.90	0.43	0.28

注：1. CO_2 排放 = 3110 克/千克燃油（计算依据 IMO 相关标准）。
2. SO_x 排放 = 硫含量（%）×20 克/千克燃油。如果硫含量是 3%，则 1 千克燃油的 SO_x 排放量是 60 克。
3. NO_x 二冲程排放因子是 87 克 NO_x/千克燃油。
4. NO_x 四冲程排放因子是 57 克 NO_x/千克燃油。

三、污水及废弃物的排放与处理

健康的海洋环境是航运业可持续发展的基础,1967 年的"托雷·卡尼翁"邮轮触礁污染事件造成了附近海域和沿岸大面积严重污染,使英国和法国蒙受了巨大的损失。后来,IMO 出台了国际船舶防污染公约——《国际防止船舶造成污染公约》,要求航运企业对船舶行驶产生的固体废弃物和污水进行有效处理。

2018 年,公司自有船舶产生并处理了有害固体废弃物 2136.27 立方米;公司自有船舶处理了船舶油污水 40648.70 吨,租赁船舶处理了船舶油污水 35602.60 吨。

案例解析

人们一般会认为船舶运输是各种运输方式中能耗最低、排放最少的环保型运输方式。通过该案例可知,随着航运业务量的大幅度增加,船舶运输消耗的燃油量是巨大的。而燃油的消耗会造成大量的温室气体排放以及其他固体废弃物和污水排放,因而对环境产生负面影响。

由该案例可知,物流业作为高能耗、高排放的行业,随着发展速度和规模的增加,资源消耗和环境影响也越来越严重。与一般工业企业的活动不同的是,物流系统对环境的影响是移动的、跨区域的,几乎所有的物流活动都对环境产生影响。全面认清物流系统对资源环境的影响,是实施物流过程节能减排、实现物流绿色化目标的基础。本章的目的是了解物流系统对环境影响分析的思路,掌握物流包装、运输及其他功能要素对环境的影响,了解物流中心等物流设施对环境的影响。

第一节 物流系统与环境系统概述

为了分析物流系统对环境产生的影响,有必要先认识物流系统和环境系统。

一、物流系统的构成

物流一般是指货物从供应地到需求地之间的流动,由诸多环节构成,各环节之间存在着相互关联、相互制约的关系,正是通过各环节之间的相互协调和制约,才实现了"物"的高效率、低成本流动这一特定功能。由这些活动、过程及其涉及的物品、信息、设施、设备及行为主体组成的整体就是物流系统。物流系统是社会经济大系统中的子系统。从资源调度的范围看,物流可分为宏观层面的区域物流、城市物流、企业物流，其中企业物流又是企业供应链的一部分；从功能环节看，物流又包括了不同的功能要素。因此，从不同角度看，物流系统具有不同的构成要素。

(一) 供应链视角下物流系统的构成

根据美国供应链管理专业协会的定义，物流是供应链的一部分，是为了满足客户需求，对商品、服务及相关信息在起始地和消费地之间的高效且低成本的正向和逆向流动与储存而进行的规划、实施和控制。典型的物流管理活动包括入厂和出厂物流管理、车队管理、仓储管理、物料处理、订单管理、物流网络设计、库存管理、供应/需求规划以及对物流服务提供商的管理等。

因此，从供应链管理的视角看，企业物流系统的构成要素主要包括：采购与供应物流、生产物流、销售物流、逆向物流等，它们是供应链不同阶段的物流活动。

(二) 物流系统的功能要素构成

功能是指物流系统所具有的基本能力。供应链不同阶段的物流活动都包含了包装、运输、仓储、装卸搬运等基本功能。这些基本功能通过有效组合联结在一起，从而实现物流系统的总目标。这些功能活动的执行需要消耗大量的人力、物料、设施、设备等资源和能源，同时排放废气、废水或废弃物，影响自然环境。因此，下面重点介绍物流系统的功能要素，包括包装、运输、仓储、装卸搬运、流通加工、配送、物流信息处理等。

1. 包装

包装是物流的起点。产品包装分为商业包装和物流包装，前者主要以促进销售为目的；后者则以保护产品、方便物流操作为目的。包装是包装材料、包装方式和包装容器的综合，因此，包装管理包括对包装材料、包装容器及方式的决策，还涉及发货方、收货方与物流运输企业间的协调。

2. 运输

运输实现了物品空间位置的改变，创造了物流的空间价值，是物流系统最核心的功能要素。运输的五种基本方式是铁路运输、公路运输、水路运输、航空运输和管道运输。运输功能的实现需要运输基础设施和载运工具的支撑。运输管理包括选择技术经济性能最佳的运输方式、合理确定运力以及优化运输路线等。

3. 仓储

仓储活动是指在一定场所，对物品进行储存并对其数量、质量进行管理、控制的活动，包括接货入库、拣货、出库、安全保存、库存管理、商品养护等活动，可统称为仓储活动。仓储活动创造了物品的时间价值。仓储管理的任务包括确定合适的库存数量，制订商品保管制度和确定商品养护方法，对不同库存物品采取有不同的管理方式，以提高保管效率，降低损耗，加速物资和资金的周转。

4. 装卸搬运

装卸搬运是指在指定的地点以人力或机械设备将物品装入运输设备或从运输设备中卸下物品的过程，包括装载、卸货、移动、货物堆码上架、取货、备货、分拣等活动。装卸搬运是发生在仓储和运输两端处的作业活动；虽然活动本身并不产生效用和价值，但是在物流各项活动中是发生频率最高的活动；不仅对劳动力和设备的需求量大，而且是产品损坏的重要原因。对装卸活动的管理，主要包括确定合理的装卸方式、减少装卸次数、合理配置及使用装卸机具，以做到节能、省力、减少损失、加快速度，从而获得较好的经济效果。

5. 流通加工

流通加工是流通过程的辅助加工活动，包括商品的简单加工、组装、再包装、分割、贴标签等，其作用是完善商品的使用功能，提高商品附加价值。有些流通加工还具有便于物品储存、提高运输效率的作用。

6. 配送

配送是直接面向最终用户提供的物流服务功能，包括了订单处理、配货、拣货、送货等活动。与运输功能相比，配送更强调顾客服务功能，是集经营、服务、集中库存、分拣、装卸搬运于一体的物流活动。城市物流主要是以配送服务为主的物流系统。

7. 物流信息处理

物流信息是指上述各项物流活动中所涉及的事实、方案、数据等内容，包括已发生的、计划的或预测的信息。对物流信息的处理要求建立信息系统和渠道，进行信息的分类、收集、汇总、统计等，以保证信息的可靠性和及时性，为合理决策提供支持。

（三）物流系统的支撑要素

物流系统功能的实现需要许多支撑条件，尤其是物流系统处于复杂的社会经济系统中，要实现其功能，还必须协调与其他系统的关系。这些支撑要素主要包括以下4个方面。

1. 物流基础设施

物流系统具有跨地域、跨时域的特点，运输和仓储创造了物流的空间价值和时间价值。但是，这两种价值的实现需要相应的物流网络支撑。从宏观的物流网络的构成来看，物流网络是由物流节点和线路构成的。这里的"节点"就是指物流中心、配送中心、港口码头以及货运站等基础设施，它们是包装、流通加工、装卸、仓储等活动发生的场所；物流"线路"指的是物品运输流经的线路，既包括全国性或地区性的运输线路（如铁路、公路、水路或航线），又包括城市配送线路（道路）。不管是物流节点还是线路，它们都属于支持物流系统运行的基础设施。

2. 制度与政策

物流系统是社会经济系统中的一个子系统，物流系统的运作环境是社会经济系统。物流系统的制度决定物流系统的结构、组织、领导、管理方式；而国家宏观经济政策和行政命令，将决定物流系统的运转效率，尤其是一些特殊的行业物流系统，如军事物流系统、农产品物流系统等，更是与国家的相关政策密切相关。

3. 法律和规章

物流系统的运行，都不可避免地涉及企业或消费者的权益问题。法律和规章一方面能够限制和规范物流系统的活动，使之与更高一层的系统协调；另一方面能够对物流系统的运行给予保障，例如，物流合同的执行、权益的划分、责任的确定等都需要依靠法律和规章来维系。

4. 物流标准系统

物流系统涉及多个行业和领域，建立物流标准化系统是保证物流环节协调运行、提高系统效率以及保证物流系统与其他系统在技术上实现联结的重要支撑条件。标准化系统包括物流的统一性通用标准（如与物流相关的专业术语标准、物流的计量单位标准、物流基础模数尺寸标准等）、相关行业的分系统的标准（如包装标准、运输标准、装卸搬运标准、仓储标准、流通加工标准、信息技术标准等）以及与环境和资源相配套的标准。

二、生态环境系统概述

所谓"生态环境"，狭义上指的是自然环境，即由岩石圈、水圈、生物圈和大气圈等构成的系统；广义上，生态环境还包括了人文环境，即泛指人类周围的一切自然要素和社会要素，包括影响人类生存和发展的各种天然大气、水、海洋、土地、矿藏、森林、草原、野生动物、自然遗迹、人文遗迹、自然保护区、风景名胜区、城市和乡村等。本书中的环境主要是指广义的生态环境。

生态环境的各个组成系统之间以及各系统内部的组成要素与周围环境条件之间，存在着相互适应、相互协调的特定关系，它们共同构成一个相互制约、相互影响、相互支持的大系统，通过相互供给、转化、补偿和交换等行为，达到一个相对稳定的平衡关系，即生态平衡。这种相对平衡体现在捕食动物与被捕食动物，植被、食草动物和食肉动物以及它们与非生物因素之间的相互关系上。

生态系统的平衡是由自身的自我调节能力、自我净化能力、承载能力和环境因素共同决定的，而任何一个生态系统的自我调节能力都有一定限度，一旦超出这个限度，生态平衡就会遭到破坏。人类借助各种传统的和现代的技术,把无数自然生态系统转化为半自然的和人工自然的生态系统,并在更大范围和更深层次上,影响和改变着整个生态环境乃至生物圈。人类在改造自然的过程中,必须考虑到生态系统的动态性、开放性、相关性和自我调节性等特点,把自己的经济活动限制在不破坏生态系统的自我调节机制、不超出它的生态阈限的范围内,使生物潜能和环境阻力相协调。这样,生态系统的自我调节机能、自我组织机能和自我适应机能就会不断强化,从而源源不断地向我们提供各种资源和财富。

总之,自然生态环境对人类社会的产生和发展具有重要作用,主要包括以下几点。

(1) 生态环境系统向人类源源不断地提供生物资源和非生物资源,满足人类物质生活和精神生活需要,环境质量的改善能提高人类生活质量,使人们享受清洁、舒适、安静、优美的生活环境和劳动环境,因此是人类社会产生和发展的物质前提。

(2) 生态环境提供了人类从事经济活动和社会活动必需的物质基础。随着人类利用和改造环境能力的提高,人们大规模地改变了环境的组成和结构,从而也改变了环境中的物质循环系统,扩大了人类的活动领域,同时也造成发展与环境的矛盾。环境资源的有限性成为人类生存和发展的制约条件。

(3) 社会生产力的发展不仅取决于劳动者素质、生产力结构、科学技术水平等因素,还取决于自然资源基础和自然环境状况,环境资源的多寡决定着经济活动的规模。因此,环境资源是潜在的生产力。要发展生产力、促进社会进步,就必须改善生态环境质量,保护和合理利用自然资源,保持生态平衡。

(4) 自然生态环境可以通过各种物理、化学、生物反应,对人类经济活动产生的废弃物进行消纳、稀释和转化,即环境具有自净化能力。但是,环境自净化能力的容量和速度是有限的。

三、物流对环境影响分析的基本思路

根据上一小节的分析,生态环境系统主要包括自然资源、大气、水、土壤等自然要素以及人类生活所需的社会要素。物流各项活动不仅要消耗自然物资资源和能源,还会产生不同的排放(废气、废水、噪声和/或固体废弃物),这些排放会对大气、水质、土壤等自然要素产生不良影响,甚至还对人类生存、发展所需的社会环境造成影响。因此,要全面认识物流系统对环境的影响,本章将针对物流系统的主要构成要素,按照如下思路分析它们对环境的影响。

(1) 分析物流活动对资源、能源的消耗情况。

(2) 分析物流活动造成的各种污染排放情况。

(3) 分析物流活动对人文经济环境带来的影响(如物种多样性、居民生活质量、

生产投资环境等）。

根据物流各环节活动特点，主要分析物流包装、运输、仓储、装卸搬运、流通加工等功能要素以及物流设施建设对环境的影响。

第二节　物流包装对自然环境的影响

包装既是产品生产的终点，又是物流过程的起点。包装具有保持商品品质、提高物流效率、促进销售等功能。无论是商业包装还是物流包装，都要消耗大量资源和能源、产生大量废弃物。因而，包装对环境的影响是非常大的。

一、包装对资源的消耗

随着产品消费的增长，商品包装和物流包装的规模也在不断增长；而且由于存在大量的使用一次性包装和过度包装的情况，必然会消耗过多的自然资源，加剧自然资源匮乏的矛盾。根据世界包装组织（World Packaging Organization，WPO）的分类标准，包装材料主要包括纸制品（Paper Product）、塑料（Plastics）、金属（Metal）、玻璃（Glass）、木材（Wood）及其他（Other）等类型。根据日本包装协会的统计，2015 年，日本各类包装材料及容器消耗总量为 1885.6 万吨，总价值为 57889 亿日元，日本 2015 年各种包装材料及其容器的消耗占比见表 2 – 3。可见，无论从包装材料消耗量还是价值来看，纸制品都是最主要的包装材料，其次是塑料。

表 2 – 3　　　　日本 2015 年各种包装材料及其容器的消耗量及价值占比

单位:%

材料种类	消耗量占比	消耗价值占比
纸制品	63.3	40.6
塑料	19.3	31.2
金属	7.7	16.4
玻璃	6.6	2.2
木材	3.1	2.4
其他	—	7.2
总计	100	100

注：其他类材料包括胶带、封条、纤维等。

下面简要分析不同包装材料的消耗情况。

(一) 纸制品包装消耗

由表2-3可知,日本纸制品包装价值占整个包装市场的40%左右。WPO对全球包装市场统计的这一比值约为39%,均居各类包装材料之首,且包装用纸消耗量一直居高不下。根据欧洲纸业联合会(CEPI)的统计,CEPI成员国的纸制品及纸板的总消耗量从1991年的6000万吨增加到2017年的7800万吨;但是,包装用纸的消耗量从1991年的2520万吨增加到2017年的4130万吨。如图2-1所示,2017年,包装用纸消耗约占纸制品消耗总量的52.9%。我国属于纸制品消耗大国,纸制品及纸板的生产量与消耗量一直很高。据中国包装联合会的统计,2016年我国包装用纸的消耗量达6589万吨,占纸制品消耗总量的63%。

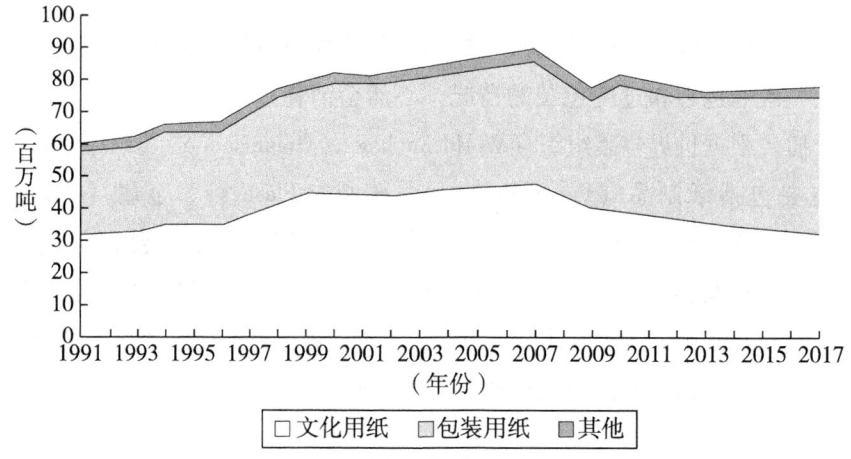

图2-1　CEPI成员国的纸制品消耗情况

物流包装用纸主要是箱纸板、瓦楞纸板等。纸制品需求量的增加带来造纸原料需求量的增加。生产纸制品的原料主要是木材。据相关资料显示,1吨木材大约能生产0.8吨纸。因此,大量的纸制品包装必然要耗费大量森林资源,而过度砍伐树木会造成生态环境恶化,带来一系列严重问题,如植被破坏、水土流失、湿地减少、土地沙化等。

(二) 塑料包装消耗

塑料是第二大包装材料,在食品、饮料、日用品包装及工农业生产各个领域发挥着不可替代的作用。由表2-3可知,日本2015年塑料包装及其容器消耗价值占到包装总消耗价值的30%左右。近几年,包装领域呈现出以塑料代替木材、金属和玻璃材料的趋势,对塑料包装箱及容器的需求将持续增加。尤其是随着互联网技术和电子商务的快速发展,快递物流量随之增长,导致对编织袋、塑料袋等塑料包装材料的需求量急剧增加，塑料在包装市场中所占的份额呈不断上升之势。

塑料包装分为软塑料包装和硬塑料包装。前者包括塑料袋、塑料薄膜等；后者包括塑料瓶、桶、周转箱、托盘等物流包装容器。

在世界塑料工业中，塑料包装一般占塑料总用量的30%～70%，不同国家的具体情况有较大差异。例如，美国及欧盟中的主要工业化国家消耗的塑料包装材料占到了这些国家塑料总消耗量的35%左右；而我国的塑料包装消耗量约占塑料总消耗量的46%。塑料工业的快速发展将消耗大量的石化原料。

（三）金属包装消耗

金属包装材料主要是钢和铝，主要包装形式有集装箱、钢桶、钢箱、钢托盘、铝罐、铝盒、铝瓶及易开瓶罐等。

金属包装材料的能耗较高，钢、铝包装材料的耗电量（单位容器）分别为0.7千瓦时和3.0千瓦时，远远高于其他包装材料消耗的能量。与铝材相比，钢材的来源更丰富，能耗和成本更低，但铝材具有许多优异的性能，因而铝材包装发展得更快。

（四）玻璃包装消耗

玻璃包装容器是将熔融的玻璃料经吹制、模具成型制成的一种透明容器。玻璃包装容器的形式主要是玻璃瓶、玻璃罐。玻璃包装容器主要用于包装液体、固体药物及液体饮料类商品。依据其制造原料的种类可分为钙钠玻璃、含铅玻璃、颜色玻璃等。玻璃包装容器具有光亮透明、化学稳定性好、不透气等优点，但是也存在加工时能耗大、容器自重大、易破碎以及运输费用高等缺点。

与金属包装材料一样，随着越来越多的食品、饮料采用塑料包装，玻璃包装材料的市场份额也呈缓缓下降之势。

值得一提的是，在上述几种包装材料中，玻璃包装容器的回收利用率远远高于其他包装材料。欧盟国家对包装用玻璃瓶/罐的回收率超过了50%。玻璃容器的大量回收既节约了资源，又大大减少了玻璃废弃量，降低了废玻璃垃圾处理费用。

（五）其他包装材料消耗

包装材料还包括木材、纤维材料、封条等。其中，木材主要用于包装箱和托盘；纤维材料主要用于包装袋以及作为辅助填充材料。

二、包装产生的环境污染

大量的包装材料消耗必然产生大量的废弃物。包装对环境的影响主要表现为固体废弃物污染、液体和气体污染以及细菌和害虫的传播等，其中固体废弃物污染最为严重。

（一）固体废弃物污染

大量的包装、大量的消耗资源，必定产生大量的废弃物。从世界范围来看，包装产生的废弃物是固体垃圾的重要构成部分。据联合国环境规划署估计，全球每年产生的固体废弃物有70亿~100亿吨。在许多城市，包装产生的废弃物约占城市固体废弃物总量的1/3。包装废弃物中含有纸、塑料、金属、玻璃等成分，如表2-4是部分国家城市生活垃圾中包装废弃物含量的汇点。

表2-4　　　　　部分国家城市生活垃圾中包装废弃物含量的汇点

单位：%

含量	美国	英国	法国	德国	荷兰	瑞士	中国
塑料	5	2.5	4	3	4	3	3
纸	40	38	34	28	25	45	10
金属	9	9	8	7	3	5	1.2
玻璃	9	9	8	9	10	5	1.4
其他	37	41.5	46	53	58	42	84.4

废弃物处理已成为现代社会面临的重要问题之一。根据国际废弃物协会的研究报告，露天废弃物堆场是全球甲烷的第三大来源，而甲烷的温室效应强度是二氧化碳的24倍。全球50个最大的垃圾场中有一半以上直接威胁着公众健康，增加了居民患疾病的风险，并对水环境造成巨大威胁。

大量的包装废弃物对自然环境造成了严重污染。处理这些固体废弃物不仅需要花费大量的人力、财力，还会造成自然环境的严重污染，并威胁着人类的生存环境。目前70%以上的废弃物是通过填埋方式处理的，少部分是通过焚烧处理的。填埋的主要问题是要占用土地，并对土壤成分造成污染破坏；焚烧的主要问题是需要一定的设备和设施，且很多材料的焚烧会产生有毒气体，污染空气。例如，新开发的化学合成材料PVC塑料难以自然降解，在被当作废弃物加以焚烧时会污染空气。

随着城市人口的增多，城市垃圾量仍在不断增加，用于垃圾填埋的土地越来越少。在国内外很多大城市，很难找到可供垃圾填埋的场地。鉴于此，很多国家一方面通过法律限制有毒材料或难分解材料的填埋处理；另一方面又通过经济手段提高填埋处理的费用，从而迫使企业寻求更加环保的包装方式。

物流包装容器的废弃处理存在很大问题。因其外形尺寸大，在许多国家（如美国、欧洲一些国家），托盘属于被禁止填埋的产品；而且废弃处理还要花费额外的税费。例如，在美国的 Wisconsin（威斯康星州），很多建材产品生产商因为焚烧处理废弃的托盘而被处以高额罚金。物流包装中对波纹纤维板的使用量也非常大，美国的波纹纤维板每年的销售额约 150 亿美元，产生的固体废弃物超过 2.4 亿吨；有些城市针对波纹纤维板规定了高额的处理费用，高得几乎可以购买新的了。

固体废弃物污染的另一个问题是，一些包装材料是不可降解的，难以循环利用，这些包装废弃物会对自然环境造成永久的、严重的污染，威胁着人类身体健康甚至生存环境。例如，作为包装材料的首选材料——塑料，一般难以自然降解，被废弃填埋后，会给自然界留下长久的污染物，对生态环境造成严重的污染和破坏。而塑料的综合利用比较复杂，废弃物材料中因含有不同种类的塑料，增加了分离的困难，使其回收和再生利用的价值降低，因而回收再利用率低。另一种使用较多的包装材料——复合包装材料，虽然可以克服使用单一材料带来的缺陷，但废弃物的综合利用更加困难。

（二）液体和气体污染

一般情况下，废水和废气的排放不是物流包装的主要问题，但在一些特殊物流场合，包装容器排放的废水也会对环境造成严重影响。典型的例子就是运输液态化学品所使用的钢桶。处理这些钢桶时，一般是将包装桶内的化学品残留物倾倒、丢弃，如果处理不当，废弃的有毒有害化学残留物会被雨水冲进农田或河流，从而对周围土壤环境和水质造成严重污染，还可能进一步威胁到农作物和植物的生长，影响居民生活环境。

要避免这样的污染，首先应该对盛装化学品的容器进行结构改进设计，保证在处理前，容器内的所有化学品被完全倒空。

另外，在包装容器的生产过程中，也会产生液体污染或气体污染。例如，传统的印刷油墨中含有重金属，这就可能在包装生产和处理过程中造成重金属污染，即重金属会渗入地下，对地下水或地表水体造成污染。在生产发泡性衬垫塑料的过程中，含氯氟烃（CFCs）发泡剂的使用会破坏臭氧层，危害人类的生存环境。

（三）细菌和害虫的传播

在国际物流中，传统的天然包装材料有可能携带各种物害虫，也可能传播各类细菌，危害当地的森林和农作物，甚至影响人、畜的安全。例如，木材、棉花等天然包装材料和填充材料，可能将危害生态环境和经济作物的红铃虫、线虫等害虫带入进口国，对当地的森林和农作物产生不良影响。

第三节 物流运输对环境的影响

运输是物流系统最基本的功能环节。随着经济全球化的发展,原料及产品跨地区、跨国界的流动已成为推动经济发展的动力。在以信息技术、互联网、客户服务为特征的新经济中,对准时、个性化的物流服务提出了更高的要求,运输成为决定物流系统效率和成本的关键因素。

货物运输既需要大型的运输工具,如船舶、车辆等,还需要具备完善的基础设施。这些基础设施的建设必然会消耗大量资源,而且运输工具在使用过程中还会产生多种形式的污染。因此,运输是造成物流系统环境负荷的重要因素。

一、运输环节的资源、能源消耗

我国的能源、资源总量丰富,但人均拥有量低。从国际人均能源可采储量来看,中国的人均煤炭、石油和天然气可采储量都远低于世界平均水平。另外,我国能源消费总量大,能源利用率也很低。因此,节能减排是我国实现经济社会可持续发展的重要支撑。物流业是能源消耗大户,主要归结于运输环节的能耗巨大。根据《中国统计年鉴》数据,交通运输、仓储和邮政业的能耗总量占全国当年能耗总量的比值已从2008年的7.86%上升到2016年的9.1%,而近几年交通运输、仓储和邮政业的生产总值一直维持在国民生产总值的4.4%左右。因此,交通运输业的节能减排十分必要。

下面按照运输子系统的构成对运输中的资源能源消耗进行详细分析。

(一)基础设施的资源、能源消耗

1. 运输基础设施对土地资源的占用

土地是人类赖以生存和发展的物质基础和环境条件,是社会生产中最基础的生产资料。物资在空间上的高效流动,依赖于完善发达的运输基础设施。铁路、公路、水路和空港等运输线路、物流节点的建设需要占用大量的土地资源,尤其是高等级公路或高速公路平均每千米的占地数量相对更大。另外,沿着铁路或公路布局的货运站场也会占用大量的耕地或有经济价值的土地资源。

2. 运输基础设施建设及维护的资源、能源消耗

这部分能源消耗包括铁路、公路、水路和空港等运输线路、物流节点建设能源消耗,以及这些线路和节点日常运行的能源消耗。物流基础设施的建设往往耗资巨大,如我国的京沪高速铁路总投资约2209.4亿元,整个项目的建设需要消耗大量的资源和能源。

(二) 运输过程中的能源消耗

载运工具的运行需要动力驱动，需要消耗大量的能源。表 2-5 是根据《中国统计年鉴》整理得到的全国各行业能源总消耗量、交通运输业的能源消耗构成及其占比情况统计数据。可见，交通运输业消耗的能源主要是柴油、汽油、燃料油和煤油，此外还包括天然气、电力等。

表 2-5 全国各行业能源总消耗量和交通运输业能源消耗构成及占全国总能源消耗比值情况

	能源总消耗量（万吨标准煤）	汽油消耗（万吨）	煤油消耗（万吨）	柴油消耗（万吨）	燃料油消耗（万吨）	天然气消耗（亿立方米）	电力消耗（亿千瓦时）	煤炭消耗（万吨）	焦炭及原油消耗（万吨）
全国各行业消耗量	435818.63	11866.04	2970.71	16839.03	4631.04	2078.06	61297.09	384560.34	101488.34
全国交通运输业消耗量	39651.21	5511.15	2814.94	11068.48	1511.38	254.77	1251.49	403.86	25.55
全国交通运输业能耗占比（%）	9.10	46.44	94.76	65.73	32.64	12.26	2.04	0.11	0.03

资料来源：根据 2018 年《中国统计年鉴》整理而成。

按照能源消费后是否造成环境污染划分，可以将工业领域使用的能源分为污染型能源和清洁型能源。在物流运输环节，柴油、汽油、煤油等石油类能源燃烧后会排放大量的环境污染物，属于污染型能源。水能、太阳能、沼气能等使用过程中排放的污染物较少，属于清洁型能源。尽管可利用能源种类较多，但是，由于技术、经济等方面的原因，物流运输中消耗的能源主要还是石油类能源。

在各种运输方式中，公路运输的单位能耗最大，其次是航空运输、铁路运输、水路运输的单位能源消耗较少。然而，随着企业准时制生产、准时制配送经营模式的普及以及电子商务的发展，多品种、小批量、多频次的运输服务需求量越来越多，因此，公路运输的需求量越来越多。这也是物流运输环节能耗居高不下的原因之一。

(三) 运输工具对矿产资源的消耗

运输工具（包括火车、汽车、轮船、飞机、管道）的制造需要消耗大量的铁矿、铜矿、铝矿等矿产资源。实际上，矿产资源在运输业中的消耗量高于其他行业，只是由于运输业对矿产资源的需求量远远小于对能源的需求量，因而被忽视了。

二、运输过程中的环境危害

物流运输子系统由运输基础设施、场站、载运工具等要素构成。运输线路、场站等基础设施的建设需要占用大量土地,可能对沿线的自然风景、人文景观,甚至动物迁徙造成影响;运输过程中会产生废气、废水、噪声等污染,此外运输造成的交通拥挤也会影响人类生活环境质量。下面主要从噪声污染、大气污染、水污染和交通事故4个方面分析运输过程对环境的影响。

(一) 噪声污染

噪声污染、空气污染与水污染被认为是当今世界的三大公害。噪声对人的身体健康和生活质量有较为严重的影响。过高的噪声会影响人们的交流和睡眠活动;严重时会进一步引发心理上和生理上的不适应,如紧张、疲倦、睡眠不宁等;长期承受高分贝噪声的侵扰会造成听力减退、心血管疾病等危害。美国环境保护署认为,户外55分贝和室内45分贝的噪声水平是人类正常活动可接受的噪声水平,而70分贝是不损伤人类听力的阈值。这里均是指24小时的平均噪声水平。

汽车、火车、飞机等运输工具是活动的噪声源。载运工具的行进、震动以及鸣笛等是产生噪声的主要原因,载重货车等重型车辆行进时的噪声分贝值更高。根据英国、德国等国家一些研究机构的调查研究结果,交通运输引起的噪声程度是工业噪声的3倍,城市噪声的70%来自交通运输。另外,在铁路、高速公路等主干线附近以及货运场站附近地区,噪声问题也很严重。

噪声干扰的影响程度不仅取决于噪声的强度,还取决于噪声发生的频率。国际上曾采用一种基于分贝读数的加权平均方法来度量噪声的干扰程度,用"A加权声级"来表示。表2-6是用A加权声级测量的不同运输方式产生的相对噪声。

表2-6 不同运输方式产生的相对噪声

运输方式	噪声源	A加权声级(分贝)
航空运输	飞机发动时的噪声	130
	飞机起飞时5英里以内航线下方的噪声	125
铁路运输	火车行驶	90~100
公路运输	重型货车行驶	88~92
	中小型货车行驶	70~85

注:1英里≈1.61千米。

由表2-6中数据可知，公路运输、铁路运输、航空运输所产生的噪声水平都高于70分贝的阈值水平，而重型货车产生的噪声比中小型货车的噪声更严重。因此，在一些人口密集的城区，通常会限制货车运行的时间和路线，以减轻运输噪声对居民生活的干扰。此外，在运输基础设施的建设过程中，也常会产生极强的噪声，如打桩时的噪声高达110分贝。

（二）大气污染

载运工具发动机运转时，在燃烧柴油、汽油等燃料的过程中，会产生许多有毒有害物质，而这些物质是大气污染的主要来源。与其他的大气污染源相比，运输是许多大气污染物的主要制造者，而且是流动的污染源。下面介绍运输过程中产生的主要大气污染物。

1. 燃料添加剂排放物

为了提高发动机的性能，一般会在燃料中加入添加剂。其中，有些添加剂会对环境产生不良影响，甚至危害人体健康。例如，把有机铅化合物作为抗爆剂加入汽油中，尤其是在拥挤的城区街道行驶的汽车中使用，会对人体产生危害。因为铅这种金属元素能以其化合物的形式留在人体中，对儿童智力发育有不利影响，还会影响肾脏、肝脏和生殖系统。在工业化国家，含铅排放物的最大来源是运输，50%的铅排放与运输相关；而在狭窄的市区，这一数字可接近100%。近年来，很多国家通过政策鼓励增加无铅汽油的使用，尽量避免含铅化合物的污染。

2. 颗粒物

颗粒物（Particulate Matter，PM）主要是混在空气中或排放物中的微小颗粒，如灰尘、烟尘或烟雾。其来源包括石棉微粒、轮胎和刹车磨损而产生的颗粒物以及发动机燃烧产生的物质。在很多工业化国家，运输也是这类颗粒物的主要来源。有的颗粒物质本身有毒或者表面携带着有毒的微量物质（包括致癌物），还会污染、腐蚀建筑物表面。

3. 二氧化碳排放物

二氧化碳是由矿物燃料燃烧形成的，被认为是温室效应和全球变暖的罪魁祸首。在物流所有环节中，运输环节的碳排放量最大。在一些工业化国家，由运输产生的二氧化碳几乎占了二氧化碳总排放量的40%，这其中约98%是由公路运输造成的。根据统计数据，公路货车运输每吨公里所产生的二氧化碳排放量约为65克；铁路运输的二氧化碳排放量约为21克/吨公里；内河航运顺流航行时的二氧化碳排放量约为10克/吨公里，逆流航行时的排放量可达20克/吨公里；长距离海运的二氧化碳排放量约为13克/吨公里，短距离海运的二氧化碳排放量约为20克/吨公里；航空运输的二氧化碳排放量最高，达 801 克/吨公里。不管哪种运输方式，二氧化碳排放都是不可避免的。

二氧化碳是空气的自然成分（约占 0.03%），本质上，它并不是一种污染物，正常含量的二氧化碳对人体健康和环境是无害的。但是，空气中二氧化碳含量的提高阻碍了地球向外散热，从而导致全球气候变暖，给环境带来了极大的危害。气候变暖会使海水受热膨胀、冰源融化，从而引起海平面上升；导致沙漠地带和受热带风暴影响的地区气候发生变化；对许多地区的水资源及农业生产产生不利影响等。

4. 氮氧化物排放物

汽车和船舶的发动机工作过程中都会排放氮氧化物（NO_x）。全球约 50% 的 NO_x 排放物是在运输过程生产的，其余是在能源行业和制造业产生的。NO_x 排放物如果与空气中的其他污染物结合，会导致人呼吸困难，长期受其侵害还会导致水肿或肺气肿。在一定条件下，氮氧化物还会转化成硝酸，若与二氧化硫结合，就形成了酸雨的重要成分，而酸雨对生态系统的破坏性极强。

5. 一氧化碳排放物

一氧化碳会阻碍血红细胞与氧结合，降低身体的抵抗力，对人体健康有害；一氧化碳还可与其他污染物互相作用，产生光化学烟雾，影响呼吸系统。一氧化碳是燃料不完全燃烧的产物，运输过程产生的一氧化碳几乎占到其总排放量的 90%，其中约 80% 是由公路运输引起的。

6. 二氧化硫排放物

二氧化硫是一种无色、难闻的气体，能引起支气管炎和呼吸系统疾病，它也是酸雨的主要成分。二氧化硫最大的排放源是发电厂及其他工业设施的化石燃料燃烧，运输过程产生的二氧化硫排放量约占其总排放量的 5%，燃烧柴油比燃烧汽油产生的二氧化硫更高。值得一提的是，虽然海运排放的二氧化硫只占全球排放量的很小部分，但这些排放物在港口附近聚积浓度较高，并且会向附近居民区扩散。因此，二氧化硫排放物在欧洲受到越来越严格的管控，并成为海运业监管的重点领域之一。

7. 挥发性有机化合物

这类物质包括烃类、乙烯、甲醛、苯酚、苯、四氯化碳等。它们通常是矿物燃料燃烧不充分的产物，烃类和一些挥发性有机物在阳光下与氮氧化物化合时能产生低层臭氧，这是光化学烟雾的主要成分，会引起呼吸障碍，也是引起癌症或先天性畸形的重要原因。这些排放物的来源均与公路运输有密切关系，排放量约占总量的 50%。

（三）水污染

水污染主要是发生在船舶运输中。很多水面或水下作业活动（如海上勘探和生产、岸边设施及港口设备运行、船舶行驶等）都会产生各种排放物，对水质造成污染。根据国际海事组织的估计，船舶行驶排放的水污染物占海水总污染物的40%以上，岸边设施及港口设备运行排放的污染物约占海水总污染物的9.2%，还有大量的污染物来源于意外泄漏。

由水路运输导致的水污染物产生的原因主要有以下4个方面。

（1）船舶发生意外泄漏事故或在运行过程中排放石油及化学物质。

（2）船舶等使用防腐油漆，其中的有毒化学品会释放出对生物有害的化学物质。

（3）向水中倾倒垃圾、污水等废弃物。

（4）压舱水中存在外来水生物种。

水路运输在政治和经济中具有极其重要的地位，尤其在全球贸易中，几乎90%的贸易量是通过国际航运实现的。因此，防止水污染也是国际海事组织的一项重要任务。这需要水路运输的所有利益相关者共同采取行动，防止船舶运输造成的污染，尤其是要重视有毒、有害液体散装运输中的安全问题。

（四）交通事故

运输导致的交通事故包括两个方面：一是运输车辆相撞导致人员伤亡和财产损失；二是运输危险品等时因事故产生泄漏而造成的环境危害。

几种基本运输方式中，采用公路运输方式时交通事故发生得最频繁，尤其是长距离、超载运输的情况下，更容易发生严重交通事故。铁路运输、水路运输和航空运输发生事故的频率远低于公路运输，但一旦发生事故，危害程度更为严重。

除上述环境危害外，交通事故还会导致交通拥堵。城市交通拥堵会给居民生活和企业经营造成不便，也是衡量城市环境的重要方面。

三、运输管理及决策对环境的影响

（一）准时制配送带来的环境问题

随着信息技术、互联网等新技术的发展和应用，物流管理也呈现出新的发展特点。电子商务的发展以及准时制经营模式的普及应用，对多频次、多品种、小批量的商品运输提出了更高的要求，例如，要求运输配送准时化、个性化、精准化，且运输线路和时间更灵活。

实施准时制配送，就必然要求供应商为下游企业提供多频次的、小批量的、门到门的配送服务,这种服务只能通过公路运输来实现。因此,准时制配送大大增加了公路货物运输量。这样,很多原来可以由铁路运输完成的少频次、大批量的货物运输转向了多频次、小批量的公路货车运输。从前面的分析我们知道,在各种运输方式中,公路货车运输是能耗最大、空气污染最为严重的运输方式。公路运输量的增加,必定引起在途货车的大量增加。一方面,这将增加燃油消耗量,因而必然会增加空气污染物排放,加快资源消耗的速度;另一方面,在途货车的增加还会加重城市交通拥挤程度,加剧噪声污染,也会使交通事故发生的概率进一步升高。

准时制配送量的增加,加重了物流运输环节对环境的影响。因此,从环境保护的角度看,准时制配送服务适合于供应商在生产企业附近的近距离配送,这样,可以尽量减少货车运输行驶的里程,减少污染物排放。

(二)不合理运输决策造成的环境问题

运输过程中的能耗和污染物排放是造成环境问题的主要原因,有效的运输组织决策和措施有利于降低运输中的能耗和污染物排放。但是,如果决策不合理,则会进一步增加运输中的能耗和污染排放,从而加剧环境污染。具体分析如下。

第一,物流网络节点(如货运网点、配送中心)布局的不合理。这会导致货物迂回运输、重复运输、过远运输或倒流运输等不合理现象的发生,造成很多不必要的无效运输,人为地增加在途货车行驶的里程,既增加能源消耗和运输费用,又增大了货损概率,加重了城市交通堵塞。

第二,运输系统规划与决策的不合理。这会导致出现运输工具选择不当、运力不足、非满载运输等现象。例如,弃水走陆、铁路和大型船舶的过近运输等,都会导致运输工具的使用效率不能充分发挥、能源利用率低等,从而增加能源消耗。

第三,运输信息的不共享以及物流管理理念的落后。由于调运不当、货源计划不周、或不采用社会化物流服务等原因,大量的车辆空载行驶,造成资源的极大浪费。第三方物流运输市场不完善、大量的自营运输是导致货车空载率居高不下的主要原因之一。另外,物流需求信息和运力供应信息难以互通,这也是导致车辆空载率高的另一个重要原因。

第四,货车停车时的空转等待等。由于认识上的偏差,多数司机在物流节点处等待装货、卸货的时候,会经常使车辆长时间地带动力等待,这不仅增加了燃油消耗,更加剧了废气污染。国外进行过相关统计,车辆在空转的时候,仍然会排放废气和有毒物,由于这时候的燃料未能得到充分燃烧,有些废气的排放量(如一氧化碳、烃类等)比车辆行驶时候的排放量还要高许多(见表2-7)。

表 2-7　　　　　　　　驾驶过程中不同阶段产生的空气污染

机车类型	污染物	废气物含量（ppm，即一百万体积的空气中所含污染物的体积数）			
		空转	加速	慢行	减速
汽油机	一氧化碳	69000	29000	27000	39000
	烃类	5300	1600	1000	10000
	氮氧化物	30	1020	650	20
	乙醛	30	20	10	290
柴油机	一氧化碳	微量	1000	微量	微量
	烃类	400	200	100	300
	氮氧化物	60	350	240	30
	乙醛	10	20	103	30

例如，日本 SHARP（夏普）公司认识到此问题的重要性，为降低货车发动机空转等待的次数，公司曾经在货车上粘贴一些标语和海报，鼓励货车司机们在等待装货或卸货的时候关掉发动机。通过这种方式，公司几乎完全消除了发动机空转等待的现象，既节约了燃料消耗，又降低了对大气环境的污染。

第四节　物流系统其他功能要素对环境的影响

包装和运输是物流系统对环境影响最严重的两个环节。除此之外，物流系统的其他功能环节，如仓储、装卸搬运、流通加工等，如果决策不当，也会造成资源和能源的浪费和环境污染。

一、仓储对环境的影响

为保证物品在仓储环节的品质，需要使用特定的设备和技术手段，仓储作业活动也会消耗资源和能源，产生排放。

仓储环节产生的环境影响主要体现在如下 3 个方面。

（1）为保证储存的物品不丧失其使用价值，必须对储存物品进行维护保养。其中的一些技术措施，如在物品表面喷涂化学防护药剂等，会对仓库周围的生态环境造成不良影响。

（2）如果保管不当，有可能造成储存的物品变质、损坏，甚至被丢弃，造成废弃物污染；有些危险储存物的泄漏，会对周围环境造成不良影响。

（3）仓储设施的建设和运营，需要消耗土地资源、电力资源，并排放废弃物、废液等。

二、装卸搬运对环境的影响

装卸搬运是指发生在物流节点（如仓库、车站、码头、配送中心等）的以人力或机械将物品装入运输设备或从运输设备上卸下的活动，包括货物堆码、上架、移动、取货、备货、货物装载、卸货等作业。在物流系统功能活动中，装卸搬运是伴随着包装、储存、运输所必须进行的活动，是物流活动中发生频率最高的活动。

装卸搬运作业不仅要消耗大量的资源、能源，还会产生大量的环境污染物，这其中以港口物流装卸环节的能耗和环境污染最为突出。所以，下面重点讨论港口装卸过程中的资源、能源消耗和环境污染问题。

（一）港口装卸活动中的资源、能源消耗

港口物流装卸搬运作业过程是一个巨大的资源、能源消耗的过程。执行港口货物装卸搬运作业时，卸船机、运输机、起重机等机械设备及其辅助作业系统（如供电及照明、通信、控制等）会消耗大量的资源、能源，主要包括油料类（包括柴油、汽油、润滑油、液力传动油、工作压力油等）、天然气、电力（包括蓄电池等）、水、木材（包括托盘等）、橡胶（包括包装物等）、钢铁（包括钢丝缆绳等）等。

港口设备在装卸搬运作业过程中，其资源、能源消耗包括两个部分：一是完成货物位移所需的动力；二是由于操作不合理导致的消耗。这些消耗的大小直接受港口装卸搬运的对象、作业流程、生产运行联动作业、货物装卸量等因素的影响。对于不同泊位的不同货物，由于港口装卸搬运作业的对象、泊位条件以及货物作业量的不同，装卸作业过程的资源、能源消耗大小也有所不同。例如，某港口一套由两台卸船机、两台斗轮机、两台装船机和14台带式输送机四大装卸设备组成的大型散货装卸系统，要完成从船上卸货到堆场堆放和从堆场取货、装船等任务，整个作业系统每小时消耗的电能约为12940千瓦时。

（二）港口装卸产生的环境污染

港口装卸产生的环境污染包括大气污染、水污染、噪声污染等，这些污染主要来源于装卸作业对象和装卸作业过程。

1. 港口装卸作业对象导致的环境污染

主要是大气污染、水污染等。例如，煤炭、矿石、散粮、散化肥及散装水泥等散货的装卸过程容易产生粉尘，造成大气污染；而石油、液化气等危险品的装卸作业，容易导致水污染。港口装卸作业的对象往往是造成港口环境污染的重要源头。

在散装液体危险品码头作业过程中,港口周围的水环境和大气环境很容易受到污染,污染途径主要有如下5个。

(1) 船舶事故,如碰撞、火灾、爆炸等会造成大量液体化学品外泄。

(2) 装卸作业时的"跑、冒、滴、漏",如溢舱,泵、阀门泄漏,软管破裂等会造成化学品污染。

(3) 船舶洗舱水、岸罐清洗水、泄漏物冲洗水等的排放。

(4) 船舱、岸罐有毒蒸气的释放。

(5) 岸罐灌桶、灌槽车与储罐间化学品的转换,以及陆上槽车液货装入储罐过程中化学品的挥发排放。

2. 港口装卸作业过程导致的环境污染

在港口装卸作业过程中,到港船舶舱底含油污水和生活污水、船舶尾气和港口作业车辆尾气、装卸机械噪声及车辆船舶运输噪声、固体废弃物等会对港口水质、生态环境以及大气环境、声环境等产生不利影响。

三、流通加工对环境的影响

流通加工是指为提高物流速度、降低物流成本、提高物品的利用率,在物品进入流通领域后,为满足销售要求而进行的包装、分割、计量、分拣、组装、价格贴付、标签贴付、商品检验等简单作业活动的总称。流通加工可以使商品的使用价值更加完善,并在不进行大的改动的情况下,使商品产生增值。例如,对钢材卷板的剪切、平板玻璃的开片加工、木材改成方材、板材等加工形式。既弥补了生产加工的不足,又满足了顾客对产品规格多样化的需求,因而能促进销售。

合理的流通加工对于节约资源、避免物品在物流中的损失、降低环境污染具有积极的作用,主要表现在以下几个方面。

(1) 集中进行的流通加工可以提高原材料的利用率。通过流通加工进行集中下料,如钢材、铝材、木材、玻璃等,能够做到优材优用、小材大用;通过搭配套裁,减少边角余料,不但能明显提高原材料利用率,还能提高加工效率,降低加工费用。例如,我国北京、济南、丹东等城市对平板玻璃进行集中裁制、开片供应,使玻璃的利用率从60%左右提高到85%~95%。

(2) 集中进行的流通加工可以提高加工设备的利用率。在分散加工的情况下,由于生产周期和生产节奏的限制,加工设备的利用时紧时松,表现为加工过程的不均匀,导致设备的加工能力得不到充分发挥,而流通加工面向全社会,加工对象范围广、加工数量大,加工设备的利用率显著提高,避免了资源浪费和能源浪费。

(3) 流通加工能够降低物品在物流过程中的损耗,降低环境污染程度。有些物品因形状特殊，其运输和装卸作业效率低，且极易发生货损，通过适当的流通加工则可以弥补这些产品的物流缺陷。例如，自行车以零部件形式运往销售地后再进行组装，可以提高运输装载率；水泥熟料的磨制和混凝土的集中搅拌，可以避免成品粉状水泥对环境的污染，防止粉状水泥运输中的损失、减少包装材料的用量、提高物流效率。

从另一方面来看，由于流通加工具有较强的生产性，会使物流环节产生一定程度的停滞，增加了管理费用，不合理的流通加工方式也会对环境造成负面影响，具体表现在以下几个方面。

（1）由消费者分散进行的流通加工，资源利用率低下，浪费资源和能源。如餐饮服务企业对食品的分散加工，既浪费资源、能源，又污染空气。

（2）分散的流通加工中产生的边角废料，难以被集中和有效地再利用，造成资源浪费和环境污染。

（3）如果流通加工中心的选址不合理，也会造成费用增加和有效资源、能源的浪费，还会因增加了运输量而产生新的污染。

第五节 物流设施对生态环境的影响

物流设施主要是指物流网络中的运输线路和节点设施。运输线路包括公路、铁路、水路等；物流节点设施包括仓库、物流中心、港口码头等。本节将分析运输基础设施、物流中心和港口设施对环境的影响。

一、运输基础设施带来的环境影响

完善发达的运输基础设施是现代物流快速发展的重要前提。随着社会物流需求量的增加，我国的运输基础设施得到了快速发展，为国民经济的发展提供了保证。但是，运输基础设施不仅占用了大量的土地资源，产生大量排放物，还对沿线的自然生态系统造成影响。下面主要分析运输基础设施的沿线污染及其对沿线自然生态系统的影响情况。

（一）运输基础设施沿线污染

1. 沿线的噪声污染

交通运输是最主要的噪声来源。运输工具行驶时的震动、运输工具与线路表面的摩擦、鸣笛等是产生噪声的主要原因，而且噪声还会沿着运输线路传播，是移动的噪声源。铁路运输中，列车车轮与轨道的作用，使得整个运输过程都存在着噪声。

另外，在铁路、高速公路等主干线以及货运场站附近的地区，由于车辆频繁进出和装卸作业机械的运转，噪声污染问题更令人头痛。

2. 沿线的废弃物污染

产生的废弃物主要包括：运输工具沿路排放的烟尘、废气、废水，运输场站产生的工业废渣，货物运输途中废弃的残留有毒固体物质和各种不可降解的包装材料，还包括旅客运输沿途排放的生活垃圾。可以说，运输工具和运输对象产生的固体废弃物都是在运输线路沿途排放或在运输场站周围排放的。

运输时沿途排放的固体废弃物长期裸露在地表，其中的有害成分经过风化、雨淋、地表径流的侵蚀后，很容易渗入土壤。不仅会使土壤中的微生物死亡，使土壤成为无腐解能力的死土，而且有害成分在土壤中的过量积累，还会使土壤盐碱化、毒化。

运输基础设施在建设和维护的过程中也会产生严重污染。例如，在冰雪封冻的道路上撒盐以消除冰雪，会导致道路沿线的土壤盐碱化。

另外，对于用于输送液体或气体的地下管道运输，若施工时因操作不规范，就有可能发生液体或气体泄漏事故，对土壤、空气造成污染，甚至危害生命财产安全。

（二）运输基础设施对沿线自然生态系统的影响

修建运输基础设施时可能会劈山筑路、改变河道，这将对动植物的生长环境、水文地质、自然景观等造成影响。

1. 对植被生态的影响

运输沿线的植被主要包括树木、草地及人工植被。植被能与污染物发生作用，降低大气污染程度；也能滤除空气中的悬浮颗粒物，净化空气；还能消除交通噪声污染。但是，若有害气体的浓度超出了植物所能容忍的范围时，就会对植物的生长产生影响。沿线大气污染最强烈的影响就是使运输沿线的植被死亡，使空气失去自净化功能，这反过来又加剧了大气污染。另外，工程施工占用土地也直接造成森林植被减少。

2. 对动物生态的影响

动物是生物圈中的重要组成之一。大气污染、水土污染普遍影响了动植物的生长环境；而铁路、公路的修建、河道的改变，更是导致动物栖息地的变化，中断了动物的往来通道，使其丧失了生存繁衍的条件。从长远来看，就会影响动物迁移、影响生物群落，导致动植物种群数目的变化；甚至破坏生态系统的功能结构，引起生态系统内部自我调节功能的紊乱，以致失去平衡。

3. 对水文地质的影响

运输基础设施的修建需要劈山筑路，大量的土石方的移动、堆砌和填埋，可能产生阻隔地表径流，诱发滑坡崩塌、泥石流等地质灾害，导致水土流失，破坏经几千年形成的地形、地貌。尤其是公路施工工程，可能造成水土流失，工程中废弃的土石方堆放不当还可能诱发滑坡、泥石流，造成重大损失。

4. 对自然景观和人文景观的影响

运输线路的规划如果考虑不周，还会破坏沿线的自然风景，会对沿线的文化、历史和古建筑等人文景观的完整性和稳定性造成不利的影响，从而降低景观质量，影响旅游体验。

二、物流中心对环境的影响

物流中心是物流系统最重要的基础设施，是以交通运输枢纽为依托建立起来的，是集物品的仓储、运输、包装、装卸、流通加工等功能于一体的综合性物流活动场所。本书分析的物流中心包括了集配货中心、转运中心、加工中心、配送中心、分拨中心等不同类型的物流设施点。

物流中心的建设是一项建设周期长、耗资巨大的工程。物流中心除了占用土地、导致交通流集中以外，在其建设期和运营期还会对自然环境造成如下影响。

（一）噪声污染

噪声污染是物流中心建设期间的主要污染之一。物流中心的建设周期较长，有大量的土石方、打桩工程等。施工期间的噪声污染主要是来自土石方阶段的推土机、挖掘机等机械作业过程，以及打桩机、混凝土搅拌机的作业过程。这些机械的噪声级别较高，对施工现场的工作人员和周围环境都会造成一定的影响。

为了保护施工人员的健康，施工单位应合理安排施工人员，分班轮流操作施工机械，减少高噪声出现的时间，穿插安排高噪声和低噪声的工作，给工人恢复听力的时间。同时注意保养机械、合理操作，尽量使施工机械维持其最低噪声级水平。对在噪声源附近工作时间较长的工人，应根据国家相关标准，采取劳动保护措施。

物流中心在营运期间也会产生较强的噪声，主要来源有：装卸机械动力系统振动产生的噪声、运输车辆与路面的摩擦产生的噪声、运输车辆鸣笛产生的噪声等。其噪声大小不仅与物流中心内的道路路面等级有关，还与机械设备的种类、润滑状况、货物吞吐量的大小等因素有关。

（二）大气污染物排放

施工期间的大气污染主要包括燃烧建筑用沥青产生的青烟、填土扬尘、施工运输车辆排放的尾气、道路扬尘等。

物流中心在施工期间，作业机械、运输设备等排放的碳氧化物和氮氧化物的总量并不高，其污染影响范围是有限的。施工期间的主要污染是扬尘污染，这种污染是短期的。施工设备如果能有良好的降尘密封装置，则可将这种污染降到最低限度，施工中采用的洒水降尘措施也可有效减少施工车辆运输产生的扬尘。

物流中心在运营期间排放的大气污染物与本章第三节的分析基本相同。除此之外，还有在空中的，来自库场的或正在装卸的货物的粉尘，若存放的是煤炭、煤矸石等，更容易产生飞尘。

（三）固体废弃物排放

物流中心在建设期间产生的固体废弃物主要是各种建筑垃圾和生活垃圾，营运时期产生的固体废弃物包括生产作业产生的固体废弃物和日常生活垃圾两类。物流作业过程中的固体废弃物主要来自下面几个作业环节。

（1）仓储环节。对被保管的货物进行化学养护，如喷洒杀虫剂、防腐剂等，会对周边生态环境造成污染；由于保管不当使得货物发生破损或泄漏而成为废弃物。

（2）流通加工环节。流通加工过程中产生的边角余料、废弃的包装箱、不易降解的包装材料等，是产生固体废弃物的主要原因。

（3）装卸搬运环节。装卸作业发生频繁，多为机械式操作，容易因碰撞、挤压而使商品受损，成为废品后被丢弃。

在物流中心的规划和建设时，一般要留有废品暂存区和废料处理区。营运时，制定严格的操作规程，及时进行固体废弃物的回收、处理，并使其进入生产再循环，对于节约资源与能源、降低环境污染程度具有重要的意义。

（四）对地表水环境的影响

物流中心在营运期间对水环境有一定的影响，尤其是依靠港口而建的物流中心，对水环境的影响更大。水污染物主要来源于物流中心人员生活污水的排入、作业过程中各类废水的排入。这些污染物会使物流中心附近的地表水或地下水质发生变化。对于港口物流中心而言，这种影响更为显著。

三、港口设施对环境的影响

港口作为交通网络的枢纽、水陆交汇的节点，在整个物流服务过程中，发挥着非常重要的作用。在现代物流的发展进程中，港口凭借其规模化的集散能力和在物流网络中的重要节点作用，已经成为发达国家现代综合物流产业的核心。随着区域性、国际性航运中心的逐步建立，港口功能向多元化趋势发展，其主要特点是集运输、转运、储存、集装箱拆装、装卸搬运、加工、仓储管理和信息处理等多种功能

于一体的综合物流配送中心和分销中心。港口作为区域物流子系统的进出口岸，其发展取决于区域经济尤其是外向型经济发展引起的运输需求。可以说，区域经济培育了港口，而港口一旦形成，便又成为重要的基础设施，对区域经济的发展将产生强大的推动作用。随着经济的全球化发展，国际物流也迅猛发展，港口在现代物流系统中的地位将更加重要。

（一）造成环境变化的因素

现代港口通常处于沿海沿江的陆地与海河之间的生态系统中的特殊地带，这些地带往往容易受到各种污染或被过度开发利用，进而对环境造成影响。根据世界银行相关发文，港口及其作业活动可能造成环境变化的因素主要如下。

（1）疏浚。疏浚挖出的废弃物可能成为污染源；航道和港湾的浚深可能改变水流和盐分，从而影响滨水产业。

（2）建筑物。码头、防波堤及其他建筑物可能造成一定水域的侵蚀或冲积；航道变化可能影响潮汐及海流的速度；对进港航道或港池的遮蔽可能造成复杂的波浪反射和回流；仓库、道路、货场等港口设施的建设对周围的水域有潜在的威胁。

（3）船舶排出物。压载水、舱底污水和生活污水的排放不仅直接影响港口水质，而且影响其上、下游；防止船底海生物附着的油漆或其他用于维护和清洁船舶的化合物对船底海生物有显著影响。

（4）货物泄漏。任何货物，尤其是有毒货物的泄漏，都会对环境产生很大影响；散货码头储存物的泄漏也会对环境产生很大影响。

（5）动迁。任何港口的发展都需要依托于土地，而这些土地通常已被过度利用，使得某些植物种类消失，最终使当地环境变差。

（6）灰尘。空中的、来自库场和正在装卸的货物的灰尘，可能会降低空气质量，从而影响居民的健康。

可见，港口物流活动造成的环境影响是不容忽视的。

（二）对生态环境的影响

港口所处的海湾和河口是生物生长、繁衍、回流的良好场所，而港口码头的建设使岸线和水动力条件发生了改变，从而对洄游动物、动物的产卵场和生长区产生影响，同时对水产养殖业、渔业也有影响，在一定程度上破坏了局部水域的生态环境。

另外，港口装卸作业产生的悬浮物、生活污水、油污水等，会增加局部水域的混浊度、引起局部水体的富营养化，对水生物的生存环境造成一定程度的影响。

目前,我国众多的港口都面临生产结构和装卸工艺的调整以及港口功能的拓展。以绿色物流的理论和方法为指导,进行港口物流系统的合理规划,对于节约能源和资源、减少污染、降低生产成本和环保成本,进而促进港口的可持续发展将具有非常重要的意义。

案例　某港口装卸过程中的环境污染现象

国内某港口散货码头装卸作业的对象主要是散货铁矿石、钢材及其他件杂货,其中铁矿石装卸过程所产生的环境污染最为严重,尤其是粉尘污染。下面分别介绍在港区装卸过程中产生的主要污染。

一、大气污染

港区装卸作业对大气的污染主要是粉尘污染和燃油废气污染,装卸过程中主要的废气污染源及污染源特征等指标如表2-8所示。

表2-8　　　　　主要的废气污染源及污染源特征等指标

污染源		最大装卸能力（吨/小时）	污染源特征	排放高度（米）	主要污染物	位置	备注
Y1	散货码头装卸	800	固定点源	10	粉尘	散货码头	按1个泊位算
Y2	散货堆场装卸	500	固定面源	3	粉尘	散货堆场	—
Y3	散货堆场起尘	500	固定面源	3	粉尘	散货堆场	—
Y4	水平皮带输送	500	固定线源	6	粉尘	散货码头、散货堆场、列车	
Y5	船舶	—	固定点源	25	燃油废气	散货码头	
Y6	汽车	—	移动线源	2	燃油废气	港区	

其中,粉尘的产生量与卸船装卸机械工况有关系。对于散货码头装卸,在最大工况(800吨/小时)、平均风速(5.4米/秒)、货物含水率保持在9%时卸船,粉尘产生量为9.92千克/小时;对于散货堆场装卸,在最大工况(500吨/小时)、货物含水率保持在9%时卸船,粉尘产生量为2.89千克/小时;堆场在不同平均风速、不同表面含水率条件下的起尘量为0.02千克/小时;对于散货水平运输,因为采用带封闭廊道的水平皮带输送机进行,所以基本不产生粉尘。

另外,到港船舶燃油排放废气中主要污染物有烟尘、二氧化硫(SO_2)、二氧化氮(NO_2)、一氧化碳(CO)和烃类等,主要污染源是 5 万吨级以上的货轮,不同污染物排放系数见表 2-9。

表 2-9　　　　　　　　　　不同污染物排放系数

单位:千克/吨

污染物	粉尘	SO_2	NO_2	CO	烃类
排放系数	1.38	12.0	11.4	0.40	0.25

注:排放系数是指每吨燃油燃烧排放的污染物。

二、水环境污染

水污染源主要包括港区生活污水、港区生产污水、堆场码头雨污水、到港船舶舱底含油污水、到港船舶生活污水和到港船舶压仓水。装卸作业过程中污水产生、污染源情况及相应处理措施如表 2-10 所示。其中,化学需氧量(Chemical Oxygen Demand,COD)是反映水体有机污染的重要指标;悬浮物(Suspended Solids,SS)指悬浮在水中的固体物质,也是衡量水污染程度的指标。

表 2-10　　　装卸作业过程的污水产生、污染源情况及相应处理措施

序号	污水名称	产生量	主要污染物	处理措施
1	港区生活污水	51(吨/日)	COD、氨氮、SS 等	送港区污水处理设施处理
2	港区生产污水	8(吨/日)	石油类、SS 等	送港区污水处理设施处理
3	堆场码头雨污水	4880(吨/日)	石油类、SS 等	送港区污水处理设施处理
4	到港船舶舱底含油污水	10(吨/艘日)	石油类等	船舶自身处理
5	到港船舶生活污水	9.6(吨/日)	COD、氨氮、SS 等	船舶自身处理
6	到港船舶压仓水	5000(吨/艘)	较清洁水	在外海替换后进港排放

三、噪声污染

装卸作业过程中的噪声源主要包括装卸机械噪声、车辆及船舶运输噪声及泵房水泵噪声等。装卸作业过程中产生的噪声声级见表 2-11。

表 2-11　　　　　　　　装卸作业过程中产生的噪声声级

序号	名称	规格	单位	数量	A 加权声级（分贝）
1	多用途门机	40 T - 35 M	台	1	83
2	多用途门机	25 T - 35 M	台	4	85
3	带式输送机	带宽 =1.0 米，传输速度 =2.5 米/秒	套	1	60
4	装载机	ZL 50	台	10	78
5	牵引车	Q 45	台	7	76
6	平板车	10 T/25 T	台	28	76
7	叉车	5 T/16 T	台	5	75
8	轮胎吊	25 T/40 T	台	5	85
9	船舶	50000 吨级	艘	3	72
10	泵房水泵	—	台	3	75

四、固体废弃物污染

装卸作业过程中产生的固体废弃物主要包括港区生活垃圾、港区维修废弃物及污水处理生物污泥等（见表 2-12）。

表 2-12　　　　　装卸作业过程中固体废弃物产生情况及处理措施

序号	名称	产生量（吨/日）	处理措施
1	港区生活垃圾	92.1	送城市垃圾场处理
2	港区维修废弃物	3.0	按危险废弃物处理
3	到港船舶生活垃圾	38.4	委托有资质单位处理
4	废油	2.0	按危险废弃物处理
5	污水处理生物污泥	6.0	由污水处理站送当地垃圾场处理
6	雨污水沉淀污泥	288.0	回收后送回散货堆场
7	合计	429.5	—

注：液态废弃物废油按照固体废弃物相关规定处理。

【问题讨论】

1. 根据该案例给出的数据，分析港口装卸过程的环境污染主要有哪些？
2. 试论述如何降低装卸作业过程中的环境影响。

思考题

一、填空题

1. 用于物流包装的四种主要材料分别是纸制品、_____、金属及玻璃。
2. 运输过程产生的主要环境问题包括：噪声污染、_____、_____ 和交通事故。
3. 物流活动中发生频率最高的活动是_____。
4. 当今世界的三大公害是_____、_____ 与水污染。

二、简答题

1. 生态环境的主要作用是什么？
2. 包装对环境的影响表现在哪些方面？
3. 用于物流包装的主要材料有哪几种类型？
4. 运输过程中产生的主要环境问题是什么？
5. 物流运输对资源、能源的消耗体现在哪几方面？
6. 货车在物流节点的空转等待对环境有什么影响？
7. 为什么物流网络节点布局不合理会对环境产生负面影响？

实训项目

1. 调研某港口装卸过程，讨论在该过程中会产生哪些环境影响？
2. 对某城市包装废弃物产生的污染问题进行调研，分析污染产生的主要原因并撰写调研报告。

第三章 物流系统碳足迹管理

引导案例 爱普生公司物流运输碳排放分析

爱普生（Epson）公司为降低物流运输成本和二氧化碳排放量，对其国际物流和国内物流的碳排放量进行了分析计算，并根据碳排放计算结果，调整物流运输方式，实施绿色物流。

一、构建针对国际物流和国内物流的数据分析系统

从2004年开始，爱普生开始实施能够同时降低物流成本和环境负荷的绿色物流机制。生产与采购管理部门、物流部门、环境部门和销售部门等共同构建了针对原材料物流、零部件物流、产品物流的数据采集与分析系统。该公司运用如下步骤计算二氧化碳排放量。

（1）确定所运产品的周转量（吨公里数），即总重量（或容积）×距离。

（2）将所得数值乘以每种运输手段（航空运输、水路运输、公路运输、铁路运输）的二氧化碳单位排放量，从而计算出二氧化碳总排放量，即环境负荷量。

表3-1是日本国内运输二氧化碳的排放计算系数。

表3-1 日本国内运输二氧化碳排放计算系数

运输工具	普通卡车（大中型）	小型卡车	轻型货车	货物列车	船舶（内河）	飞机（国内航空）
每吨公里货物的二氧化碳排放量（千克/吨公里）	178	819	1933	21	40	1483

资料来源：日本国土交通省平成14年《国土交通白皮书》。

根据2004年公司在日本国内的物流量和国际物流量的统计，依据上述计算方法，可估算出2004年公司在日本国内运输产生的二氧化碳约为3万吨，其中，2.7万吨来源于陆上运输，0.3万吨来源于航空运输，船舶运输产生的二氧化碳是0.01万吨。公司在国际运输中产生的二氧化碳排放量为36.4万吨，其中，31万吨来源于航空运输，5.4万吨来源于船舶运输。

二、向低环境负荷的运输方式转变

根据上述计算依据，Epson公司计算了公司2003年、2004年物流过程中产生的二氧化碳排放量，并对计算结果进行了比较。结果表明，国际物流产生的排放量占公司总排放量的92%左右。国际物流一般使用航空运输或船舶运输（海运）。由于航空运输所产生的环境负荷非常高，因此，公司应采取必要措施将航空运输转换为环境负荷更低的海运方式。

Epson国内运输的排放量占总排放量的8%左右，为降低国内运输的环境负荷，公司的措施是将公路运输改为铁路运输或内河船舶运输，或通过合并运输减少运输工具的使用。

三、调整运输路线以减少碳排放量

公司以前从东南亚各国到福冈的运输路线是：首先用船舶把货物统一运送到大阪港，再用卡车把其中一部分运到福冈港，这一线路的二氧化碳排放总量是313.5吨。2004年，Epson公司对该运输路线进行了调整，即从东南亚等国出发前按目的地分别装船，通过集装箱船将货物直接运送到福冈港，该线路的二氧化碳排放总量是24.7吨。因此，线路调整后，二氧化碳排放量共减少了288.8吨。

四、降低国内物流产生的环境负荷

在国内物流方面，公司实行了从航空运输、重型货车运输到船舶运输、铁路运输及轻型货车运输模式的转换，以及从单一运输方式到多式联运的转变，降低了运输对环境的影响。例如，公司将大阪—东京的公路货车运输转变为铁路集装箱运输之后，在一年时间内就使二氧化碳排放量减少了82.8吨。

此外，公司还将普通车辆逐渐更换为混合燃料车或低油耗车，并积极推进车辆"无空转"活动。这些措施均能有效降低公路货车运输所产生环境负荷。

案例解析

以二氧化碳为主的温室气体过度排放是导致全球气候变暖的重要原因，是人类面临的最严峻的环境问题。碳足迹（Carbon Footprint），也称碳排放量，是国际组织公认的测度温室气体排放最重要的指标。从该案例可以看出，Epson 公司使用不同的运输方式所产生的碳排放量是不同的；从案例还可看出，通过选择合理的运输方式、优化运输线路，能显著减少碳排放量。因此，理解碳排放的概念，掌握碳排放的计算方法，是进行物流系统碳足迹管理的基础。

本章主要目的是：了解碳足迹管理的主要内容和常用标准，掌握物流活动碳足迹计算的主要过程和任务，掌握不同运输方式碳足迹的计算方法，从而为制订运输环节的减排方案提供决策依据。

第一节　碳足迹的概念

碳足迹是衡量不同区域、人类生产和消费活动产生的温室气体排放量的重要指标。碳足迹管理为节能减排管理的精准化、高效化提供了新思路和新方法。

一、碳足迹的定义

碳足迹概念提出的时间并不长，其准确定义仍在发展变化中，不同学者和机构给出的定义各有侧重。

碳足迹的概念来源于生态足迹的概念。生态足迹是指一定区域（国家或者地区）所需要消费的所有资源和吸纳该地区所产生的废弃物所需要的生物生产性土地面积（涵盖陆地和水域）的总和。生态足迹最早是由加拿大的生态经济学家 William（威廉）于 1992 年提出，其后 Wackernagel（瓦克内尔）与 Rees（里斯）做了进一步诠释，并完善了相关的理论。生态足迹用生物生产性土地面积的占用量来表征人类生产、消费活动造成的生态影响。

碳足迹用来衡量某项活动或某个组织的活动所排放的温室气体量。碳足迹概念的发展大致经过了两个阶段。第一个阶段是非政府组织、行业和政府部门的重视，最主要的观点是，碳足迹度量的是某一活动或产品直接排放的温室气体量，以及与电力消耗相关的排放量；第二个阶段是学术界开始重视碳足迹概念，认为碳足迹度量的是某一活动或产品在生命周期内排放的温室气体量。

上述两阶段的主要差异在于对碳排放产生的范围的界定不同。第一阶段对于碳足迹的认识集中在单一产品或活动上，关注的是直接排放量；第二阶段对于碳足迹的认识更加全面，不仅包括直接排放量，也包括产品或活动的间接排放量。

联合国政府间气候变化专门委员会从地域角度给出了碳足迹的定义，认为碳足迹是对一个国家的人类活动所产生的 CO_2、N_2O、CH_4、$HFCs$、SF_6、$PFCs$ 等温室气体排放量的估计。由于 CO_2 在温室气体中的含量远远高于其他温室气体，为便于核算，碳足迹通常以 CO_2 排放当量值表征，其他温室气体（如 CH_4、N_2O 和 HFCs 等）则根据各自的温室效应潜力值 GWP（Global Warming Potential，GWP）转换成 CO_2 当量值。

二、碳足迹的计量单位

碳足迹一般可用面积或质量作为度量单位。科提兹（Kitzes）将碳足迹作为生态足迹的一部分，称为"化石能源足迹"或"二氧化碳用地"，用全球性公顷（global hectare，gha）作为测度单位；魏德曼（Wiedmann）则采用二氧化碳的质量来表示碳足迹。

采用面积或质量单位计算均存在不足。将温室气体的排放量转换成土地面积需要一系列的假设和条件，这会增加碳足迹核算的误差和不确定性。另外，用温室气体的质量来表示碳足迹在表述上并不准确，因为足迹是个空间概念，以质量为单位容易引起误解。但是，由于国际上的温室气体减排协议及研究报告均以温室气体的质量来衡量排放量，因此，普遍还是以二氧化碳质量（或当量质量）作为碳足迹的度量单位。

三、碳足迹的分类

按照不同的分类准则，碳足迹被分成不同的类型。

（一）按产生来源进行分类

根据其来源的不同，可分为第一碳足迹和第二碳足迹。

第一碳足迹（The Primary Footprint），即主要碳足迹或直接碳足迹，也称第一范围碳足迹，指生产生活中直接消耗化石能源排放 CO_2 或其他当量物的消耗量，需要直接加以控制。

第二碳足迹（The Secondary Footprint），即次要碳足迹或间接碳足迹，也称第二范围碳足迹，指消费者使用某种产品或某项服务时，在生产、制造、使用、运输、维修、回收和再利用的整个生命周期内，释放出的 CO_2 或其他当量物的总量，即间接排放 CO_2。

（二）按分析层次进行分类

根据碳足迹分析的应用层次的不同，碳足迹可分为国家层面碳足迹、企业层面碳足迹、产品和服务层面碳足迹以及个人层面碳足迹。

国家层面碳足迹指的是整个国家或城市的总体商品生产与能源耗用所产生的温室气体排放量。企业碳足迹除了包括产品碳足迹的范围，还包括了非生产性活动产生的温室气体排放量。产品和服务层面碳足迹指的是产品在制造、使用及废弃等产品全生命周期过程中产生的温室气体排放量。个人层面碳足迹指的是个人日常生活中的衣、食、住、行所产生的温室气体排放量。

四、碳足迹管理的目的及意义

（一）碳足迹管理的目的

碳足迹管理的目的是估算某特定对象的碳足迹，最终制定出有效的碳排放减排方案。

为此，首先需要选择合适的碳足迹计算标准，并依此标准进行碳足迹的计算，最后再制订碳排放减排计划。因此，制订有效的碳减排计划是碳足迹管理的最终目的。

目前，国际上不同的组织机构先后推出了几种不同的碳排放计算标准。因此，碳足迹管理的首要任务是根据具体情况，选择合适的碳足迹计算标准；其次是确定组织边界，明确碳排放计算范围；然后，按照选定的标准，收集相关数据，进行碳足迹的计算；最后，根据碳足迹核查结果，找出碳排放高的原因，从而制订具有针对性的节能减排计划。

因此，碳足迹管理包括碳足迹计算标准的选择、碳足迹的计算以及碳减排计划的制订等内容，其最终目的是帮助企业或政府制订出节能减排的最佳方案。后文将详细介绍碳足迹计算标准及计算方法。

（二）碳足迹管理的重要性

温室气体含量过高导致的全球变暖会对人类生活产生严重影响。大气中能产生温室效应的气体近30种，其中二氧化碳的含量远远超过其他气体的含量。因此，将碳足迹作为温室气体排放重要的测度指标并实施碳足迹管理，具有日益突出的重要意义。

碳足迹管理方法操作简单，能够定量反映研究对象温室气体的排放状况，既有助于明晰低碳经济发展方向及发展重点，也可用来评估碳减排措施的实施效果，因而对于低碳经济发展具有重要作用。

从国家的角度看，随着工业化、城镇化进程的加快和消费结构的持续升级，我国能源需求呈刚性增长。由于国内资源保障能力和环境容量的制约，以及全球性能源安全需求和气候变化的影响，资源环境问题日趋严峻，因此，节能减排面临的形势亦十分严峻。在此背景下，实施碳足迹管理，有利于提高节能减排工作的有效性，从而提高资源利用率。

从企业层面看，进行碳足迹管理，一方面可以为企业未来的节能减排、绿色环保、协调发展提供准确的数据信息支持，帮助企业识别高排放源，制订更有针对性的节能减排方案;另一方面还有助于减少企业的能源消耗,降低企业经营成本。也就是说,企业进行碳足迹管理能实现经济效益、环境效益和社会效益的统一。

从个人或组织的角度看,碳足迹管理使个人或组织能够评估自身活动对环境造成的影响,将碳排放来源精确定位在某个环节,为个人或组织减少未来活动中的碳排放量提供行动指导。

第二节 碳足迹测算规范及标准简介

目前,不同国家、不同组织机构制定了多种碳足迹测算标准,根据其适用范围的不同,主要分为两类:一类适用于特定企业或项目的碳足迹测算;另一类适用于产品或服务全生命周期的碳足迹测算。表3-2是国际碳足迹测算典型规范/标准,下面对其进行简要介绍。

表3-2　　　　　　　　国际碳足迹测算典型规范/标准

标准或规范名称	制定组织	适用对象
温室气体核算体系	WRI/WBSCD	企业或项目
国家温室气体清单指南	IPCC	企业或项目
ISO 14060 系列	ISO	企业或项目
英国 PAS 2050	BSI	产品或服务
日本 TS Q 0010	日本	产品或服务
ISO 14067	ISO	产品或服务

一、温室气体核算体系

温室气体核算体系(GHG Protocol)是由世界资源研究所(World Resources Institute,WRI)、世界可持续发展工商理事会(World Business Council for Sustainable Development,WBCSD)制定,是各国政府和企业最广泛应用的碳足迹量化及管理工具。

GHG Protocol 将企业或项目的碳排放源分为直接排放、间接排放和其他间接排放三种,避免了在对企业碳足迹核算过程中对碳排放源的重复计算,并提供了几乎所有的温室气体度量标准和计算框架。

该标准针对企业或项目的碳足迹计算公式如式(3-1)所示:

$$碳足迹 = 活动量 \times 碳排放系数 \qquad (3-1)$$

二、国家温室气体清单指南

该指南由联合国政府间气候变化专门委员会（Intergovernmental Panel on Climate Change，IPCC）编写，是在 1996 年的修订本以及《国家温室气体清单优良作法指南和不确定性管理》和《土地利用、土地利用变化和林业方面的优良做法指南》等指南基础上形成的。

该指南的测算对象包括《京都议定书》规定的 6 类种温室气体，即二氧化碳（CO_2）、甲烷（CH_4）、氧化亚氮（N_2O）、六氟化硫（SF_6）、全氟碳化物（PFCs）和氢氟碳化物（HFCs）。其计算范围包括能源活动、工业生产过程、农林业和土地利用变化、废弃物处理四个部分，为不同经济部门的碳排放估算提供指导。

该指南给出的碳足迹计算公式如式（3-2）所示：

$$碳足迹 = 活动水平 \times 碳排放系数 \quad (3-2)$$

其中，排放系数有三种类型，分别为 IPCC 缺省排放系数、国别排放系数或利用模型求解出的系数。

三、英国 PAS 2050

该规范是由英国标准协会（British Standards Institution，BSI）为评价产品生命周期内温室气体排放情况而编制的一套公众可获取的规范，被广泛用于评价企业产品及服务的温室气体排放情况。

PAS 2050 的测算对象也是 6 类温室气体：CO_2、N_2O、CH_4、HFCs、SF_6、PFCs。由于不同类型的产品或服务具有不同的温室气体排放特征，因此，在具体计算某产品或服务的温室气体排放量时，可以根据数据收集的难易程度及各种温室气体的重要程度，针对性地选择测算对象。

PAS 2050 对碳足迹的测算范围分为两类：一类是产品或服务从企业到企业的范围，另一类是产品或服务从企业到消费者的范围。这两类范围是产品或服务生命周期的不同表现，企业可根据实际情况选择不同的测算范围。但是，无论哪一种类型，都没有考虑产品在消费过程中的排放，因此，不适合使用寿命过长的产品，如电梯、汽车等。

PAS 2050 计算碳足迹的公式如式（3-3）所示：

$$产品或服务的碳足迹 = 产品或服务的活动量 \times 碳排放系数 \quad (3-3)$$

其中，活动量可以用吨、公里、千克或立方米等单位来衡量，排放系数即每单位活动量产生的当量碳排放量。

四、日本 TS Q 0010

该规范是日本根据 ISO 14044《环境管理 生命周期评价 要求与指南》标准编制而

成，是关于产品碳足迹评估和标识的一般性原则规范。此规范于 2009 年 4 月正式发布，目前尚未成为日本通用的正式标准。

规范给出的测算对象与 PAS 2050 的计算对象相同。但是，该规范仅适用于产品碳足迹的计算，不适用于服务，其测算范围包括从产品原材料获取到产品最终废弃回收的整个生命周期。规范中，碳足迹测算方法与 PAS 2050 相似，也是活动量与排放系数的乘积，这里的活动量是产品生命周期各个环节活动量的汇总，而 PAS 2050 中的活动量数据是产品或服务生命周期中某一个环节或某几个环节，计算公式如式（3-4）所示：

$$Z = \sum_{i}\sum_{j}(F_{ij} \times CO_{ij}) \quad (3-4)$$

式中：

Z——碳足迹；

F_{ij}——环节 i 中的碳排放源 j 的活动量；

CO_{ij}——环节 i 中的碳排放源 j 对应的排放系数。

五、ISO 14060 系列

ISO 14060 系列为量化、监测、报告、验证或核查温室气体的排放及削减提供了一致的规范，为通过低碳经济实现可持续发展提供支持。ISO 14060 系列能促进温室气体管理战略和计划的制定和实施；帮助企业改进减排措施，从而提高盈利能力。ISO 14060 系列包括了一系列标准，下面主要对 ISO 14064、ISO 14067 进行介绍。

（一）ISO 14064

ISO 14064 系列标准由国际标准化组织发布，标准集中于企业和项目层面的温室气体排放的计量，其方法主要源于 GHG Protocol 中的核算与报告标准，二者均基于生命周期法展开碳足迹评价，但是 GHG Protocol 提供的指导和计算工具更为详细。

ISO 14064 系列标准包括三部分。第一部分 ISO 14064-1 是组织（企业）层面对温室气体排放、清除的量化及报告的指导规范，包括确定温室气体排放边界、温室气体量化及改善温室气体管理的措施或活动等要求；第二部分 ISO 14064-2 是项目层次的温室气体减排的量化、监测和报告的指导规范；第三部分 ISO 14064-3 是关于温室气体排放清单审定与核查的指导规范，该标准运用排放因子法计算二氧化碳当量排放量。

（二）ISO 14067

于 2013 年颁布的 ISO/TS 14067—2013 技术规范目前已被 ISO 14067—2018 国际标准取代。ISO 14067—2018 即《温室气体—产品的碳足迹—量化要求和指南》（Greenhouse Gases – Carbon Footprint of Products – Requirements and Guidelines for Quantification），它依据生命周期评价标准 ISO 14040 和 ISO 14044 中的规定，制定全球认可的产品碳足迹量化和报告的原则、要求和指南。

ISO 14067 旨在根据产品生命周期内的温室气体的排放量来评估产品对全球变暖的潜在影响，它计算的温室气体类型与 IPCC 相同，并将温室气体排放转换成二氧化碳当量。

值得一提的是，ISO 14067 适用的"产品"的范围几乎涵盖一切类型企业的产品和服务，既包括加工产品、初级原材料、农产品等各类有形的商品，也包括运输、维修、餐饮、酒店、金融等服务，还包括软件编程、信息传递等服务活动。因此，它为各类组织提供了一种计算其产品/服务碳足迹的方法，以及减少碳排放的方式。它能帮助企业准确地了解与其产品过程相关的碳足迹主要来源，从而采取针对性措施。例如，如果碳足迹来源与运输有关，可以考虑改进物流模式，或选择距离更近的供应商或经销商。

但是，ISO 14067 不能评估产品生命周期内所产生的温室气体所造成的社会影响、经济影响或其他的环境影响。

第三节 碳足迹测算的基本原理和计算方法

一、碳足迹测算的基本原理

目前有多种测算碳足迹的方法。根据测算时所用信息的直接程度的不同，碳足迹的测算原理亦不同，主要可分为直接测量、基于能量的测算、基于活动的测算 3 种。

（一）直接测量

直接测量是指通过使用连续排放监测系统，对燃烧过程或工业过程中排放到大气中的废气中的污染物数据进行直接、连续测量。直接测量法通常适用于测量企业拥有的或控制的资源的碳排放，例如，企业自有锅炉、熔炉、车辆等所使用的燃料燃烧直接产生的碳排放。

直接测量法对碳足迹的估计是几种方法中相对准确的。但是，由于连续排放监测系统的成本很高，因此，主要应用在受环境法规约束或需要监测的生产场所。而在其他场合，这种通过监测浓度和流量直接测量碳排放的方法在供应链中并不常见。另外，直接测量仅适用于测算直接的碳排放。

（二）基于能量的测算

基于能量的测算是指根据特定设施或过程的质量平衡关系或理论燃烧值来测算碳

排放量。基于能量的碳足迹测算主要适用于生产现场和运输中所产生的排放的测算。根据获得的信息,可以进行多级分析。实际上,该方法并不是直接监控燃烧的燃料量,而是根据燃料的消耗量进行推断,并且要事先估算出每单位能量或燃料消耗平均产生的碳排放量,即碳排放系数。

基于能量的测算也可以用于估算电力消耗产生的间接碳排放。因此,该方法适用于直接排放和间接排放,而且尤其适用于测算运输过程中的碳排放,也非常适用于像水泥生产、铝制造、废弃物处理等过程产生的碳排放。

(三)基于活动的测算

基于活动的测算是指通过使用转换因子,根据活动信息进行推断,从而得到碳排放量。转换因子也称为碳排放系数(或碳排放因子),是碳排放量与排放源活动度量指标的比率。基于活动的测算在各种碳排放计算方法中最常见。根据测算时信息汇聚程度的不同,具体的计算方法可以有不同的形式。例如,一家公司如果将其进货运输业务外包给第三方物流企业完成,该公司是很难获得运输过程中燃料消耗数据的,因为燃料消耗是运输成本构成的关键因素,物流企业通常不会与客户分享。所以,公司要测算其进货运输业务的碳排放,就只能间接地通过运输里程与运输量的综合信息估算活动量,再通过碳排放系数,估算得到碳排放量。这种情况下的碳排放来源属于其他间接排放源。

基于能量的测算和基于活动的测算都是通过碳排放系数进行的排放量估算,因此,也称为排放系数法(或排放因子法)。二者相比,后者在碳足迹计算方法中得到更广泛应用。例如,IPCC《国家温室气体清单指南》中提供的碳足迹计算方法的核心思想就是,温室气体排放量等于活动数据与相应的排放系数的乘积。目前国际上大多数的计算温室气体排放量的规范都遵循了这样的计算思路,这类碳足迹计算方法可统称为排放系数法。当然,不同规范针对的对象不同,因而排放系数也有不同的含义。以美国大自然保护协会对家庭用电及开车产生的碳足迹计算为例,计算公式分别如式(3-5)和式(3-6)所示:

$$家庭用电产生的碳足迹 = 耗电量(千瓦时) \times 0.785(千克 CO_2 / 千瓦时) \quad (3-5)$$
$$开车产生的碳足迹 = 油耗量(公升) \times 0.785(千克 CO_2 / 公升) \quad (3-6)$$

二、系统层面的碳足迹计算方法

一个产品或服务就是一个系统,包括了从供应(采购)到交付使用的全过程。同样的,一个企业、一个家庭或一个区域的生产与消费活动也是一个系统。一个系统包括了多个碳排放源,所以,系统层面的碳足迹计算方法更加复杂。

系统层面的碳足迹计算方法主要分为两类。一类方法是基于"自下而上"的原则,对产品或服务的碳排放进行分析,其中最典型的就是生命周期评价方法(Life Cycle Assessment,LCA);另一类方法是基于"自上而下"的原则,通过研究宏观经济系统各部门的要素投入状况计算碳排放,其典型代表方法是投入产出分析法。随着对碳足迹计算方法研究的深入,后来又出现了投入产出生命周期评价法,也称为混合生命周期评价法。这些碳足迹计算典型方法的依据标准及适用范围如表3-3所示。

表3-3　　　　　　　碳足迹计算典型方法的依据标准及适用范围

方法名	依据标准	适用范围
生命周期评价法	PAS 2050	适用于微观系统,如产品或供应链的碳足迹分析和计算
投入产出分析法	ISO 14067	适用于宏观系统,如国家(地区)经济系统的碳足迹分析和计算
混合生命周期评价法	GHG Protocol	适用于微观系统,如家庭、个人行为造成的碳排放

(一)生命周期评价法

生命周期评价法从产品或服务的整个生命周期出发,通过定性和定量的分析,对产品或服务"从摇篮到坟墓"的整个过程中的资源消耗和污染物排放情况进行评估。该方法主要包括如图3-1所示的4项内容:确定目的和范围、清单分析、影响评价和结果分析。

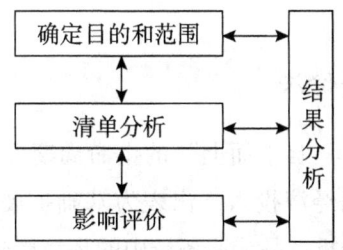

图3-1　生命周期评价法主要过程示意

利用生命周期评价法计算产品或服务的碳足迹,需要对基础活动中的清单数据进行收集和分类,数据内容必须全面翔实。基础活动数据的收集是生命周期评价法的基石,因此该方法属于"自下而上"的计算方法,其分析过程以及计算结果都具有很强的指向性,多用于微观系统的碳足迹计算,例如产品或服务的碳足迹计算。

采用生命周期评价法核算碳足迹时需要考虑核算方法和数据两方面的不确定性。不同的核算方法(包括建模方法的选择,资本商品的处理方式的选择、土地利用变化的处理方式的选择等)会对最终计算结果产生显著影响。另外,数据质量也影响计算结果,因此,应确保数据质量(包括准确性、代表性、一致性、可再现性等)达到

ISO 14044 及 PAS 2050 的标准。

由于系统边界和生命周期的确定非常复杂，有时甚至无法完整界定，因此，该方法允许在无法获取原始数据的情况下采用次级数据，这就可能导致估算结果产生偏差。

（二）投入产出分析法

投入产出分析法是一种分析经济系统内各部门间"投入"与"产出"关系的定量方法，由美国经济学家 Wassily Leontief（华西里·列昂惕夫）于 1936 年正式提出。投入产出分析法以投入产出表为基础，通过建立一系列的线性方程反映各部门间投入与产出的数量依存关系，即投入产出数学模型，从而对各种经济活动的投入产出关系进行经济分析和预测。

基于投入产出分析法的碳足迹计算是以政府或非营利机构提供的宏观数据为基础，通过建立关于一个国家（地区）的价值表及实物表以及相应的数学模型，得到温室气体排放量的同时，反映出经济系统各部门之间的关系。它是一种自上而下的分析方法，能够充分利用投入产出表提供的相关信息，以所研究的经济系统为边界，计算经济变化对环境产生的直接影响和间接影响。用该方法核算碳足迹时所需的人力、物力资源较少，适用于宏观系统的分析。

利用投入产出模型从宏观角度对碳足迹进行总体估算时，采用的投入数据一般是各统计值的平均数，研究系统边界大而完整，不能进行内部分割，因此不适合微观系统的碳足迹估算。

（三）混合生命周期评价法

混合生命周期评价法是将"自下而上"的生命周期评价法与"自上而下"的投入产出法相结合的新方法，是以经济投入产出表为基础扩展的生命周期评价方法，它具有两种方法的优点，适用于分析产品或服务链中的环境影响。

混合生命周期评价法建立在同质性和比例性两个假设的基础上。同质性是指在同一个部门内，无论产品种类如何，产品对环境的影响与产品的生产价格成正比；比例性是指对同一部门，投入与输出成正比。混合生命周期评价法适用于比较、评价不同部门的同类产品，而不适用于比较同一部门内的不同产品或全新的产品。

混合生命周期评价模型包括经济投入产出表和环境影响系数两部分，即在投入产出表中追加一列代表"环境"的部门，其每一行的值表示一个污染物"产出"。与传统的环境投入产出分析法不同，混合生命周期评价中的污染物排放系数为对角矩阵，这样可以将最终需求引起的环境影响分解到生产链的各个部门。

混合生命周期评价法根据评价对象的特征将宏观部门间的经济联系和微观系统的

活动流程相结合并加以描述，即保留了生命周期评价法的针对性特点，能充分利用投入产出的宏观数据，通过与微观系统相结合，避免了数据截面过大而导致的计算误差。

第四节　物流活动的碳足迹计算过程

本节先介绍物流活动碳足迹计算的一般过程，然后针对其中的关键环节进行详细分析。

一、碳足迹计算的一般过程

碳足迹计算的主要过程包括：确定计算边界、选择碳排放计算方法、活动数据收集和选择碳排放因子、碳排放计算、发布碳足迹报告等，如图 3-2 所示。

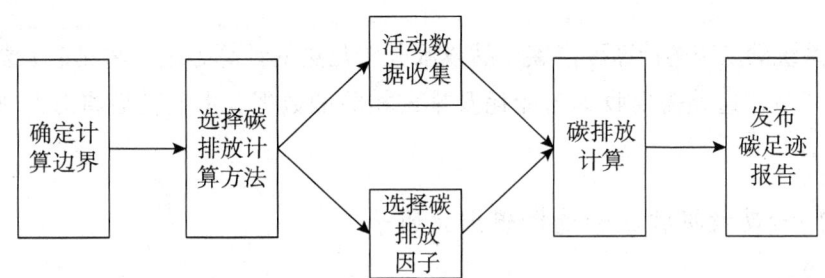

图 3-2　碳足迹计算的主要过程示意

（一）确定计算边界

计算边界是指计算碳排放时考虑的碳排放范围，包括组织边界和运营边界。组织边界可根据企业拥有或控制的业务确定，明确哪些业务产生了温室气体。企业组织边界涵盖整个集团，包括下属分公司、独立法人机构。

运营边界是指企业运营过程中的碳排放范围，根据碳排放来源的不同可分为以下三种类型。

（1）直接碳排放，通常称为范围1，指企业拥有或控制的锅炉、车辆、流通加工设备产生的温室气体，是由燃料燃烧产生的。

（2）间接碳排放，即范围2，是指企业的照明、供暖、供气、制冷等设备运营所需的电力、热力产生的温室气体。

（3）其他间接碳排放，即范围3，是指除范围2以外的企业其他运营活动所产生的温室气体，例如雇员上下班、出差旅行以及上、下游合作企业的相关活动等。

这3个范围提供了企业碳足迹管理的框架。

（二）选择碳排放计算方法

计算方法的选择取决于研究目的、计算边界和研究对象等因素。根据上一节相关内容，有如下几条经验法则。

（1）计算个人活动的碳足迹时，根据人类活动的系统边界（个人的活动范围），判断影响个人碳排放的因素，然后，选择一些国际机构提供的碳足迹计算框架直接进行计算。

（2）计算国家或城市区域的碳足迹时，可以从宏观角度进行分析，采用投入产出分析法，根据生产要素等的投入状况进行碳足迹的分析计算。

（3）计算产品或服务的碳足迹时，由于受到不同的生产流程、流通过程、数据可获得性等因素的影响，为了简化计算，学者们建议采用生命周期评价法和排放系数法。

物流系统碳足迹的计算可借鉴产品或服务碳足迹的计算方法，将排放系数法应用到物流各环节，这就需要收集与能耗及排放相关的数据。本节稍后将对此进行详细介绍。

（三）活动数据收集和选择碳排放因子

根据碳排放计算方法，制定计算所需的相关数据的清单，进行数据收集。根据数据的可获得性，数据获取的途径主要包括 5 种方式：①从企业实际数据统计得到；②利用类似系统的经验数据；③通过文献获取；④由专家直接估算；⑤通过实验采集数据进行推算。不管哪种途径，保证数据的真实性和可靠性是最基本的要求。

排放因子可参照不同国家（地区）、不同行业及组织机构的规定，并结合能源使用情况进行选择。

（四）碳排放计算

在选定计算方法、收集活动数据、选择排放因子后，就可以进行温室气体排放数据的汇总计算。计算结果需要换算为二氧化碳当量，即碳足迹。计算过程中，如果有些活动或设施的碳排放无法量化，或者排放量很小，核算时可以免除量化，但需要在下一步的碳足迹报告中加以说明。

（五）发布碳足迹报告

完成计算后，需要制作企业碳足迹报告，向企业管理层、监管机构或其他利益相关方报告。报告内容包括组织边界、运营边界、数据收集情况和其他信息。企业可以自行进行核查、评价或委托第三方核查机构进行核查，核查的内容包括企业概况、活动水平数据、排放因子数据来源说明、碳排放量等。

上述 5 个过程中，计算边界的确定、活动数据的收集及碳排放因子的选择是物流系统碳足迹计算的关键，因此，接下来将进行详细分析。

二、物流系统碳足迹计算边界的确定

确定碳足迹计算边界是物流系统碳足迹计算的重要内容。根据上一节的观点，物流系统碳足迹计算边界同样应考虑物流系统的组织边界和运营边界。

1. 物流系统组织边界

物流活动跨越了不同的企业主体，因此，物流系统的组织边界包括参与物流活动的主体企业以及相关组织机构的内部范围。在计算物流系统碳足迹时，可根据供应链参与主体的构成，确定碳足迹计算的组织边界，主要包括产品的生产商、批发商、零售商和消费者、第三方物流企业等，有时还包括其他参与企业，如承担产品回收和废弃物处理的企业等。

2. 物流系统运营边界

运营边界是用来确定哪些环节和过程应该计入碳足迹排放范围。从物流活动的全生命周期范围看，物流运作过程包括不同作业环节，例如运输、仓储等。在这些作业环节，往往会消耗不同类型的燃料、电力等，是产生碳排放的主要来源。

为了全面、有效地对碳足迹进行管理，一般将物流系统成员企业的运营边界分为直接排放和间接排放两种。直接排放是指成员企业在物流活动中因直接能源消耗而产生的碳排放。典型的直接排放包括：运输过程中的碳排放、仓储过程中的碳排放、流通加工过程中的碳排放、搬运装卸作业中的碳排放等。物流系统的间接排放范围很广，例如，企业行政办公过程的电力消耗、员工差旅及生活中的消耗、物流设备供应商的生产消耗等，都会排放温室气体。但是，这些间接排放的数据大都难以获得。因此，从生命周期评估角度考虑，应该重点考虑直接物流活动环节产生的碳排放，也就是说只考虑物流运营活动中的直接碳排放。

三、物流活动碳排放数据的收集

物流活动碳排放计算需要多方面的数据，图 3-3 是碳排放基本数据清单，主要包括与碳排放相关的数据、与计算对象相关的数据、物流各环节能耗数据、运输过程中关键因素数据等。其中最重要的是根据企业活动的具体状况，对物流活动中能源的消耗数据进行收集和统计，如煤炭、汽油、柴油和电力等能源的使用量。

为了方便收集物流各环节的能耗数据，通常将物流活动的碳排放源分为固定燃烧

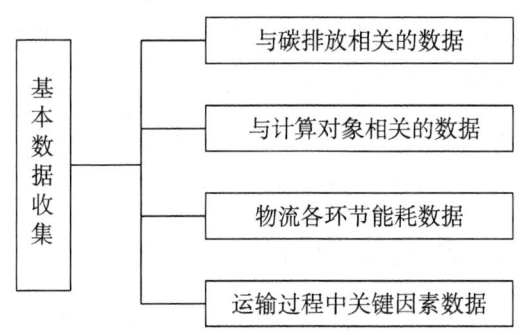

图 3-3 碳排放基本数据清单

碳排放源、移动燃烧碳排放源、加工处理碳排放源、意外碳排放源 4 种类型。固定燃烧碳排放源是指固定的物流设备运营所需燃料燃烧产生的碳排放，例如，仓储设备运营产生的碳排放。移动燃烧碳排放源是指移动的物流设备运营所用燃料燃烧产生的碳排放，例如，汽车、船舶等载运工具、装卸搬运设备等运营产生的碳排放。加工处理碳排放源是指物流加工处理过程中产生的碳排放，包括产品流通加工过程或包装过程中产生的碳排放。意外碳排放源是指物流过程中因意外事件所产生的碳排放，例如，产品包装的泄漏和废水、废气处理设施等所产生的碳排放。

根据已确定的组织边界和运营边界收集相应的碳排放数据，数据来源如表 3-4 所示。

表 3-4 物流活动碳排放相关数据及其来源

类别	燃料/物流设备	数据来源	物流活动数据形态
固定源燃烧（仓储设备）	煤	采购单、燃料使用记录	烟煤、无烟煤采购量
	燃油	采购单、燃料使用记录	柴油、煤油采购量、储存量
	液化气	采购单、燃料使用记录	燃气使用量
	电力	用电明细单	用电量
移动源燃烧（运输、装卸搬运设备）	货车	燃油使用记录	耗油量
	其他车辆	燃油使用记录	耗油量、货运量、行驶距离
	其他物流设备	燃油使用记录	设备耗油量
加工处理	加工设备与设施	生产记录	生产加工量、设备种类台数
	废水处理设备	废水处理记录	废水处理量
	其他废弃物处理设备	废弃物处理记录	废弃物再加工、再利用量

除了收集物流活动碳排放数据信息之外，还要确定物流活动碳排放系数。

不同国家（地区）以及组织机构对能源的碳排放系数做出了规定。碳排放计算主要是依据不同国家、地区或行业规定的排放系数,再结合能源使用具体情况进行测算。碳排放系数的获取方法如表3-5所示。

表3-5　　　　　　　　　　碳排放系数的获取方法

碳排放系数类别	获取途径
所在国家(地区)、组织机构规定的碳排放系数	国家政府网站、统计局、科技文献等。如美国能源部规范、日本农业环境技术研究所、日本TS Q 0010、中国GB/T 24040标准以及其他组织机构专门网站等
国际通用的碳排放系数表	GHG Protocol/14040/ISO 14067
实际测算的碳排放系数	根据能源的具体使用状况和能源利用效率的不同,对供应链上的碳排放进行实际估算

第五节　物流运输活动的碳足迹估算

根据数据要求的不同,运输活动碳足迹估算方法可以分为两类:一类是"基于燃料的估算方法",即以车辆、船舶等工具在运输过程中的燃料状况为基础,根据燃料类型及耗油量多少,通过对应的碳排放系数,估算对应的碳排放量;另一类是"基于活动的估算方法",即根据运输过程中的活动数据,建立相应的数学模型,估算碳排放量。本节先介绍这两种估算方法,再介绍不同运输方式下具体的碳足迹估算公式。

一、基于燃料的估算方法

将运输活动中消耗的燃料或能量乘以适当的排放因子,即得到运输活动的碳排放量。基本计算公式如式(3-7)所示:

$$E = f_F \times F \tag{3-7}$$

式中:

E——碳排放量;

f_F——运输中能量或燃料消耗量;

F——排放因子,指每单位能量或燃料消耗产生的碳排放。

排放因子与废弃物排放类型、燃料类型和发动机类型有关。排放因子的确定可参考本章第二节的规范或标准进行选择。

如果运输车辆有多种不同的发动机类型,使用不同类型的燃料,则总的碳排放量就是各种类型燃料的排放量的汇总,其计算公式如式(3-8)所示:

$$E_F = \sum_{i=1}^{N_F} F_i \times f_{F_i} \qquad (3-8)$$

式中：

E_F——碳排放量，克；

F_i——i 类型燃料的排放因子（$i=1,\cdots,N_F$）；

f_{F_i}——车辆对 i 类型燃料的消耗量，千克；

N_F——使用燃料的类型数。

对于由电动马达驱动的电动货车，车辆运行时直接产生的碳排放很少，可以忽略不计。但是，驱动汽车行驶的电能的产生过程会产生排放。这种排放属于运输活动的间接碳排放，按公式（3-9）进行计算：

$$E_E = \sum_{i=1}^{N_E} F_E \times f_{E_i} \qquad (3-9)$$

式中：

E_E——碳排放量，克；

F_E——电能排放因子，即每度电产生的碳排放量，克/千瓦时；

f_{F_i}——电机 i 消耗的电能，千瓦时；

N_E——使用电源的数量。

电能的消耗量可直接来自电表读数。不同电能产生的碳排放量取决于电能的产生方式。如果不考虑整个生命周期阶段或供应链各环节的影响，利用水力、风能、核能或太阳能发电的排放量可以忽略不计。实际上，这些情况下，要考虑整个生命周期的能源消耗，不仅包括最后燃烧阶段的排放，还包括开采、运输、加工等上游供应阶段的所有排放。因此，适合使用生命周期评价法确定排放因子。

基于实际燃料消耗量估算排放量属于一种"自上而下"的方法，理论上是非常准确的。但是，考虑实际数据的可获得性，运输活动中的燃料消耗量通常是通过燃料销售量（或购买量）来估计的。因此，利用该方法所估计出的碳排放的可靠度取决于所获取的燃料销售数据的可靠度。

二、基于活动的估算方法

基于燃料消耗量估算碳排放虽然更准确，但在实际应用时，存在着燃料消耗数据难以获得、或数据不可靠等问题。基于活动的碳排放计算方法是一种"自下而上"的方法。该方法的基本原理是先根据车辆特性估算运输过程中的燃料消耗，或者将燃料消耗数据与运输活动数据结合起来，计算出平均排放量，以此作为排放因子；再用一定场合的运输活动量乘以该排放因子，即可估算出运输活动的碳排放量。与基于燃料的估算方法一样，该方法的关键是运输活动排放因子的选择。

确定运输活动的排放因子非常复杂。运输活动的碳排放量不仅与运输方式有关系，还受运输工具类型和运行状况的影响。对货车运输来说，其碳排放不仅取决于车辆自身状况（例如，发动机类型及其使用年限、轮胎、使用燃料类型等），也受车辆运行条件（例如，交通状况、天气状况、司机状态等）的影响。对船舶运输来说，运输过程中的碳排放不仅取决于船舶及其发动机性能，也取决于船舶运行状况（例如，航行速度和有效载荷）。对航空运输来说，有效载荷、天气状况、巡航速度、高度等都是影响排放量的重要因素。根据运输活动的不同特性，主要有两种排放因子：一是基于货运距离的排放因子；二是基于货运周转量的排放因子。

1）基于货运距离的排放因子

根据运输活动估算碳排放的最简单方法就是，用行驶距离乘以交通工具的平均油耗，这样可估算出所消耗的燃料；然后通过燃料排放因子来估算碳排放总量；再算出单位运输里程的平均碳排放量，即基于运距的排放因子，或简称距离排放因子。

估算距离排放因子的方法很多。如表3-6所示，参照不同的规范，根据美国环境保护局（EPA）和英国环境、食品及农村事务部（Defra）的相关信息，对不同车辆在1000英里运距情况下的碳排放量进行估算，从而得到不同车辆的距离排放因子，即每英里碳排放量或每公里碳排放量。表3-6中，除了重型柴油货车排放的温室气体是CO_2、CH_4、N_2O外，其余车辆排放的温室气体都是CO_2。

表3-6　不同车辆1000英里运距的碳排放量及排放因子估计值

规范/来源	车辆类型	总排放量（千克）	排放因子（千克/英里）	排放因子（千克/公里）
GHG Protocol	重型柴油货车（EPA）	1722	1.722	2.771
GHG Protocol	轻型货车（Defra）	1560	1.560	2.512
GHG Protocol	轻型货车（7.5~17吨）（Defra）	1235	1.235	1.988
美国SmartWay计划	平板运输车	1700	1.700	2.737
美国SmartWay计划	干式货车/整车	1750	1.750	2.818

2）基于货运周转量的排放因子

基于运距的方法虽然简单，但存在应用局限。例如，当使用共同运输方式时，应用该方法无法确定与具体的装运货物有关的排放量。另外，当能获得的装运信息很少时，例如，无法确定具体的车辆类型、装载状况或确切路线时，基于运距的方法也不合适。在这些场合，适合应用基于货运周转量（运量×运距）的估算方法。

所谓基于货运周转量的排放因子是指某种运输方式下，单位货物移动单位距离时产生的碳排放量。其测度单位通常是千克/吨公里或千克/吨英里。基于货运周转量的方法也适合于不同运输方式之间的比较。

GHG Protocol 针对美国环境保护局和英国环境、食品及农村事务部对运输方式的分类，估算出不同运输模式下 10000 吨英里货物运输的排放量，据此可得出不同运输方式下基于货运周转量的排放因子，如表 3-7 所示。

表 3-7 不同运输方式 10000 吨英里货运周转量的碳排放量及排放因子估计值

运输方式	总排放量（千克）	排放因子（千克/吨英里）	排放因子（千克/吨公里）
长途空运（EPA）	15270	1.527	2.458
长途空运（Defra）	3460	0.346	0.557
国内空运（EPA）	15270	1.527	2.458
国内空运（Defra）	11050	1.105	1.779
大型集装箱船运（2万吨）（EPA）	480	0.048	0.077
大型集装箱船运（2万吨）（Defra）	70	0.007	0.011
小型船舶运输（844吨）（EPA）	480	0.048	0.077
小型船舶运输（844吨）（Defra）	190	0.019	0.031
轻型货车运输（EPA）	2970	0.297	0.478
轻型货车运输（Defra）	490	0.049	0.079
轻型货车运输（1.305吨~1.74吨）（EPA）	2970	0.297	0.478
轻型货车运输（1.305吨~1.74吨）（Defra）	4620	0.462	0.744
铁路运输（EPA）	250	0.025	0.040
铁路运输（Defra）	160	0.016	0.026

假设 F 是吨公里碳排放因子，已知某运输方式的货物量为 w 吨，平均运输距离为 d 公里，则该项运输活动的碳排放量估算公式如式（3-10）所示：

$$E = w \times d \times F \tag{3-10}$$

式中：

E——碳排放量，千克；

F——某种运输方式下每吨公里的平均碳排放量，千克/吨公里。

当一项运输活动涉及多个托运人、多个承运人或其他第三方企业时，基于活动的方法比基于燃料的方法更合适。

三、不同运输方式的碳足迹估算

运输距离和运输量是表示物流运输活动的两个最重要的参数。不同运输方式下，运输量有不同的表示方式，既可以用货物的重量 w（单位：千克）表示，也可以用货物的体积 v（单位：立方米）表示；对于集装箱运输，还可以用标准集装箱数 TEU 表示。不同运输方式下，由于运输工具的发动机技术和燃料的类型不同，排放物中包含的温室气体种类也不同；且载荷利用率的不同也影响排放量的大小。因此，不同运输方式下，碳足迹估算方法有所不同。下面介绍 4 种不同运输方式的碳足迹估算方法。

（一）航空运输的碳足迹估算

假设运输货物的重量是 w 千克，货物体积是 v 立方米，运输距离为 d 公里。航空运输过程中，不仅飞机的飞行过程会产生碳排放，飞机在起飞和着陆过程中也会产生碳排放。因此，考虑航空运输过程中有效载荷利用情况和起飞/着陆过程的排放情况，航空运输碳足迹估算公式如式（3-11）所示：

$$e_{air}(d,w) = (E_1 + \varepsilon_1 \cdot d) \cdot \frac{w}{(W_1 \cdot \lambda_1)} \qquad (3-11)$$

式中：

$e_{air}(d, w)$——航空运输货物重量为 w、运输距离为 d 时的碳足迹，千克；

W_1——飞机的最大有效载荷，千克；

λ_1——特定行程中飞机的有效载荷利用率，%；

$W_1 \cdot \lambda_1$——飞机的实际有效载荷；

E_1——飞机起飞和着陆时的碳排放，千克，是飞机实际有效载荷的函数；

ε_1——航空运输每公里碳排放量，千克/公里，即距离排放因子。

例如，波音 B757-200SF 货机的最大有效载荷 W_1 = 29029 千克。在满载情况下，即 λ_1 = 100% 时，E_1 = 4531.182 千克，ε_1 = 15.363 千克/公里。当装载量为最大载荷的 75%，即 λ_1 = 75% 时，E_1 = 4041.709 千克，ε_1 = 15.351 千克/公里。那么，500 千克货物通过航空运输移动 1000 公里，当飞机满载时，产生的碳足迹是 342.66 千克；当飞机装载率为 75% 时，产生的碳足迹是 445.36 千克。

可见，飞机的有效载荷能力和装载率不同，同样吨公里的运输活动产生的碳排放是不同的。此外，航空运输还经常按货物体积计价。这时，货物重量 $w = v \cdot \rho$，其中 ρ 是货物的密度。

(二) 公路运输的碳足迹估算

考虑公路运输过程中的实际载荷情况，公路运输碳足迹估算公式如式 (3-12) 所示：

$$e_{\text{road}}(d,w) = \varepsilon_2 \cdot d \cdot \frac{w}{(W_2 \cdot \lambda_2)} \quad (3-12)$$

式中：

$e_{\text{road}}(d,w)$——公路运输货物重量为 w、运输距离为 d 时的碳足迹，千克；

W_2——车辆的最大有效载荷，千克；

λ_2——特定行程中车辆的有效载荷利用率，%；

ε_2——公路运输每公里碳排放量，千克/公里，即距离排放因子。

对 ε_2 的估算需要综合考虑燃油效率、道路类型、载荷因素、地形坡度等因素。NTM（交通网络与环境）是瑞典一家非营利机构。该机构对一辆最大载荷为 26 吨的挂车在空载和满载两种极限状况下行驶时的燃料消耗量进行了测算，结果如表 3-8 所示。

表 3-8　　NTM 关于货车在不同道路上行驶时的燃料消耗量测算值

单位：升/公里

载荷状况	高速公路	乡村公路	城市道路
空载	0.226	0.230	0.288
满载	0.36	0.396	0.504

至于其他载荷状况的燃料消耗，可以应用线性内插法得到。例如，假设装载量为最大载荷的 70%，那么车辆在以上三种类型道路上行驶时的燃料消耗量分别为 0.3198 升/公里、0.3462 升/公里和 0.4392 升/公里。如果已知柴油的碳排放系数为每升 2.621 千克，就可以估算出一辆 70% 装载率的车辆在高速公路上行驶时的碳排放系数 $\varepsilon_2 = 2.621 \times 0.3198 = 0.8382$ 千克/公里。这种情况下，如果将 500 千克的货物运输 1000 公里，产生的碳足迹约为 23.03 千克。

另外，如果考虑道路的坡度，还需引入修正系数对燃料消耗量进行额外的调整。学者 Hoen（霍恩）(2014) 认为，根据欧洲的地形坡度特点，应该将排放系数再增加 5%，即 $0.8382 \times 1.05 = 0.8801$ 千克/公里。

(三) 铁路运输的碳足迹估算

铁路运输碳排放与铁路机车整体效率有关，对应的排放因子可直接从铁路运输公司获得。在考虑运输过程中实际载荷的情况下，由式 (3-13) 进行铁路运输碳足迹的估算：

$$e_{\text{rail}}(d,w) = \varepsilon_3 \cdot d \cdot w \quad (3-13)$$

式中：

$e_{rail}(d, w)$——铁路运输货物重量为 w、运输距离为 d 时的碳足迹，千克；

ε_3——铁路运输每公里碳排放量，千克/公里。

(四) 水路运输的碳足迹估算

内河运输的碳足迹估算如式（3-14）所示：

$$e_{water}(d,w) = FC_4 \cdot FE_4 \cdot d \cdot \frac{w}{(W_4 \cdot \lambda_4)} \qquad (3-14)$$

式中：

$e_{water}(d, w)$——水路运输货物重量为 w、运输距离为 d 时的碳足迹，千克；

W_4——船舶运输能力，如装载吨位、千克数或集装箱标准箱数；

λ_4——特定行程中船舶的有效载荷利用率,%；

FC_4——船舶行驶每公里的油耗，可以是重量单位（如千克、吨）或体积单位（如升、立方米）；

FE_4——燃料碳排放因子，即单位燃料的碳排放量。

例如，已知一艘内陆货船的装运能力为 384 万千克。内陆货船载荷利用率较低，假设约为 50%。船舶燃料消耗量为每公里 0.007 吨柴油，每吨柴油碳排放量约为 3178 千克。将这些参数代入公式（3-14），可计算出 500 千克货物经内河运输 1000 公里所产生的碳排放约为 5.79 千克。

对于海运的碳排放，计算方法与式（3-14）类似，但是，燃料碳排放因子与具体的船舶有关系，且要根据燃料类型（如船用燃料油）进行调整。

案例 现代汽车公司供应链碳足迹管理实践

近来，汽车制造商受到越来越严峻的节能减排的压力，迫切需要采取行动提高发动机效率，减少温室气体排放。例如，欧盟汽车工业协会早在 1998 年就与政府签署了一项自愿协议，要求制造商减少新车的二氧化碳排放量。随着后《京都议定书》时代的标准以及全球汽车行业对碳排放的控制要求越来越严格，汽车制造商必须评估其供应商的碳排放影响。

汽车制造商的竞争优势在很大程度上取决于成功的供应链管理。企业可持续运营战略的实施要求供应链上、下游企业均能坚持环境绩效与经济绩效的统一。核心企业若想减少碳排放量，不仅要重视现场生产设施的排放，还应重视供应商生产过程中的排放。也就是说，汽车核心企业的碳足迹管理应该涉及整个汽车供应链。

本案例主要介绍碳足迹管理在韩国现代汽车公司（Hyundai Motor Company，HMC）汽车供应链管理中的应用实践。现代汽车公司是韩国规模巨大的汽车制造企业，也是全球知名的汽车制造商。为全面解决汽车供应链减排问题，HMC 将碳足迹管理延伸到公司的供应商管理过程中，以降低来自供应端的碳排放，从而提高供应链的整体环境绩效。

HMC 进行碳足迹管理的关键是确定一个合适的碳排放边界。HMC 采用了 GHG Protocol 作为制定碳排放范围和界限的指南。公司设置了直接排放（内部排放）和部分间接排放边界进行试点测试，主要是上游供应环节和生产环节，没有涉及产品分销、使用、回收处理等下游阶段。

HMC 选择了 10 个重要的一级供应商（每个供应商提供给 HMC 不同的模块和组件），通过与供应商合作，采取了三个步骤来识别和测量每个生产现场的碳排放量：一是识别关键供应商的碳足迹；二是制作碳工艺图；三是计算产品碳足迹。下面进行详细介绍。

一、识别关键供应商的碳足迹

HMC 为关键供应商建立了碳足迹管理指南，并提供了碳足迹测算手册。供应商依照指南和手册，采用直接测量方法，对公司的直接碳排放（第一范围排放）和间接碳排放（第二范围排放，例如，购买能源的碳排放）进行测量并撰写报告。HMC 制定了全面的能源和碳清单，并交由关键供应商填写，从而使 HMC 能够获取所需的数据。表 3-9 是 HMC 关键供应商第一范围和第二范围的碳足迹。

表 3-9　　　　　　HMC 关键供应商第一范围和第二范围的碳足迹

单位：吨

供应商	第一范围	第二范围	总计
供应商 1	3238	4619	7857
供应商 2	472	530	1002
供应商 3	8795	9834	18629
供应商 4	2937	24638	27575
供应商 5	1212	6438	7650
供应商 6	205	5987	6192
供应商 7	101	720	821
供应商 8	135	8486	8621
供应商 9	4093	14926	19019
供应商 10	425	4469	4894
总　计	21613	80647	102260

HMC 制定的准则适用于其原料供应商、制造商和分销商。为便于分析,这里将 HMC 的供应链简化成"原料供应—场内制造—产品分销"三个环节。HMC 通过对供应链的管理,实现了与供应商一起共同改善环境绩效的目标。

二、制定碳工艺图

第二个步骤是建立碳工艺图,以识别供应链各阶段零部件的碳排放。在此基础上,HMC 及其供应商可计算每个零部件的碳足迹以及整个供应链中的碳风险。更重要的是,供应商可以从此碳工艺图中识别出高碳排放的零部件。一旦供应商识别并测量碳负荷后,便将碳工艺图应用的结果报告给 HMC,与 HMC 共同努力降低能耗。

三、计算产品碳足迹

根据第二步得到的数据,供应商和 HMC 对供应链范围的产品碳足迹进行计算和评价。测量指标包括烟囱的废气排放、生产现场及非生产场所的能耗再利用、总能源消耗、总电力消耗、总燃料消耗、源头削减活动及原料调整等。表 3-10 是汽车前保险杠碳足迹计算示例。将前保险杠的原材料供应、生产、分销各阶段的单位碳排放量值相加就得到前保险杠的碳排放量。

表 3-10　　　　　　　　　汽车前保险杠碳足迹计算示例

单位:千克碳当量

内容	原材料供应	生产过程	分销
单位碳排放量	0.453	1.763	0.316
总计		2.532	

通过前保险杠的碳足迹计算结果可知,原材料供应阶段的碳排放量约占供应链碳排放总量的 18%,汽车生产阶段约占 70%,分销阶段约占 12%。

四、案例小结

实施供应链的碳足迹管理能帮助企业更合理地分配资源,既最大限度地减少碳排放,同时又能降低成本。对于大量的中小型企业来说,由于其财力、技术、人力等资源的限制,企业独立进行碳足迹测量存在很多困难。HMC 提出的估算碳足迹的三个步骤,操作简单,易于理解,能帮助供应链上企业(尤其是中小型企业)有效地进行碳足迹管理。

在 HMC 开始实施碳足迹管理的初期,供应商对碳足迹并不太了解,而当该试点项目实施两年后,供应商从中获得了很大收获,通过更节能的运营管理方式降低了企业运营成本。正如 HMC 其中一家供应商的高级经理所说:"我们一直没有意识到我们在生产阶段浪费了多少电力,也没有意识到从原料供应到产品分销整个过程实施高效能源管理的重要性。现在我们认识到识别和计算碳足迹的行动能降低企业成本。因此,我们也开始重新审视我们的产品设计,以最大限度地减少产品及其供应链中的碳足迹"。

【问题讨论】

1. HMC 为什么要对供应商实施碳足迹管理?
2. 供应商从 HMC 的碳足迹管理行动中获得哪些益处?

思考题

一、判断题

1. 碳足迹就是指某项活动或某个企业活动所产生的二氧化碳排放量。（　　）
2. 基于燃料的估算就是直接监控燃烧的燃料量来测算碳排放量。（　　）
3. 基于燃料的估算和基于活动的估算都是通过碳排放系数进行的估算,因此,二者本质相同。（　　）
4. 估算产品或供应链的碳足迹适合应用生命周期评价法。（　　）
5. 物流系统碳足迹计算的边界就是物流企业的边界。（　　）
6. 搬运装卸作业中能耗或电力消耗产生的碳排放属于物流活动的直接碳排放。（　　）
7. 物流设备供应商的生产消耗产生的碳排放属于物流活动的直接碳排放。（　　）
8. 相同类型的货车在运输时,其碳排放系数是一定的。（　　）
9. 企业对其供应商实施碳足迹管理,增加了供应商的负担和生产成本。（　　）
10. 物流运输活动的碳排放指的就是运输途中产生的碳排放。（　　）

二、简答题

1. 什么是生态足迹?
2. 什么是碳足迹?
3. 碳足迹管理的主要内容和目标是什么?
4. 简述基于能量的碳足迹测算方法的基本原理。
5. 简述碳足迹计算的主要过程。
6. 物流运营过程中,哪些属于直接碳排放源?哪些属于间接碳排放源?
7. 计算物流系统碳足迹时如何确定组织边界?

8. 运输活动的碳排放量受哪些因素的影响？

9. 采用基于活动的碳排放估算方法时，如何衡量船舶运输的活动量？

10. 航空运输中哪些活动会产生直接碳排放？

 **实训项目**

查阅我国与碳排放管理相关的政策文件，讨论这些政策文件对企业实施碳排放管理的作用。

第四章 资源环境对物流发展的制约

引导案例 施乐公司的"环境、健康及安全"战略

施乐（Xerox）公司（以下简称"公司"）是全球领先的打印/复印机生产商，公司很早就认识到其产品在整个生命周期中都对环境、社会和经济产生影响，因此，长期以来，一直将环境和安全因素纳入产品设计中。受全球性资源环境的约束，施乐公司自 1991 年开始实施"环境、健康及安全"（Environmental，Health and Safety，EH&S）战略，该战略为公司全球化目标的实现奠定了坚实的基础。

一、贯穿供应链的"环境、健康及安全"战略

"环境、健康及安全"战略为施乐公司的产品设计和运营提供了指导，其战略目标包括 4 个方面：安全的工作场所和健康的员工、零废弃物排放的设施设备、安全的产品、零废弃物排放的产品。

为履行其环境保护的社会职责，公司自 1990 年开始就将"可持续性"作为公司产品设计和交付的标准，并实施产品回收再利用计划，尽可能地实现产品再制造和零部件再利用。后来，施乐公司将 EH&S 战略延伸到产品全生命周期，以实现产品全生命周期的零排放（不产生废弃物）目标，并减少产品在生产和使用过程中的温室气体排放。2004 年，施乐公司主动将 EH&S 战略延伸到其产品供应链上，进一步减少其产品系统对环境的影响。施乐公司贯穿整个供应链的 EH&S 战略如图 4-1 所示。

2004 年，施乐公司对其供应商提出了一套新的环境、健康及安全性要求，包括原料零部件供应商、纸张供应商、代理商等。施乐公司要求其原材料、零部件供应商能更好地控制化学物质的使用，确保原材料、零部件符合施乐公司新设定的产品要求。另外，施乐公司还要求其纸张供应商必须满足严格的标准，包括不能以政府禁止的非法木材作为原材料，不能以来自特殊地区的木材作为原材料（如具有生态学价值或文化意义的区域），严格限制在纸张生产过程中使用氯等有害物质。

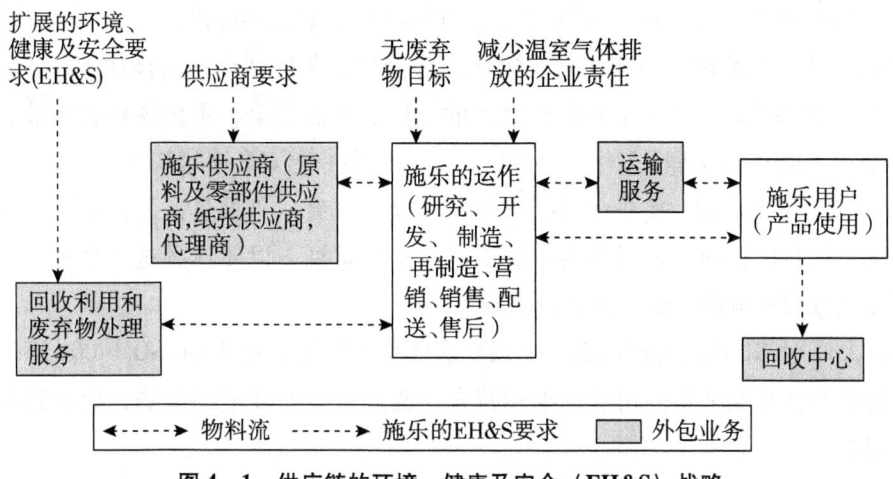

图4-1 供应链的环境、健康及安全（EH&S）战略

二、供应链的 EH&S 控制模式

公司应用如图4-2所示的控制模式来实现 EH&S 战略方针，主要包括明确的战略目标、一套世界通用的标准以及与这些要求相适应的审查过程。这些是将环境、健康及安全战略与施乐公司业务集成的关键。

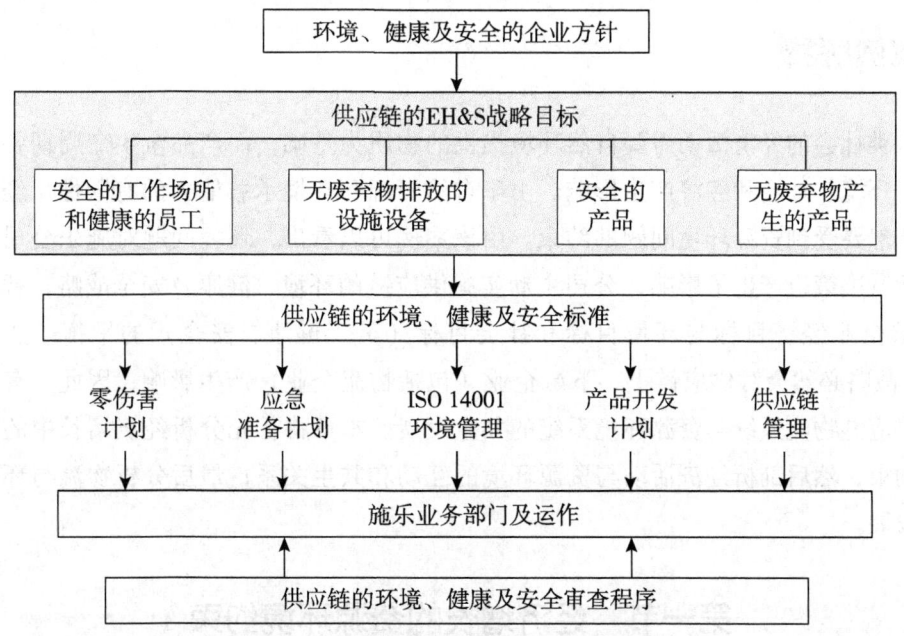

图4-2 施乐供应链的 EH&S 控制模式

环境、健康及安全标准是公司制定政策及实现目标的基本工具。标准适用于所有运作过程，同时，对产品安全、材料安全、工作场所安全、应急响应及资产保护

等提出了特殊要求。公司员工可通过企业内部网络了解这些标准。

公司通过 5 个关键计划来实现上述标准与公司业务的结合，具体如下。

（1）零伤害计划。目的是确保全世界的施乐员工的安全，不出现伤害事故。该计划主要是对从事安全管理的工作人员进行培训，提供一套安全绩效基准。

（2）应急准备计划。施乐公司要求每一项操作都有应急准备计划，对可能面临的紧急情况制订具体行动，公司还会对员工进行相关培训，以便熟悉这些规程，了解疏散过程以及救援和响应方法，并进行演习。

（3）ISO 14001 环境管理体系。公司要求所有制造流程都采用 ISO 14001 环境管理体系，保证与法规及施乐公司的标准相符合，通过评估对环境的影响，设定行动目标和绩效目标。

（4）产品开发计划。施乐公司将环境、健康及安全的理念融入产品的早期设计和开发阶段。在产品开发过程的每一个阶段，都会审核产品是否与安全标准、生态准则、化学成分要求和寿命终止策略相匹配。

（5）供应链管理。施乐公司将环境、健康及安全要求扩展到其供应链，要求其原材料及零部件供应商满足环境、健康及安全方面的特定要求，也对纸张供应商提出了严格的环境要求。

案例解析

人类社会的经济活动需要自然环境提供的物质为基础，而产品全生命周期各阶段都会对环境、社会和经济产生影响。由于自然资源和环境承载能力的有限性，经济的发展必然要受到资源环境问题的约束。由该案例可以看出，环境问题对施乐公司的战略及运营决策也产生了影响，公司主动实施供应链的环境、健康及安全战略，就是为了追求企业经济目标与环境目标和社会目标（员工健康、安全）的平衡；公司的 EH&S 战略必然会对供应链上、下游企业（包括物流企业）产生影响，因此，有必要实现供应链物流系统与资源环境系统的共生发展。本章将首先分析经济增长中的资源环境约束；然后剖析经济活动与资源环境的互动和共生关系；最后分析物流与环境的共生发展。

第一节　经济增长的资源环境约束

自然资源和环境是人类赖以生存和发展的基础，是社会经济持续发展的重要物质保证。经济发展离不开资源环境的支撑，资源环境的承载能力制约着经济的发展。

一、经济增长的要素分析

经济增长和经济发展这两个术语经常同时出现,有时候是可以互相换用的,但是实际上是有区别的。经济增长是指一个国家(地区)的人均产出或总产出的增加,而经济发展的含义要广泛得多,是指由于经济增长引起的包括收入增长、经济结构变化等社会、经济的变化。

以经济增长作为主要对象的经济增长理论,其主要用于分析经济增长中的各要素在其间的作用。自1927年美国芝加哥大学的数学家柯布(C. W. Cobb)和经济学家道格拉斯(P. H. Douglas)提出生产函数理论以来,这种描述产出量与投入量之间关系的方法得到了广泛使用,并有了很大发展。从哈罗德-多马经济增长模型的提出,经索洛、丹尼森、乔根森等人的发展,人们试图找到一种测度各生产要素在经济增长中的贡献的模型。这里,我们不去分析各模型的优缺点,主要是借鉴这些生产函数模型关于生产要素的启示。生产函数所采用的形式如式(4-1)所示:

$$Y = f(K, L, R, A) \tag{4-1}$$

式中:

Y——产出或国民生产总值;

K——资本存量;

L——劳动力数量;

R——可耕地和自然资源数量;

A——投入使用的要素生产率或效率的提高值。

这一生产函数可以转化为能够测度每种投入要素对经济增长的贡献的形式。这种分析增长原因的方法已被许多国家采用。由生产函数可以看出,影响经济增长的要素,既包括资本、土地等有形要素,又包括技术、知识等无形要素。相关研究表明,自然资源在经济增长中起着十分重要的作用。

二、自然资源的稀缺性

自然资源是指能被利用并产生使用价值的自然要素,包括有形的土地、水体、动植物、矿产和无形的光、热等资源。自然资源是社会生产过程中不可缺少的物质要素,是人类生存的自然基础。自然资源可以按不同方法进行分类,比较常见而又实用的是按其利用限度来分类,即分为可再生资源和不可再生资源。可再生资源是指能够进行生物繁殖、具有生长能力的、自我更新的生物性动植物群体等资源;不可再生资源是指储量有限、不具有生长能力的非生物性的矿产等资源。

自然资源具有以下特点。

（1）可用性。自然资源的基本属性就是可以被利用，而且自然资源通常具有多种用途，即多功能性。自然资源的可用性是与其稀缺性密切相关的。

（2）系统性。各种自然资源不是孤立存在的，而是构成一个相互联系、相互影响、相互制约的复杂系统。

（3）空间分布的不均匀性和严格的区域性。自然资源在空间分布上是极不平衡的，不同地域的资源结构不同，资源的组合和匹配方式也不一样，因此不同地域具有资源的相对优势也不同。

（4）可替代性。自然资源在一定程度上可以相互替代，如太阳能在一定程度上可以代替矿物燃料。

自然资源可获得的数量是有限的。对不可再生资源，由于不可进行自然再生产，现在用得越多就意味着将来可用的越少，如矿藏和化石燃料。尽管可再生资源的情况不尽相同，但在给定的时期内，可再生资源的数量也是有限的。如果在某一时间段内，对可再生资源的使用速度低于自然的生长速度，资源的存量就增加；如果使用速度与生长速度同步，资源就可以持续利用；如果使用速度大于生长速度，资源的存量就会减少。因此，资源的稀缺性不仅仅是指资源的绝对量有限，更主要的是指在给定的时期内，与人类的需求相比，资源的供给量是相对不足的。

资源在数量、质量和品种的分布不均匀性导致了一个国家（地区）所拥有的资源的有限性，这种有限性形成了这一国家（地区）经济发展的资源约束条件。资源的稀缺性已成为经济增长的重要约束因素。资源的稀缺性构成了经济学研究的"经济问题"，即怎样使用有限的稀缺资源来满足无限的多样化需求问题，也就是资源的配置问题。

自然资源的稀缺性是客观存在的，这种稀缺性约束是绝对与相对的统一。自然资源的稀缺性是经济发展的重要约束条件：首先，自然资源总量约束着经济发展的规模和速度；其次，自然资源结构特点约束着经济发展的方向和结构。技术进步在一定程度上可以缓解资源的稀缺性，但对发展中国家来说，由于技术水平落后，经济增长对自然资源的依赖更加明显，对自然资源的需求更加强烈。

三、环境资源承载力

环境作为一种资源，其构成要素的供给能力是有限的，环境的自净能力也是有限的，即环境资源对人类活动的支持能力和承受能力是有限的，这种限制制约着人类活动的方向、速度和规模。

（一）环境容量

由第二章的分析可知，环境系统具有提供自然资源、净化污染物的功能。但是，环境系统的这种能力是有极限的。

环境容量的概念最早出现在生态学中,指某给定生态系统所能容纳(养活)某物种的最大个体数,表示生物总数增长可利用的环境条件及其限度。比利时数学生物学家弗胡斯特(1838)认为种群可以利用的食物量总有一个最大值,这个值就是"环境容量"或"负荷量",它是种群增长的一个限制因素。1968 年,日本学者将环境容量的概念应用到环境管理领域,应用该概念来控制污染物排放总量。目前,环境容量的概念已应用在环境质量评价、环境标准制定、区域环境规划等环境管理的各个领域。

根据生态学的基本原理,自然环境系统具有容纳、降解、消化排入其中的废弃物的自净能力。如果向自然环境系统中排入的废弃污染物数量超过了自然环境系统的自净能力,自然环境系统的平衡和正常功能就会遭到破坏。也就是说,自然环境系统的自净能力有一个上限,对污染物有一个最大容纳量,这是自然环境系统的结构和功能得以维持的基本保证。

环境科学中的环境容量是指某一环境区域内自然环境或环境要素(如土地、空气、水体、生物等)对污染物质的承受量或负荷量。《中国大百科全书·环境科学》(1983)将环境容量定义为:在人类生存和自然不致受害的前提下,某一环境所能容纳的污染物的最大负荷量。这种承受量以人类和生物能忍受、适应和不发生危害为准则。

环境容量的大小取决于以下 3 个因素。

(1)环境的自净能力。如环境空间的大小、生物种群特征以及气象、水文、地质、植被等自然条件,环境自净能力越强,环境容量就越大。

(2)人们对特定环境功能的规定。如环境质量标准。

(3)污染物的理化特征。如污染物的形态、挥发性等。

鉴于环境条件和污染物排放的复杂性,准确计算一定环境的环境容量是十分困难的。

(二)环境承载力

环境容量只反映了环境消纳污染物的一个功能,而不足以涵盖环境对人类发展的全面支持功能,不能很好地判定环境与经济社会发展是否协调。根据环境的资源观和价值观思想,学者们进一步提出了环境承载力的概念。

所谓"环境承载力"是指在某一时期环境所能承受的人类活动的能力阈值,是环境系统功能的表现形式。它不是一个纯粹描述自然环境特征的量,而是一个反映人类活动与环境相互作用的界面特征的量,是研究经济与环境是否协调发展的重要判据。

环境承载力是一个客观存在的确定的量,可通过以下 3 类指标对其进行评价。

(1)自然资源支持力指标。包括不可再生资源以及在生产周期内不能更新的可再生资源,如化石燃料、金属矿产资源、土地资源等。

(2) 环境生产支持力指标。包括生产周期内可更新资源的再生量，如生物资源、水、空气等，污染物的迁移、扩散能力，环境消纳污染物的能力。

(3) 社会经济技术支持力指标。包括社会物质基础、产业结构、经济综合水平等。

第二节　资源环境与经济活动的互动

一、环境问题的实质

人类经济活动产生的自然环境破坏和环境污染问题已成为一个全球性的问题。概括起来，生态环境问题主要表现在以下6个方面。

(1) "三废"污染。工业生产和居民生活产生的废气、废水、固体废弃物排向自然界，严重污染了空气、河流、湖泊和海洋以及陆地环境。

(2) 噪声污染。工业机器、建筑机械、汽车、飞机等交通运输工具产生的高强度噪声，给人类生活环境造成了极大破坏，严重影响了人类身体健康。

(3) 酸雨的危害。酸雨是指含有高浓度硫酸和硝酸的降雨或降雪、冰雹。由燃烧煤及化学燃料的汽车、冶炼厂、发电厂等释放出来的二氧化硫和氮氧化物气体与云里的水蒸气结合，形成了硫酸和硝酸；它们遇到雨水，便形成酸雨。酸雨会危害江河湖海中的水生物，影响森林和农作物的生长，加速建筑物的蚀化，危害人体健康。

(4) 温室效应。现代工业和交通的发展，使大气中的二氧化碳激增，导致全球气温升高。气温升高导致地表平均气温升高，产生"温室效应"，而温室效应又会使冰山融化，导致海平面上升、陆地被淹等一系列生态问题。

(5) 大气臭氧层破坏和紫外线辐射。臭氧层是高空大气中臭氧浓度较高的气层，它相当于一个自然过滤器，能阻挡过多的紫外线照射到地球表面，有效地保护地面生物的正常生长。破坏臭氧层的罪魁祸首是工业制冷设备的制冷剂产生的氟氯碳化合气体和塑料制品中的发泡剂等。臭氧层的消耗将增加地球表面的紫外线辐射强度，增加了人类患皮肤癌、白内障等疾病的概率。

(6) 生物多样性日益丧失。生物多样性是指物种、遗传和生态系统的多样性。生物多样性既是人类产生、进化和生存发展的基本条件，也是人类拥有的不可复得的最重要的自然遗产。但是，由于人类经济活动造成的荒漠化、臭氧空洞、水土流失等恶果，生态环境急剧恶化，许多物种已无法生存，全球正在以惊人的速度失去物种的多样性。生物多样性的降低将进一步恶化人类的生存环境。

生态环境的恶化，使人类可获得的资源数量不断减少。随着经济的进一步发展，环境污染程度将更加严重；污染一旦发展到一定程度，就有可能导致整个生态环境发生不可逆转的变化，最终影响经济发展和生活质量。

导致上述环境问题的原因主要在于两方面：第一，工业社会是建立在大量消耗自然资源尤其是矿产资源、化石燃料基础上的，它带来了一系列始料不及的污染问题；第二，环境污染与工业社会生产、生活方式尤其是消费方式有直接的关系。一次性用品、塑料制品、电子产品等消费品进入了社会和家庭，加剧了资源短缺和环境污染。另外，人们对环境问题的认识不足、污染治理不力等也是导致环境问题严重的重要原因。

由于自然资源和环境容量都是有限的。当人类经济活动向自然界索取资源的速度超出了资源及其替代品的再生速度，经济活动向生态环境排放污染物的数量超过了环境的自净能力，就会导致严重的资源短缺和环境污染，这就是环境问题的实质。因此，经济活动需要与环境系统相协调才能实现可持续发展。

二、经济活动与资源环境的关系

经济系统是生态系统的一个子系统，经济活动离不开资源环境系统，而工业活动是最重要的经济活动。通过工业活动，资源被转换用来创造预期效用，作为副产品的污染物也随之产生，并被排放到自然环境中，对自然环境产生影响。因此，经济活动与资源环境存在着相互作用的关系。

（一）经济系统的物料流动

以工业经济系统为例，其成员包括各类原料生产商、加工企业、流通企业、资源再生企业等，成员之间的相互作用实质上是一个将物料和能量转化为产品和废弃物的循环流动过程。各成员之间通过相互提供产品或服务建立关联，并通过制度、政策、法规等，使成员间经济活动连成一个整体，形成经济系统。图 4-3 是工业经济系统物料循环流动过程示意。

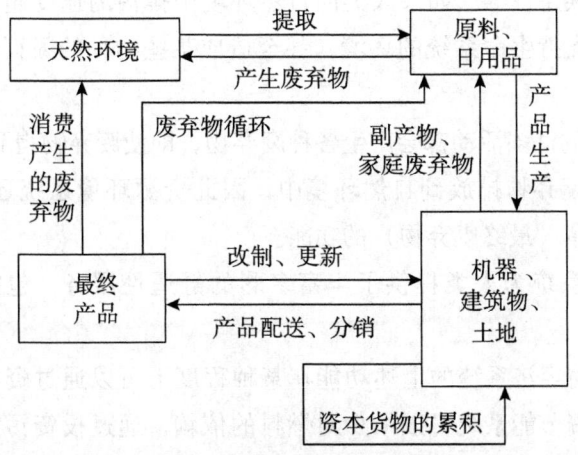

图 4-3　工业经济系统物料循环流动过程示意

(二) 生态系统与经济系统的相互作用

图4-3所示的工业经济活动需要自然资源和能源的输入,工业经济活动的产出中既包含有用的产品和服务,也包含有对生态系统有害的污染物,因此,会对自然环境产生负面影响。自然生态系统与工业经济系统之间的相互作用示意如图4-4所示。

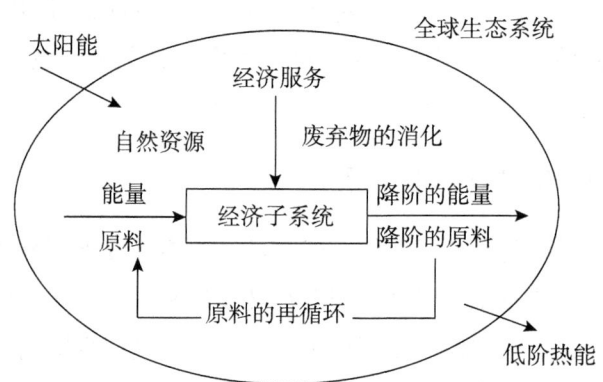

图4-4 自然生态系统与工业经济系统之间的相互作用示意

迈克尔·科蒙（Michael Commom）等学者对经济系统与资源环境系统的相互关系进行了深入的研究。结果表明,资源环境系统为经济系统提供了4种服务功能,具体如下。

(1) 资源环境系统是经济系统中原材料输入的来源,如燃料、木材、矿石、水等,即资源环境系统提供了经济活动所需的资源基础。

(2) 资源环境系统提供了维持生命系统所必需的物资和服务,包括可供呼吸的空气、赖以生存的气候条件等。如果人类向自然环境中排污的速度超过了自然环境的净化能力,将会破坏支持生命系统的环境,甚至造成某些物种的毁灭,最终将影响人类自身的生存和发展。

(3) 经济系统的许多活动都会产生各种废弃物,即使废弃物得到处理和循环利用,还是有大量的最终废弃物排放到自然环境中,因此资源环境系统还具有分解、转移、容纳经济活动副产品（最终废弃物）的功能。

(4) 资源环境系统为人类提供了丰富多彩的舒适性服务,包括休闲、娱乐、观光等。

资源环境系统对经济系统的上述功能在某种程度上可以通过资本提供的服务来实现。例如,通过投资节能系统可以减少对燃料的依赖,通过投资污水处理或废气处理设施可以一定程度替代自然环境的污染处理功能,投资人工娱乐场所可以一定程度替代自然的娱乐功能，等等。

三、生态共生与工业共生

从生态系统与经济系统的相互作用可以看出，经济发展离不开资源环境的支撑，资源环境的承载力也制约着经济系统的发展。要解决社会经济发展与日益严重的资源环境问题之间的矛盾，核心就是要坚持科学发展观，转变经济增长方式，保持经济发展与生态系统间的动态平衡，实现经济系统与生态系统的共生。

（一）生态共生

按照现代生态学的观点，生态系统是由相互作用的物质世界和生物世界构成的在特定空间的组合；生态系统各组成部分之间的相互作用主要是指物质和能量的传递。生态系统可看作由生产者、消费者和分解者三类行为主体组成的系统。生态系统中的绿色植物属于"生产者"，它能将太阳能转化为化学能，为自己及其他生物种群（包括人类）提供食物和能源；动物、人类属于"消费者"，不但要利用生产者提供的物质和能源，还产生代谢物，供分解者使用；"分解者"指的是分解性微生物、细菌、真菌等，能将动植物的排泄物分解成简单化合物，以供生产者利用。

在真正可持续的生态系统中，资源与废弃物没有实质差别，一种生物的代谢废弃物对另一种生物来说就是资源。两个物种通过废弃物消纳与食物关系紧密联系在一起、形成对双方或一方有利的生存方式，就是生态学上的共生。因此，生态系统中，生产者、消费者和分解者之间是协作和共生的关系。

（二）工业共生

工业经济系统与生态系统之间在很多方面具有类比性。如图4-3所示，工业经济系统的各组成部分之间是通过物料、设备、价值、信息和服务的流动，连成一个相互关联的整体，其中还包括了废弃物的产生和处理。与生态系统类似，工业经济系统也可看作由生产者、消费者和分解者三种行为主体组成。

（1）生产者。生产者有两类，一类是利用原始的环境资源要素（如水、土壤、矿物质等）生产出初级产品的企业，称为初级生产者，如采矿业、冶炼厂、热电厂等；另一类是对初级产品进行深度加工并制造出高级产品的企业或行业，称为高级生产者，如化工业、服装加工业、食品加工业、机械电子产业等。

（2）消费者。产业系统中的消费者是指不直接生产物化产品，但利用生产者提供的产品供自身运行、发展，并产生生产力和服务功能的部门或行业，如行政部门、金融业、商业机构、服务业等。

(3) 分解者。指对生产过程产生的副产品和废弃物进行处理、转化以及再利用的企业或机构,如废品回收处理企业、资源再生企业、环境技术企业等。

按照工业生态学理论,工业共生系统是一类特定的生态系统。因此,可以参照生态学上的共生,实现工业共生(Industrial Symbiosis, IS)。IS 是为了实现不同企业之间的废弃物交换利用、副产品再利用,以一个较大的产业范围的资源高效利用为目的而构建的系统。IS 是一种实现可持续发展的创新性方法,它将来自不同产业、不同部门的企业集中进行考虑,使一个企业的废弃物或其他副产品作为对另一个企业有用的资源进行流动,最终实现资源利用效率的最大化和环境影响的最小化。

工业共生系统的典型案例较多,如丹麦卡伦堡生态工业园、中国广西贵糖集团生态工业园等。工业共生的核心是找到不同产业链中的物质输入与输出关系。如果一个产业活动的输出物(排放的废热、废水、废气或副产品等)是另一个产业运行的必要原料,即产业之间存在一种"食物链"的关系,就可将这些相互依存的产业食物链在一个相距不远的区域内进行规划,实现能量、水、物质的交换和废弃物循环利用。图4-5就是著名的丹麦卡伦堡工业共生系统及其资源流示意。

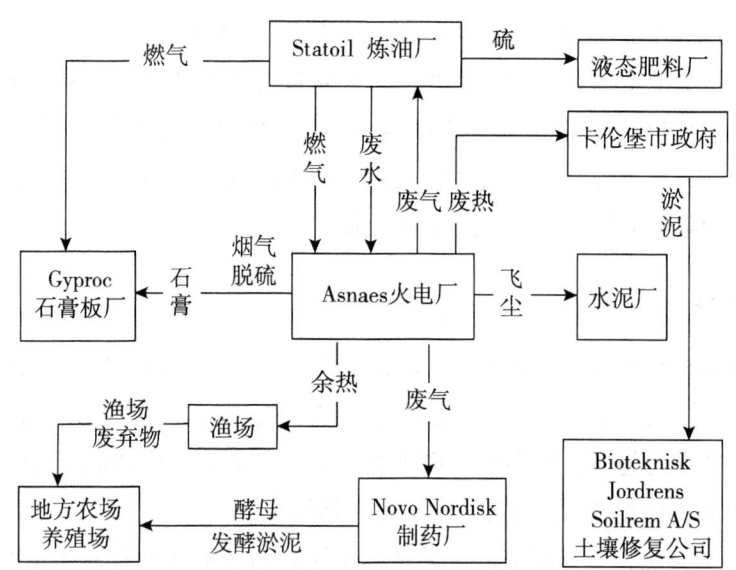

图 4-5 丹麦卡伦堡工业共生系统及其资源流示意

上述工业共生系统通过废弃物、副产品的交换利用,实现向自然系统最少化废弃物排放的目的。

第三节 物流与环境的共生发展

一、资源环境问题对物流发展的影响

由本章前文分析可知,资源环境是影响经济增长的重要因素。资源环境的恶化会影响区域经济发展的速度和质量。由于物流与经济的发展是相辅相成的,经济发展速度和质量的下降会影响物流需求。因此,资源环境问题对物流的发展具有显著影响。

(一) 资源紧缺的影响

资源紧缺对经济的影响是不言而喻的。对社会物流系统来说,环境资源存量的多少,最终会受市场机制或政策的影响,从而导致资源使用费用的提高。例如,原材料价格上涨、土地资源价格上涨、燃料价格上涨等,将使物流基础设施建设费用上升,并使包装、运输等功能环节的成本上升,从而导致社会物流成本的上升。

另外,为缓解资源紧缺问题,许多国家制定了回收再利用的法律法规。这些法规会促进资源回收再利用和逆向物流的发展,因而会进一步影响企业物流系统的规划和决策。

(二) 交通拥挤的影响

交通拥挤已成为一个世界性的城市环境问题。现代物流系统更多的是基于汽车轮子上的运输,因此,一方面,交通拥挤的产生与物流业的无序发展有关;另一方面,交通拥挤又严重影响了物流系统的效率和服务质量。

首先,交通拥挤将消耗更多的时间。拥挤使运输时间延长,运行路线受到限制,降低了物流效率,增加了物流过程中的不确定性。为实现准时、可靠的服务目标,就需要更长的运输时间,因而时间成本增加。

其次,交通拥挤和交通混乱也会导致交通事故频繁发生,使物流过程中由于事故产生的费用支出增加,从而增加了企业成本。

最后,交通拥挤使车辆行驶速度放慢,燃料不完全燃烧,既增加了燃料消耗,又使废气排放量增加,加重空气污染。

(三) 环境污染的影响

良好的环境能给人以愉悦的心情,有利于工作效率的提高。而物流过程中的扬尘、噪声、有毒物的污染,会影响企业工作人员的身体健康,也会影响物流作业人员的劳动效率,并影响物流从业人员的稳定性。

(四) 环境资质的影响

全球经济一体化发展过程中,绿色壁垒逐渐兴起,以环境保护为由的进出口贸易限制已成为企业进入国际市场不得不面临的迫切问题。无论是对制造企业还是物流企业,按照 ISO 14000 等环境管理标准要求实施全面的环境管理,是进入国际市场的必要条件。

二、与环境共生的绿色物流

从一个区域或整个社会范围看,物料与能量的流动同样也是由原料提炼或生产、产品加工、运输、消费、废弃回收、再循环等过程构成,如图 4-6 所示。图中箭头方向代表物料流动过程,矩形框表示社会经济系统的工业活动。

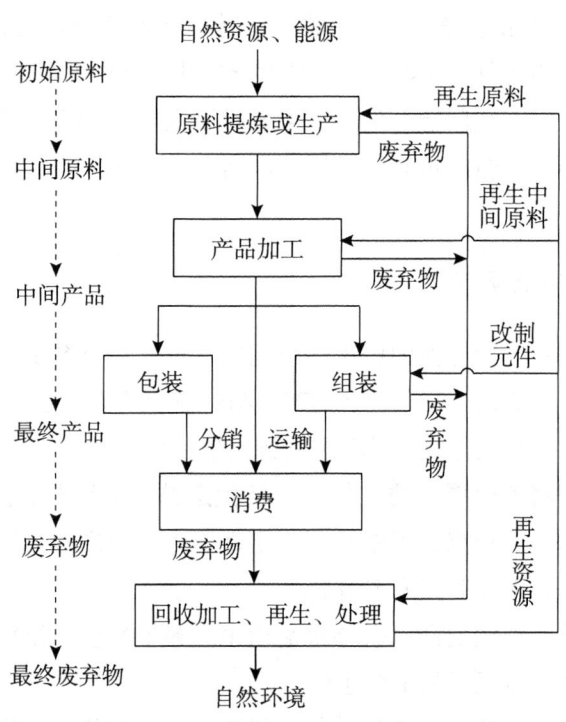

图 4-6 社会范围的物料与能量流动示意

图 4-6 中原料每经过一个产业过程,其形态和功能就发生一次改变,即初级原料→中间原料→中间产品→最终产品。在产品形成的每个阶段都会产生废弃物。从生态经济学角度看,这些废弃物是暂时没有被利用的资源,属于准废弃物。原料提炼或生产、产品加工、包装、运输、组装行业都是产生这种准废弃物的行业。这些准废弃物经过再生处理能重新进入经济系统,再利用之后的最终废弃物会被排入自然环境。

从社会范围的物料流动过程看，现代物流既为各行各业生产经营活动的顺利进行提供保障和支持，还为消费者提供服务。可见，现代物流与经济的发展和社会的进步密不可分。更为重要的是，图 4-6 中，工业活动过程中的废弃物需要得到正确的处理和再利用，以降低对生态环境的破坏。这就是说，现代物流不仅要为企业生产经营活动和消费活动提供支撑，还必须从持续发展的战略高度，以资源利用最大化和废弃物最小化为目标，实现物流与环境的共生发展。

所谓物流与环境的共生，即要改变经济发展与物流、消费与物流的单向作用关系，形成一种既能促进经济发展和消费生活发展，又能抑制物流过程中的环境危害的绿色物流。

如何实现物流与环境的共生呢？根据现代物流在经济中的地位和作用，它为产品生产和销售提供支持，将产品生产与消费联系起来；通过物流活动，将与产品生产和消费相关的企业、部门、消费者连成一条供需链。因此，必须同时考虑经济目标和环境目标，从节约资源和减少废弃物排放的角度出发，参照生态共生及工业共生的模式，重新规划整个产品供需链上的物流系统，实现物流与环境的共生，这就是绿色物流。图 4-7 是绿色物流与经济发展、消费生活、生态环境之间的共生关系示意。

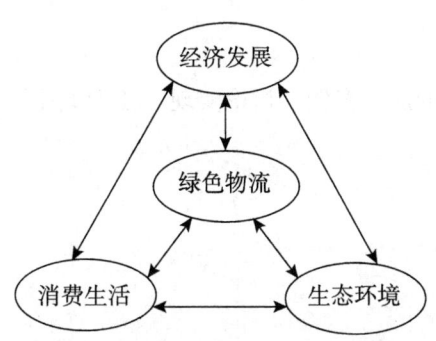

图 4-7　物流与环境的共生关系示意

环境共生的物流系统要满足三个基本要求：①以节约资源、降低废弃物排放为目的建立整个物流系统，在为生产过程提供服务的同时，必须重视供应物流和生产物流的绿色化；②在为消费市场提供服务的过程中，必须重视包装物的回收、再利用，重视废旧产品的回收再利用等相关问题；③必须重视物流各作业环节的绿色化。通过供应链全程物流的绿色化，使企业与企业之间、企业与消费者之间充分合作，在追求经济效益的同时，实现节约资源和保护环境的目标。

 **思考题**

一、名词解释

自然资源稀缺性；环境容量；环境承载力；生态共生

二、简答题

1. 根据生产函数，分析影响经济增长的要素主要包括哪些方面？
2. 自然资源的稀缺性对经济发展的约束体现在哪些方面？
3. 影响环境容量大小的主要因素有哪些？
4. 衡量环境承载力的主要指标有哪些？
5. 什么是环境问题的实质？
6. 资源环境问题对物流业的发展有哪些影响？
7. 什么是物流与环境的共生？
8. 如何实现物流与环境的共生？

 实训项目

调查国内外工业共生的成功案例，讨论实现"工业共生"的关键点有哪些？

第五章　绿色物流战略及系统框架

引导案例　夏普公司的超级绿色倡议

一、夏普公司的超级绿色倡议

保护地球环境是全人类共同的课题。夏普（SHARP）公司较早就认识到这一点，并将"亲善对待人和地球的企业"作为保护环境的基本理念和方针，SHARP 公司实施了"Super Green Initiatives"（超级绿色倡议）行动计划，即对产品生命周期各阶段实施绿色行动。在这项行动中，SHARP 公司的可持续性管理框架如图 5 – 1 所示。

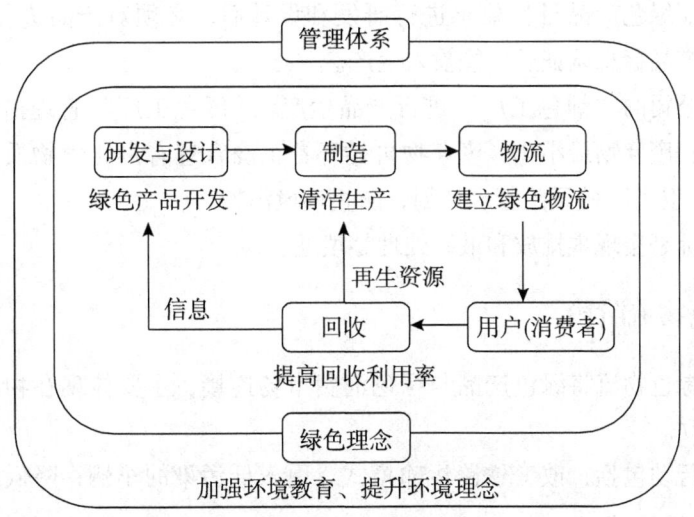

图 5 – 1　夏普公司的可持续性管理框架

该框架包括了对产品全生命周期的环境管理和对公司全体员工的环境管理。从产品的设计、制造到物流过程、使用及产品回收阶段，都制订环境管理目标和策略。首先，公司设立了新的环境管理体系。2002 年起，公司引入了环境总体财务平衡表，将环境绩效正式纳入公司总的财务平衡表；构建了以 ISO 14001 为基础的环境管理体系和基于环境成本考虑的成本核算体系。其次，实施了从绿色产品规划设计到绿色制造、绿色物流、绿色消费直至回收再循环的整个生命周期的绿色行动。最后，公司实施了一系列的绿色理念教育计划，对所有员工进行环境知识教育，鼓励员工学习掌握更多的环境知识，培养一种环境友好的企业文化。

下面介绍夏普公司在产品生命周期不同阶段的绿色行动。

二、绿色产品设计与绿色制造

首先，绿色产品的研发和设计必须遵循以下7个理念。

（1）低能耗——产品能量利用效率高，消耗能量少。

（2）安全——使用安全，不使用对身体有害或对环境有害的化学品。

（3）节约资源——产品及其包装材料消耗的资源尽量少。

（4）可循环——产品要易于再循环或重复使用，要标明所用材料的标号。

（5）使用再生原料——在新产品生产中，增加再生塑料和废旧零部件的使用。

（6）使用期长——产品要易于维修，可升级、改造，以便延长使用寿命。

（7）易于拆卸——零部件要易于拆解、易于再循环。

上述7个理念本质上是3R原则的应用，即资源、能源及废弃物的减量化（Reduce），零部件/产品的再利用（Reuse），物料的再循环（Recycle）。

其次，按照绿色产品目标要求进行研发和设计后，必须对产品进行绿色性评估，获得公司绿色产品标志认证后方能投入生产。

最后，在公司的"绿色工厂"进行产品生产。"绿色工厂"管理措施包括：降低温室气体排放；废弃物最小化、废弃物再循环；正确管理有毒化学物质；实施能覆盖"环境、安全、卫生"的风险管理计划，防止环境污染。

公司的目标是实现零排放和最终处理零填埋。

三、绿色物流阶段

公司通过绿色物流将绿色产品与绿色消费市场连接，主要体现在物流包装与运输环节的绿色行动。

绿色运输行动包括：改变铁路运输模式；引入低污染的车辆；降低二氧化碳排放量等。

在物流包装方面，主要是采用易于循环使用的包装容器和包装材料，例如，开发出用纸板制作的填充缓冲材料，并用其取代普通塑料，以降低对环境的影响。

四、回收管理

公司采用以下3种策略进行回收阶段的管理。

（1）研究开发新的回收技术，并以此指导产品开发和产品设计；

（2）提高回收利用率，使尽可能多的零部件或原材料被再利用，实现零填埋的目标；

（3）提高回收效率，建立一个高效的回收循环处理系统，提高处理速度和效果。

夏普公司已在日本建立了包括复印机、个人计算机、电池在内的多种产品的回收循环系统。以复印机回收为例，当复印机被退回到公司回收处理中心后，经过检查，被拆解成零部件，质量尚好的零部件经过清洗后返回到生产线，被装配到新的复印机中，得到直接再利用。

案例解析

该案例告诉我们，企业物流的绿色化是一个复杂的系统工程。从不同的决策层次看，物流绿色化涉及企业战略层、策略层及运作层的物流绿色化，还包括产品生命周期不同阶段的物流绿色化。从供应链范围看，物流的绿色化涉及供应链上不同的成员企业。本章将以可持续发展战略为指导，分析绿色物流战略及策略，介绍绿色物流系统构成，从不同角度讨论绿色物流系统框架和供应链循环物流。

第一节　可持续发展的绿色物流战略

一、可持续发展相关战略

可持续发展目标的实现需要一系列战略的支持，例如，人口战略、资源战略、环境战略、科技战略等。

（一）基本战略

人口战略、资源战略和环境战略是可持续发展的 3 个最基本战略。

可持续发展的人口战略的核心是控制人口规模、加强教育以提高人口素质、引导人口消费模式等。

自然资源的可持续利用是经济可持续发展的物质基础。可持续发展的资源战略观认为，自然资源能给人类带来收益，因而是一种资产。既然资源是资产，就存在产权关系，就必须以权威的法律形式明确规定资源的所有权、使用权、收益权、处理权等问题。自然资源是有价值的，其价值是资源资产所有权的经济权益的重要体现；对资源进行核算是实现资源价值和促进资源产业发展的重要手段。资源产业（包括对自然资源进行保护、恢复、再生、更新、增殖和积累的生产事业）是促进自然资源增殖、完善资源资产管理、实施可持续发展的重要措施之一。

生态环境是社会生产力发展的最基本要素。可持续发展的环境战略观认为，社会经济的发展是环境资源与社会经济相互作用的动态过程，人类对自然的索取和对自然的给予应保持一种动态的平衡。因此，要实现可持续发展，必须考虑生态环境自身发展的独特性，必须考虑社会经济发展是否对生态环境的动态平衡、和谐成长造成不利影响，是否会破坏生态环境的自身发展规律。另外，环境功能的损失和损害是难以用通常的经济指标度量的。因此，可持续发展的环境战略目标是追求经济效益、社会效益和环境效益的统一。

（二）其他战略

除了以上 3 个基本战略，可持续发展战略还包括科技战略等，它们是实现可持续发展的根本保证。

无论是经济社会的持续发展，人口质量的提高，还是资源的保护与有效利用，从根本上看，都要依靠科技进步和教育事业的发展。因此，科技进步在可持续发展中有重要作用。

科技进步不仅是经济增长的源泉，而且是实现可持续发展资源战略和环境战略的重要工具。首先，科技进步可以使原来不能被利用的自然物成为宝贵资源，从而增加了资源供给的绝对数量。其次，科技进步还能提高资源的有效利用率，从而使资源供给的相对数量增加，因此，科技进步扩大了资源供给的途径和数量。最后，科技进步还是解决环境问题的重要手段，例如，新的环境分析技术，能帮助人们更清楚认识环境污染物中的有害物质情况；生物工程、活性炭技术、废弃物再循环技术、垃圾降解技术等新技术的应用，能有效削减最终污染物排放问题，为解决环境污染问题提供了新途径。

总而言之，科技进步不仅带来经济效益的增加，而且能带来明显的社会效益和生态效益，促进经济、社会和生态环境的全面协调发展，为可持续发展提供根本保证。

二、绿色物流战略

可持续发展的人口、资源、环境、科技等战略，对绿色物流的发展提供了重要的战略指导。相应地，绿色物流战略可划分为资源战略、环境战略、科技战略、人员教育及政策制度 5 个方面。分析如下。

（一）资源战略：循环物流

根据可持续发展资源观，企业在生产经营过程中应注重节约资源，优先选择再生资源替代原生资源，使用相对丰裕的资源替代相对稀缺的资源；通过产品维修延长产品的使用寿命，减缓资源消耗速度；通过废旧产品回收再处理以提高资源的利用率；通过物流模式创新，降低物流中的资源消耗和能源消耗。

在可持续发展资源战略观的指导下，废弃物的回收、再利用、再循环将成为企业的一项法定义务。为此，企业物流系统必须同时考虑产品的配送和回收再利用——既要为产品的生产、配送提供快速、环境友好的正向物流服务，还要考虑废旧产品的回收再利用需求，提供逆向物流服务。也就是说，绿色物流的循环物流战略是指企业必须构建循环的物流系统，这是实现资源最大化利用的基础。

实现循环物流战略的主要措施包括：①正向物流过程的资源减量化；②逆向物流；③废弃物物流。

（二）环境战略：绿色供应链

根据可持续发展的环境战略，从原材料供应、产品生产、包装、运输、分销直至使用的整个阶段，应实现对自然环境的污染物排放最小化，对城市交通环境的影响最小化。随着环保意识的增强，消费者不仅追求产品及其包装的绿色化，也对产品获取过程、使用过程的环境友好性提出了要求。因此，企业必须将环境因素作为企业重要的决策变量加以考虑，将环境可持续性理念贯穿整个供应链，即实施绿色供应链战略。

实施绿色供应链战略的主要措施包括：①绿色采购及绿色供应商管理；②绿色物流包装；③绿色物流运输；④引入环境方面的账务审核；⑤面向环境的物流系统再设计等。

（三）科技战略：绿色物流技术创新

科技进步为可持续发展提供了根本保证。因此，绿色物流战略的实施同样需要绿色物流技术的支撑。绿色物流技术创新战略主要包括以下几个方面。

（1）与资源回收再循环相关的技术创新。资源再循环方面的技术进步对废旧产品、废旧包装物的回收再利用的途径、方式、效果具有决定性的影响，因而也是影响企业逆向物流系统的重要因素。

（2）与清洁能源、绿色车辆、绿色物流装备相关的技术创新。绿色物流装备（包括装卸设备、仓储设备、车辆等）的技术创新有利于削减物流作业过程的能耗量和各种排放量，是影响绿色物流系统设计和设施设备选择的重要因素之一。

（3）基于物联网、大数据等信息通信技术的智慧物流系统应用创新。将物联网、大数据等技术应用到物流运输调度系统，能根据对订单、运力、需求时间、道路状况等信息的分析，做出合理的调度规划，制定最优配送路径，既有利于提高运输资源的利用率，又能减少运输次数、降低燃油消耗。将这些技术应用在仓储管理中，进行货位最佳分配，可以使仓储空间资源得到充分利用；还能对仓储环境进行监控，实时感知货物温度、湿度、光照强度等信息，避免保管过程中货物变质损坏造成的废弃物污染。另外，采用物联网技术开发智能包装系统，能通过对商品的属性、数量、重量、体积、甚至运输摆放位置进行综合计算，匹配出相应规格的箱子和对应数量，有利于从物流源头减少包装材料消耗。

（四）人员教育：绿色物流理念传播

按照可持续发展的人口战略观和教育观，提高人口素质既包括提高人口的科学教育水平和创新能力，还包括加强对可持续发展伦理、道德观念的宣传教育以及提高公众的环境保护意识和资源节约意识。与此战略相适应，绿色物流战略也应该包括对公众、消费者、企业员工的环境保护意识的宣传，建立面向员工的环境绩效激励机制，培育企业绿色文化。

实施绿色物流理念传播的相关策略包括：①向社会公众宣传企业环境管理的内容和成效；②增强对员工的环境知识教育和培训；③建立面向员工的环境绩效激励机制。

实际上，实施员工环境知识培训和教育计划是一项容易操作、成效显著的策略。例如，日本、欧洲的许多公司通过对驾驶员进行环境知识培训，实施员工的环境绩效管理，显著减少了货物运输车辆的行驶里程，降低了行驶过程中的油耗和废气排放，为企业节约了大量的能源成本，取得了经济、环境和社会三方面的效益。

（五）政策制度：绿色物流政策

可持续发展的环境战略、资源战略都需要政府的政策支持。环境战略方面，通过市场机制，使环境污染所产生的外部性内部化，或者通过政策法规对环境污染问题进行干预。资源战略方面，通过市场机制实施资源核算，激励再生资源的推广使用，或者通过立法，规定回收再利用的标准等。

要制定推动绿色物流发展的政策、制度和法规，还需要以可持续发展的资源战略、环境战略为依据，以物流对资源环境的影响分析为基础，从物流标准化、废弃物循环再利用、废气污染限制等方面开展研究。

第二节 绿色物流系统构成及特征

一、绿色物流系统的行为主体

从绿色物流战略及实施策略看，供应链上的各类企业是实施绿色物流的重要执行者，政府、广大公众、消费者、企业员工等是促进绿色物流战略实施和发展的推动力量，因而也是实施绿色物流战略的不可或缺的行为主体。

(一) 公众及其绿色行为

清洁的环境给公众带来的是新鲜的空气、洁净的水质、畅通的交通、舒适的工作和生活环境。环境污染的直接受害者是公众；公众的环境意识及其相应的行为对环境保护计划的全面展开具有特别重要的意义，对绿色物流战略的实施同样具有不可替代的推动作用。

很多学者研究发现，真正关系环境污染问题、具有环境危机感的人往往会采取积极的措施，避免造成更多的污染，例如，参与生态购买和生态消费活动、崇尚"绿色消费"方式等。所谓"绿色消费"是指在社会消费中，不仅要满足我们这一代人的消费需求和安全，还要满足子孙后代的消费需求和安全。它有3层含义：一是人类的消费活动无害于环境，即"无污染消费"，倡导消费者选择有助于环境保护的绿色产品；二是从资源学的意义讲，人类的消费活动应做到对自然资源的适度利用和综合利用，即减少自然资源的消耗、按照资源的多重使用属性做到"重复使用、多次利用"，节约资源；三是注重对产品使用后所产生的废弃物进行回收再处理，不造成环境污染。

坚持绿色消费方式的公众更愿意购买有利于生态环境的产品或服务。美国某研究机构进行的一项研究结果显示：77%的美国公民认为，公司的环境声誉会对他们是否购买该公司产品或服务产生影响。因此，公众的绿色消费观念将极大地促使企业主动提供绿色产品、绿色包装和绿色服务。对于物流企业来说，物流活动的绿色化将为企业赢得良好的声誉，从而得到广大公众的认可，赢得更多的客户。反过来，物流企业的环境形象差，就会受到公众的严厉监督，甚至抵制。

另外，公众对环境污染行为的强烈抗议也会促使政府采取相应的法规措施，从而限制企业的环境污染行为。例如，公众对废弃物填埋处理和焚烧处理的强烈抵制，促使许多国家制定包装废弃物回收法、废弃电子产品回收法等法规，从而促进了与产品回收再利用密切相关的逆向物流、循环物流的产生和发展。

因此，公众的环保意识、绿色消费行为及所采取的监督行动对绿色物流战略的实施具有推动作用。

(二) 政府及其监管作用

政府对于绿色物流的作用主要是通过制定各种环保法规和政策手段实现监督、控制和引导。

在绿色物流方面，政府可通过立法和行政规则，将节约资源、保护环境的要求制度化。一方面,制定法律法规,强制进行有毒有害废弃物的回收处理,促进资源回收再利用;另一方面,利用市场机制和经济手段,对不可再生资源和能源的使用收取附加费,对噪声污染、废气污染等行为加以处罚;还应该通过优惠政策、补贴等形式,对物流过程中节约资源、削减污染的行为予以激励,引导物流产业绿色化发展。可以说,政策法规的压力和约束是企业实施绿色物流战略的外部驱动力。

(三) 企业及其物流的绿色化

企业是绿色物流的执行者。来自政策法规的压力和消费者对环境问题的关注,将环境战略融入企业战略,已成为一种必然趋势。

在物流市场中,最大的需求来自工商企业,物流服务的提供方可以是产品生产商、分销商或专业物流企业。因此,企业物流是社会物流系统中最重要的组成部分。企业绿色物流战略是企业可持续发展战略的重要组成,该战略不仅能改善企业经营活动对环境的影响,而且能推动企业产品所在的供应链的绿色化,进而推动全社会物流系统的绿色化。因此,企业是绿色物流的直接实施者,是可持续发展战略最核心的行为主体;没有工商企业的绿色行动,环保目标将无法实现。

企业物流涉及的范围很广,从产品生产所需原料/零部件的供应、生产过程中的物料流动,到产品的分销、退货,一直到产品报废后的回收物流等,几乎跨越了产品的全生命周期。因此,企业绿色物流包括绿色供应物流、绿色生产物流、绿色分销物流、企业废弃物物流、企业逆向物流等内容。

企业绿色物流系统的构成如图5-2所示。

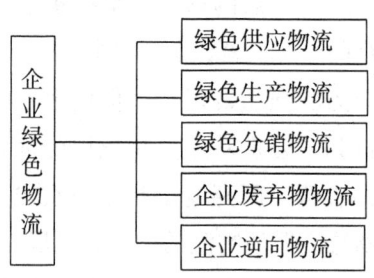

图5-2 企业绿色物流系统的构成

二、绿色物流系统功能要素

物流系统是由不同功能环节构成的。物流功能的绿色化是物流系统绿色化的基本构成。包装、运输、装卸、仓储和流通加工是物流系统最基本的功能要素,其中,运输、包装、流通加工和仓储对环境的影响较大,因此,绿色物流系统的功能要素主要由绿色包装、绿色运输、绿色流通加工、绿色仓储构成。

(一) 绿色包装

包装要消耗大量的资源、产生大量的固体废弃物,是物流系统影响环境的主要因素之一。因此,包装的绿色化是物流绿色化的重要内容。

所谓绿色包装,指的是以节约资源、降低废弃物排放为目的的包装方式。按照包装的构成,绿色包装可进一步划分为包装材料的绿色化、包装方式的绿色化和包装作业过程的绿色化3个方面;包装方式的绿色化可以从包装减量化、采取可重复利用的包装结构等途径实施。

按照包装产品生命周期的观点,绿色包装包括了绿色包装设计、包装生产过程的绿色化、包装作业过程的绿色化、包装废弃物的回收再利用等。如图5-3是绿色包装子系统的构成。

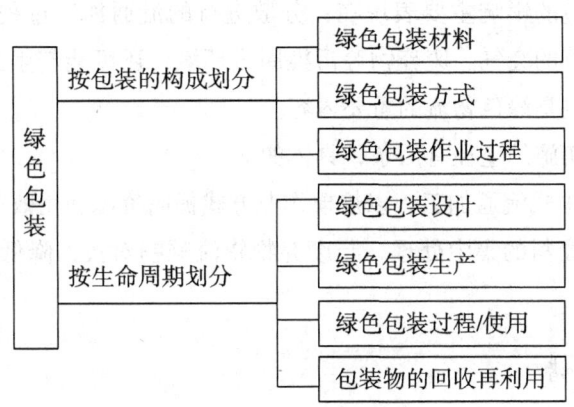

图5-3 绿色包装子系统的构成

(二) 绿色运输

运输是物流系统最基本、最重要的活动。物流系统各要素中,运输对环境的影响最严重。因此,绿色运输是绿色物流系统最重要的组成。

所谓绿色运输,指的是以节约能源、减少废气排放为特征的运输。根据运输对环境的影响特点,运输绿色化的关键就是减少公路运输中的环境影响。绿色运输的途径主要如下。

(1) 绿色运输方式。即结合其他几种运输方式,降低公路运输的比例。

(2) 环保型运输工具。主要是针对货运汽车,采用节能型的或以清洁燃料为动力的汽车。

(3) 绿色运输网络。即路程最短的、最合理的运输网络,以便减少无效运输。

(4) 绿色货运组织模式。指的是城市货运体系中,通过组织模式的创新,降低货车出动次数、行驶里程、周转量等。

按照运输绿色化实施策略划分,绿色运输子系统的构成如图5-4所示。

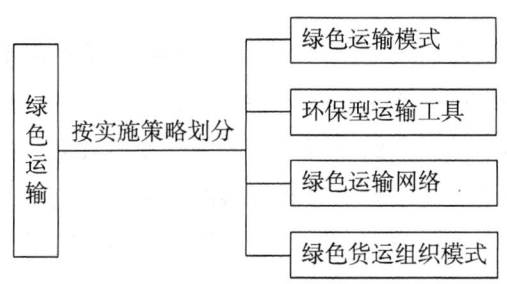

图5-4 绿色运输子系统的构成

(三) 绿色流通加工

流通加工对环境的影响主要表现在:分散进行的流通加工过程能源利用率低,产生的边角余料、排放的废气、废弃物等污染周边环境,还可能产生二次污染等。因此,流通加工的绿色化也是绿色物流的重要内容。

绿色流通加工实施的途径有两条,具体如下。

(1) 专业化集中式流通加工,以规模作业方式提高资源利用效率。

(2) 流通加工废料的集中处理,与废弃物物流顺畅对接,降低废弃物污染及废弃物物流过程的污染。

(四) 绿色仓储

仓储环节也是供应链中温室气体排放量上升的主要因素。最近十年,国内外对绿色仓储研究的兴趣与日俱增。根据对相关文献的归纳,有关绿色仓储(Green Warehousing,GW)的研究主要包括以下3个方面。

(1) 仓储作业过程的节能减排。这是绿色仓储最重要的内容,通过分析拣货作业、物料搬运装卸等作业过程中的能耗和排放,优化仓库内部布局,选择环保性能好的仓储设备,降低仓储作业过程的能耗。例如,用电动叉车取代传统叉车,采用能耗更低的智能穿梭车与密集型货架系统等。

(2) 仓库建筑的节能和环境影响最小化。通过优化仓库设计方案,实现从仓库建设到废弃的整个生命周期的能耗最小化和环境影响最小化。例如,仓库采用节能效果显著的LED(发光二极管)照明系统、仓库屋顶光伏发电,等等。

(3) 绿色仓库管理。即将环保绩效纳入仓库运营管理中。例如,制定适合仓储流程的环保标准,对储存分配、拣选路径和订单批量进行优化,以提高仓储运营的能源效率和经济绩效。

三、绿色物流系统的特征

由前面分析可知，绿色物流系统由不同的行为主体构成，涉及供应链上不同企业的物流绿色化，还要求包装、运输、仓储等物流活动的绿色化。从系统论的角度看，绿色物流系统具有如下主要特征。

（一）开放性

绿色物流系统由多个要素构成，其内部各要素之间、系统与外部大环境之间不断地进行着物质、能量和信息的交换，并且以"流"的形态贯穿于其间，从而形成一个动态的、系列的、层次的、具有自我调节和反馈能力的相对独立的体系。正是通过"流"，物流系统才得以维持自身的发展；也只有通过"流"，才能识别绿色物流系统的动态特征和演化规律，才能评判、比较和推断不同系统的优劣。开放性的另一个体现就是绿色物流系统内部要素之间存在着协同与竞争的复杂关系。

（二）区域性

物流活动总是发生在一定的空间范围。因此，绿色物流也具有明显的区域性。区域作为某种特定范围的地域综合体，有其特定的自然、社会、经济、生态环境等要素，亦有其固有的形成、发展和演化机制，一个区域的社会经济活动必须遵循其固有的基本规律。因此，绿色物流系统也必须考虑区域这一基本特征。按照区域范围的大小，绿色物流系统可以划分为社会绿色物流系统和城市绿色物流系统，而企业物流是社会物流系统和城市物流系统的基本组成。

（三）多环节性

由于物流系统的多环节特点，绿色物流系统也具有多环节特点。不管是社会物流、城市物流还是企业物流，绿色物流系统都应该包括绿色包装、绿色运输、绿色仓储、绿色流通加工等功能环节。

（四）行为主体的多样性

绿色物流系统的行为主体包括了政府、公众（消费者）、各类生产企业、分销企业、物流企业、批发/零售企业等。企业的环境意识和战略直接影响企业所处供应链的物流绿色化。与绿色环保相关的政策法规、消费者的绿色环保意识等也是实施绿色物流战略的重要支持力量。

(五) 层次性

层次性表现在绿色物流系统本身可分解为若干子系统，各子系统还可以进一步分解为更小的子系统。绿色物流系统的层次性有不同的体现。

按照绿色物流系统管理和控制主体划分，可分为社会决策层、企业战略层和企业作业层3个层次的绿色物流活动。其中，社会决策层的职能是通过制定绿色物流相关的政策、法规、标准，传播绿色理念、约束和指导企业的绿色物流战略；企业战略层的任务则是从战略高度与供应链上的其他企业协同，共同规划并管理企业的绿色物流系统，建立有利于资源再利用的循环物流系统；作业层的绿色物流活动主要是指物流作业环节的绿色化，包括运输绿色化、包装绿色化、流通加工绿色化、仓储绿色化等。

按照绿色物流系统的考察范围划分，可分为社会宏观物流的绿色化、城市物流的绿色化和企业物流的绿色化3个层次；城市物流系统包含了企业物流，而社会宏观物流系统又包含了城市物流。企业物流的绿色化包括绿色供应物流、绿色生产物流、绿色分销物流、企业废弃物物流、企业逆向物流等；所有这些物流子系统又都是由绿色包装、绿色运输、绿色仓储等功能环节构成的。

绿色物流系统的层次结构可用图5-5示意说明。

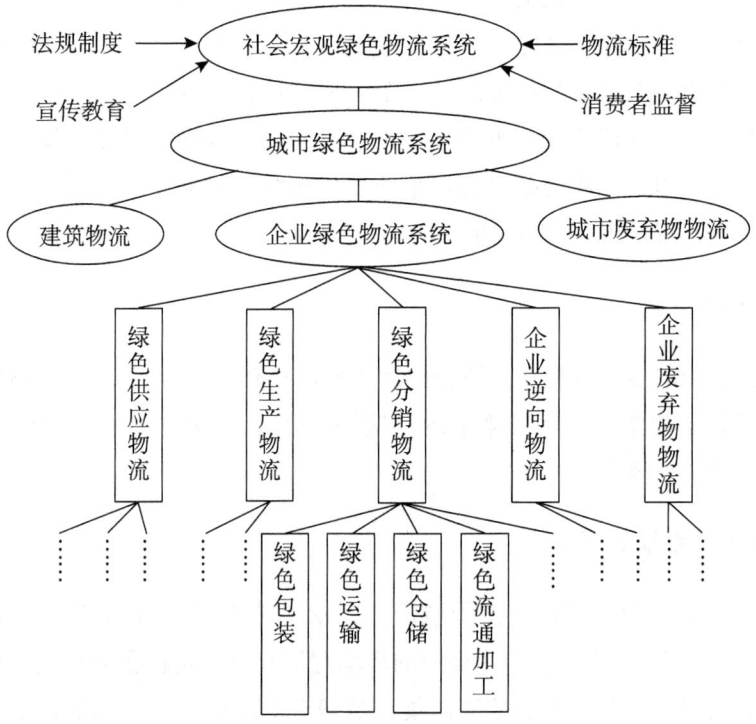

图5-5 绿色物流系统的层次结构

根据图 5-5 给出的绿色物流系统层次结构可知，绿色物流战略的实施和管理是一项庞大的系统工程，自顶向下包括了宏观层面的政策、法规、标准、理念的传播及公众教育，区域物流/城市物流的绿色规划与控制，企业物流的绿色化战略和策略，以及物流各环节的绿色化。

本书后续几章内容将以图 5-5 的层次结构模型为依据，介绍物流绿色化的策略和方法。按照图 5-5 中自下而上的顺序，从第六章到第十一章依次介绍物流系统功能环节的绿色化（绿色包装和绿色运输）、企业物流的绿色化（绿色采购与供应物流、供应链逆向物流）、城市绿色物流、社会绿色物流的宏观管理策略（法规、制度、标准、评价指标体系及理念传播等）。

第三节　企业绿色物流系统框架

产品全生命周期过程都会对环境产生影响。因此，企业必须从产品全生命周期范围进行企业物流的绿色化管理。

一、企业物流系统的环境影响

产品从原料开采或原料供应开始，经过零部件加工、产品生产、包装、运输和销售，经消费者使用、回收直至最终废弃物处理，这一整个过程称为产品的全生命周期。在产品生命周期的不同阶段，物料从一个企业流向另一个企业，物流活动既发生在企业与企业之间，也发生在一个企业内部。基于产品全生命周期的企业物流构成如图 5-6 所示，主要包括：生产物流、供应物流、分销物流以及回收物流和废弃物物流。

下面分析产品全生命周期不同阶段的物流活动对环境的影响。

（一）生产物流对环境的影响

在生产物流中，既要消耗大量资源和能源，还会产生大量的边角余料、副产品以及各种形态的产业废弃物。如果生产物流系统布局不合理，会导致许多无效输送或无效搬运，既降低效率，又增加能源消耗。据统计，在产品加工过程中，约 90% 的时间都用于物料的储存、装卸、等待加工、输送等过程中。因此，如果生产物流系统规划及管理不合理，会加重物料输送、储存过程中的能量浪费，且导致生产效率降低。尤其要注意的是，为了降低生产成本而实施的准时制（JIT）生产方式，需要更频繁的原料和零部件的配送，因而，会涉及更多的公路运输，导致环境问题的加重。

（二）供应物流和分销物流对环境的影响

供应物流活动和分销物流活动通常发生在不同的企业甚至不同的地区之间。包装、

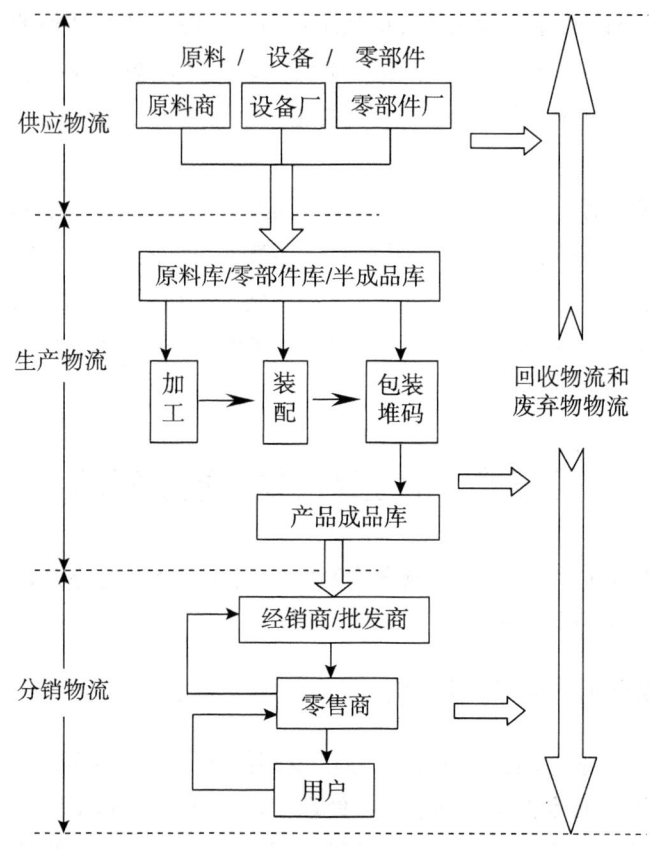

图 5-6 基于产品全生命周期的企业物流构成

运输、仓储是供应物流和分销物流中最重要的物流活动。由于运输和包装对环境的影响很大，供应物流或分销物流的网络规划不合理，会加剧物流过程中的资源、能源消耗和各种废弃物排放，使空气污染、废弃物污染、噪声污染、城市交通拥挤程度加剧。另外，准时制供应或准时制配送模式的实施，使运输呈现多频次、小批量的特点，也会加重运输对环境的影响。

（三）回收物流和废弃物物流对环境的影响

回收物流和废弃物物流都有利于资源节约和废弃物减量化，因此，对环境有积极的影响。但是，如果物流系统规划决策不合理，会产生多种形式的二次污染。例如，废弃物的多次转运可能会消耗额外的能源、产生二次污染，废弃物的直接填埋将占用土地，对处理场地周围的生态环境造成危害；废弃物焚烧会污染空气，甚至产生有毒物质，等等。

二、基于产品全生命周期的企业绿色物流系统框架

考虑产品全生命周期范围物流活动对环境的影响,对应的企业绿色物流系统框架如图 5-7 所示。企业物流系统的绿色化主要包括供应物流、生产物流及分销物流的绿色化。

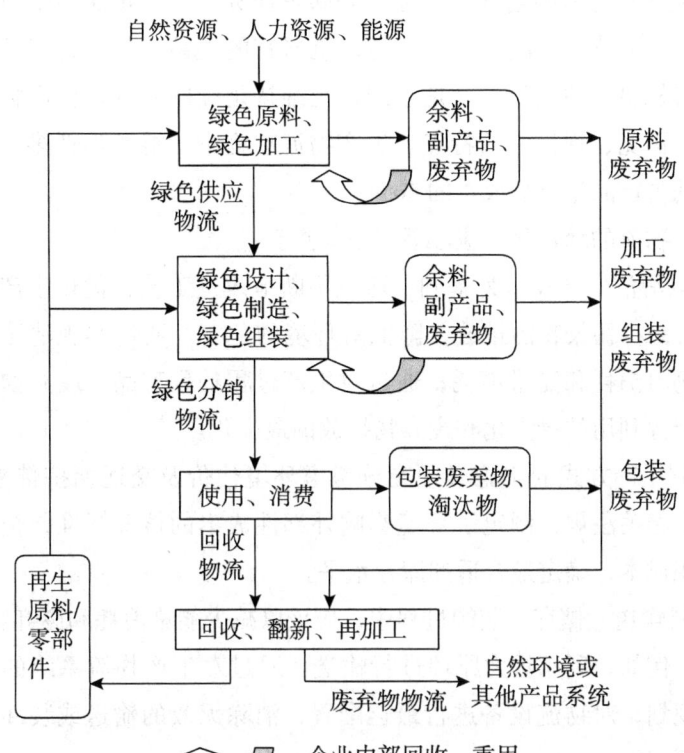

图 5-7 基于产品全生命周期的企业绿色物流系统框架

(一) 绿色供应物流

企业供应物流的绿色化主要体现在以下 3 个方面。

(1) 选择环境友好的原料及零部件。为了确保产品在使用过程中的安全性和产品废弃时的环保性,降低产品整体的环境负荷,首先就必须对产品原料/零部件的绿色性进行评估,以避免环境风险。因此,绿色供应物流的第一步就是对产品的原料/零部件,甚至包装材料的环境特性进行评估,选择环境友好的产品。评估产品环境特性的标准很多,例如,无毒无害、可再循环、可降解、物料消耗最少等。

(2) 绿色供应商管理。将环境准则纳入供应商管理过程,定期评估供应商的环境管理绩效和其所供应产品的环保特性,对供应商进行环境管理知识培训,开发绿色供应商。

(3) 采购过程的绿色化。企业的采购管理部门要改变观念,从单纯重视采购成本

转向同时重视采购品的能效、环保特性。在采购品的运输过程中，采用绿色运输和绿色包装方式。

（二）绿色生产物流

生产物流担负着物料的输送、储存、装卸等任务。生产物流系统与生产制造设施设备的关系就如同人体中血液循环系统与内脏器官的关系一样，物流系统是使生产制造各环节组成有机整体的纽带，又是生产过程维持延续的基础。生产物流系统一般具有点多、线长、面宽、规模大的特点。生产物流过程中的能源消耗多、效率低下，生产物流的成本约占产品生产总成本的40%。

为实现生产物流的绿色化，应注意以下3点。

（1）必须以清洁生产技术为基础，通过不断地改进工艺，优化生产管理流程，提高资源利用率，减少污染物的排放，降低对环境的危害。通过实施清洁生产，降低企业生产过程的物料消耗和能量消耗；通过对生产过程的副产品、废弃物进行回收和循环利用，实现资源利用的最大化和废弃物排放的最少化。

（2）准时制生产方式的实施必须充分考虑环境代价及交通拥挤带来的额外成本。如果政府制定了相关法规，制定了环境影响外部性成本的核算标准，企业可通过权衡库存成本与环境成本，确定最合适的库存水平。

（3）在物料输送、储存、装卸过程中，应该以减少能量消耗和废弃物排放为原则，改进作业流程，例如，利用重力原理进行输送。通过对生产物流系统的优化，对物流路径进行最优规划，对物流设备进行最佳配置，消除无效的输送或装卸作业，以减少作业过程的能源消耗。

（三）绿色分销物流

商品分销环节的物流过程非常复杂。实现分销物流绿色化的主要途径包括以下3个方面。

（1）必须合理规划绿色分销物流网络。分销物流网络的设计不仅影响网络总成本，也影响运输方式的选择，影响有关运输路径及库存量的决策。因此，应该将能耗、碳排放、废弃物排放等纳入分销物流网络的布局规划中。

（2）绿色分销物流过程中应该优先选用绿色环保的运输方式，例如，充分利用铁路运输和水路运输方式。

（3）在保证物流安全性的前提下，商品分销过程中尽量采用绿色包装，按照包装简量化、可循环、可重复利用的原则，提高包装容器重复使用率，以节约资源、减少废弃物污染。另外，对于食品、危险品等特殊商品的分销物流，包装的绿色化更加重要，包装不合理会造成食品的变质或危险品的泄漏，不仅污染环境，还可能对身体健康和安全造成危害。

总之，企业既要从总体上把握物流绿色化的策略和途径，还应该从供应、生产、分销、回收等环节实现企业物流的绿色化，即从产品全生命周期实现企业物流的绿色化。

第四节　供应链循环物流系统

从社会范围看，大量的生产与消费，必然导致大量废弃物的产生，进而造成资源的枯竭和自然环境的恶化。因此，绿色物流系统的构筑，不仅要考虑单个企业的物流系统，还必须与供应链上的其他企业协调，从整个供应链的视野来组织物流，最终建立起包括生产商、批发商、零售商和消费者在内的"生产→流通→消费→再利用"的循环物流系统。

一、循环经济的内涵及 3R 原则

（一）循环经济概述

通常的环境管理策略是针对环境污染进行"末端治理"。该策略存在很多局限性，它不可能从根本上避免污染的发生；由"末端治理"形成的环保市场产生的是一种虚假的、非良性的经济效益；另外，"末端治理"将使企业只满足于遵守环境法规而不是投资研发污染少的新技术，这加大了发展中国家在环境治理方面对发达国家的依赖程度，阻碍了这些国家直接采用更为现代化的经济方式。

在上述背景下，源头预防和全过程治理替代了末端治理，"循环经济"（Circular Economy）作为源头预防的典型，成为许多国家实现经济与环境协调发展的重要战略。所谓"循环经济"是物质闭环流动型经济的简称，是一种"资源→产品→再生资源→再生产品"的反馈式或闭环流动的经济形式，是人类按照自然生态系统物质循环和能量流动规律建构的经济系统，其宗旨就是保护日益稀缺的环境资源，提高环境资源的综合利用率。循环经济要求人类在生产和消费的所有领域都能做到物尽其用，不给环境造成危害。循环经济为传统工业经济转向可持续发展的经济提供了新的理论范式，也为绿色物流系统的实施提供了又一理论基础。

循环经济将清洁生产、资源综合利用、生态设计和可持续消费等融为一体，运用生态学规律来指导人类社会的经济活动。因此，本质上是一种生态经济。它强调在保护生态环境和自然物质资源的前提下，合理地改造自然，创造物质资料。循环经济的本质特征如下。

（1）循环经济是一种非线性的闭环式经济系统。它改变了传统的思维方式、生产

方式和生活方式，要求政府在产业结构调整、科学技术发展、城市建设等重大决策中，综合考虑经济效益、社会效益、环境效益，减少资源与环境的损耗，促进经济、社会、自然的良性循环。其核心思想是资源的最小消耗和循环利用、变废为宝、"零排放"或"微排放"等。

（2）循环经济是一种环境友好的经济模式。其主要有2条途径：通过延长产品的使用寿命来降低资源流动的速度；通过对资源的集约使用，达到某种规模效应，从而减少分散使用导致的资源浪费。循环经济就是通过这两条途径来提高资源和能源的利用率，最大限度地减少废弃物排放，充分体现自然资源与环境的价值。

（3）循环经济从强调生产优先转向强调服务优先，要求强化产品的使用而不是强化物质的消耗。通过对产品的维修、保养、翻新、改制等，使产品的使用寿命得以延长，服务质量得到优化，真正实现从工业社会向服务社会的过渡。例如，世界著名的复印机生产商施乐公司，近年来在美国等地已经不再生产全新的复印机，而是转向为"服役中"的复印机提供维修和保养服务。通过用一些新零部件替代旧复印机中的零部件，从而使旧复印机成为具有新功能的"新"机器。这种经营方式为施乐公司节省了可观的原材料购置费和物流费。

这说明，循环经济模式使经济增长的方式发生了改变，在带给企业经济效益的同时，又具有明显的环境效益和社会效益，因而是一种可持续发展的经济模式。

（二）循环经济的3R原则

按照资源循环利用的价值大小及循环过程中对环境的二次影响程度，循环经济的基本原则是减量化（Reduce）、再利用（Reuse）、再循环（Recycle），即3R原则。

1. 减量化原则

减量化原则就是用最少的原料和能源投入来达到既定的生产目的或消费目的，即资源缩减原则。通过产品的小型化、轻型化设计，简化产品包装甚至无包装，可减少进入生产环节和流通、消费环节的物质量，既减少了资源消耗，又减少了产品报废后的废弃物量。因此，资源缩减是从源头解决环境问题的极有效途径。

2. 再利用原则

再利用就是通过一定的技术过程，对产品进行维护、修复、更换零部件、改制等，从而恢复产品的使用功能，直接被用户再使用，延长产品使用寿命。再利用原则要求产品和包装容器能够以初始的形态被多次重复使用，防止产品过早地成为废弃物。

制造商对再利用原则的实施效果有重要影响。制造商采用面向拆卸的设计方法、零部件标准化和模块化设计等设计思路，能使产品的维修和拆解更容易，拆卸下来的零部件也更容易在新产品中得到再使用。一般来说，一个产品报废了，它的大多数耐用零部件是不会同时报废的；这些零部件经过修整、翻新后可直接在新产品中被重新使用，将使资源的价值得到充分利用，大大降低企业原料成本和生产成本。通过恰当的设计，包装容器也能被直接重复使用。

3. 再循环原则

即通过再加工处理技术，使废弃物再次变成资源，以减少最终处理量。它要求物品在完成其使用功能后能重新变成可以利用的资源，而不是无用的垃圾。

再循环有两种不同的资源化方式：原级资源化和次级资源化。原级资源化是将废弃物资源化处理后形成与原来相同类型的原料（再生原料）。例如，将无法直接再利用的零部件通过特定的处理工艺变成再生金属、再生塑料、再生纸制品等。次级资源化即废弃物通过再加工形成不同类型的新产品。例如，从废旧轮胎中提炼出橡胶后进行再生加工，可用做跑道、胶靴和胶质沥青等的原料；从废旧地毯中可加工提炼出尼龙、纤维等材料，供不同行业使用。与原级资源化相比，次级资源化需要的再加工工艺更复杂，资源化成本更高。

再循环一般要经过废弃物回收、清洗、分离、再加工等过程，再加工需要特殊的设备。与再利用原则相比，再循环的投入更高，产出更低。

循环经济的根本目标是追求整个经济活动中的资源消耗最少化和废弃物排放最少化。因此，3R 原则中，减量化是首要原则；其次是再利用原则，即通过再制造尽可能多次重复利用产品或其零部件；最后是废弃物再循环，从废弃物中提炼出再生原料。如果一个产品既不能被直接再利用，也不能进行再循环利用，而只能进行垃圾填埋或焚烧的话，那就说明该产品的生态性能很差。

应用上述原则时还必须注意到，废弃物的再循环利用还存在一个限度问题。废弃物的再循环利用虽然相对于末端治理是重大的进步，但废弃物的资源化加工需要借助一定的设备和特殊工艺，再处理过程还需要消耗能源及其他资源。此外，废弃物的收集、储存和运输过程还会产生新的污染，而再生资源的价值较前一次寿命中更低。因此，有可能出现废弃物再循环投入大，但产出少的情况，需要从经济价值和环境价值方面综合考虑。只有综合运用 3R 原则，才能使资源得到最大化利用。

二、循环物流的概念

循环经济发展模式下，产品使用后不是变成废弃物，而是经回收、再处理，变成新的资源被循环使用。循环物流（Cycle Logistics）就是在循环经济背景下产生的。目前对循环物流并没有一个统一的定义。根据循环经济的"资源循环利用"的本质，循环物流可定义为：由原料、产品及其相关信息在原料供应商、产品生产商、物流企业、批发商、零售商及使用者之间的往复流动构成的物流系统（见图 5-8），是正向物流与逆向物流的集成,其目标是:为产品回收再利用提供物流服务,实现资源利用最大化和废弃物排放最少化。

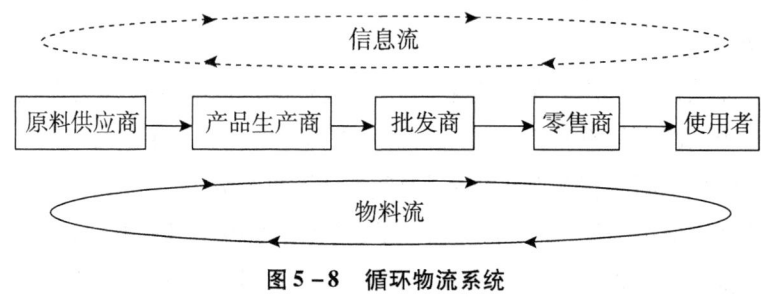

图 5-8 循环物流系统

对循环物流概念的理解可以从物流对象、物流渠道两方面来分析。

(1) 循环物流系统的物流对象。循环物流系统中流动的对象分为两类:一类是为满足消费者需要而流动的物品,包括生产产品所需的原材料、零部件、半成品、包装材料、最终产品;另一类是消费者不需要的物品,包括物流过程中的破损品、有质量问题的产品、退货品、寿命终结的产品等。循环物流系统必须对这两类物流对象的流向、流量、路线等进行综合考虑。

(2) 循环物流系统的物流渠道。两类不同的物流对象在图 5-8 中有两种不同的物流渠道。对于为满足消费者需要的产品,其物流渠道是为"原料供应商→产品生产商→批发商→零售商→使用者",物品沿这一渠道的流动称为"正向物流"或"前向物流"。对于消费不需要的物品,其流动渠道和流动方式比较复杂,对于还有一定使用价值的缺陷产品、退货品、包装容器等,可以沿着与正向物流渠道相反的方向流动,这就是"逆向物流";对于寿命终结的报废品等废弃物,经过资源再生处理后,有用的部分进入正向物流渠道,没用的最终的废弃物则流入自然环境。

循环经济的3R原则也是循环物流系统规划和运营管理的基本原则。

三、基于3R原则的供应链循环物流系统

循环物流系统的运营需要供应链上、下游企业的协作和末端消费者的支持,因此,循环物流系统必须基于供应链而构建。

(一) 3R原则的实施与供应链成员的协作

1. "减量化"需要供应商的协作

按照减量化原则要求,产品生产所需的原材料、零部件、包装原材料等供应物资都必须具有环境友好的特性,要求不仅无毒副作用,而且是减量化的、便于拆卸和再循环的。因此,企业要实施绿色产品设计与制造,就应该实施绿色采购与绿色供应商

管理。这就需要供应商的协作。

例如，在产品原材料选用方面，减少原材料的种类有利于产品报废后的原料再循环；避免原料中含有法令禁止的有害物质有利于产品本身的环保性；有时为了减少加工过程中的切削量，还需要改变毛坯件的尺寸规格。这些改变都需要产品生产商与供应商进行沟通，需要供应商的配合和协作。因此，企业减量化原则的实施离不开与供应商的沟通和协作。

2. "再利用"需要供应链上、下游企业的密切合作

再利用是对功能失效的产品进行修复、更换失效零部件，从而恢复产品功能，使其重新得到利用。再利用具有明显的经济回报和环境价值，这种优势的发挥需要供应链上、下游成员的密切合作。

首先，生产商与消费者、销售商之间开展密切合作，建立高效的回收系统是实现"再利用"经济价值的重要保证。例如，生产商委托分销商负责收集功能受损的产品，或者通过签订租赁合同，促使消费者主动返回用旧的产品。

其次，产品的翻新、更换、修复等处理过程与产品设计密切相关。采用面向拆卸的设计、模块化设计等创新设计理念将使产品的拆卸、维修、翻新更便捷、高效，其中有些零部件的维修和更换还需要零部件供应商提供技术支持。

最后，包装容器的直接再利用，也需要发货方（上游企业）、收货方（下游企业）与物流企业之间进行信息共享与合作。

因此，"再利用"原则的实施离不开供应链上、下游成员的协作。

3. 3R 原则离不开绿色消费者的支持

无论是经过维修、翻新得到的再制造品，还是再循环得到的再生资源，如果消费者缺乏对这些再制造品、再生资源的认识，缺乏购买需求，那么，企业的再利用、再循环行动也缺乏长久的市场动力。同样，包装的减量化、甚至无包装也要得到消费者的大力支持才能继续下去。因此，减量化、再利用、再循环原则的实施都需要绿色消费者的支持。

（二）基于 3R 原则的循环物流系统结构

按照循环经济的减量化、再利用、再循环的 3R 原则，循环物流系统涵盖了原料供应商、零部件供应商、产品生产商、分销商直到消费者的整个供应链，其结构如图 5-9 所示。循环物流系统的运行不仅涉及产品供应链上成员，而且可能涉及其他产品的供应链成员。

在从原料供应到生产直到消费的正向物流过程中，减量化原则一方面为产品减量化设计提供指导，另一方面可指导包装及运输的减量化设计，例如，通过集装运输以

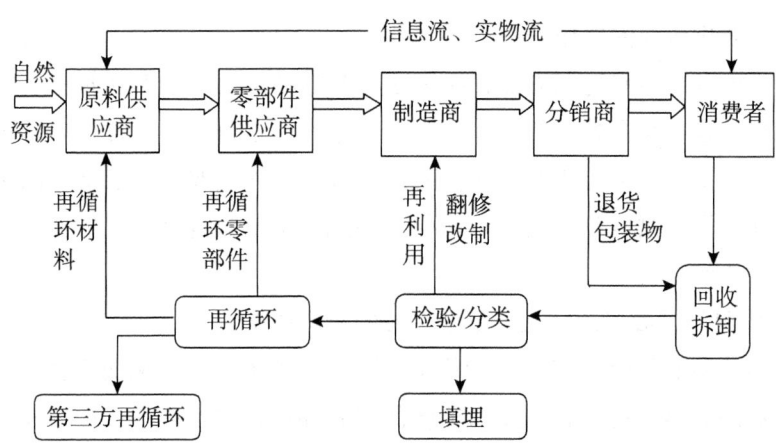

图 5-9　基于 3R 原则的循环物流系统结构

减少商品包装，通过缩减包装尺寸以提高车辆实载率，通过货物合并运输以减少对车辆的需求量等。这些措施都有利于从源头节约资源、减少废弃物排放。

产品进入分销和使用阶段，会因各种原因发生逆向物流。废旧产品可由消费者到分销商再集中流向回收中心，或由消费者直接流向回收中心，在回收中心经拆卸、检验之后，有几种不同流向：①能再利用的零部件直接进入制造或再制造工厂；②零部件翻新后流向零部件供应商，实现零部件再循环；③对不能翻新的零部件进行原料再生处理，实现原料再循环，流向原料供应商。以上 3 种逆向流动将在不同的环节融入正向物流，形成闭循环的物流。

另外，还有一部分废旧零部件由第三方进行再生循环处理，得到的再生原料或零部件会进入其他的产品供应链。

废旧产品经过上述再利用、再循环处理后，最终会有部分残余物只能进行焚烧或填埋处理，最终流入自然。循环物流的理想目标就是最终流入自然的废弃物是零，即零填埋目标。

案例　施乐公司的循环物流系统

一、施乐公司的资源循环利用策略

施乐公司多年来一直是世界著名的复印机生产商之一。20 世纪 90 年代初期，公司引入全面的环境管理体系，实施多项环境友好的策略，如产品生态设计、生命周期评价及循环物流等。

目前，施乐公司在美国等地已经不再生产"全新的"复印机，当然，新设备、新元件仍然需要生产,但只是在最需要的时候才投入。施乐公司的生产经营重点是为已经在"服役"的复印机提供维护和保养。当一台施乐复印机出现故障或接近报废时,他们在维修中用一些体现新技术的新零部件来取代一些已经不再使用的零部件,而对机器的其他部分并不改变。通过这种方式,使旧的复印机成为具有新功能的"新"机器。换言之,在施乐公司,"复印机"的概念变得模糊了:它让位给一种源自不同零部件的组装的运作机制,在这个机制中,每个零部件的使用寿命和强度被优化了。因此,不存在严格意义上的新机器。甚至"新产品"的概念都开始消失了。

事实证明这种经营方式具有可观的经济效益,1992年施乐公司在美国市场上节省了5000万美元的原材料购置、库存、物流服务等费用,1993年节省的经费达到了1亿美元。

二、施乐公司的循环物流系统

施乐公司针对目前市场上产品的使用周期越来越短所带来的资源浪费和严重污染,提出了绿色再循环系统工程,即以延长产品寿命周期的设计和管理为指导,以优质、高效、节能、节材、环保为目标,以先进的技术为手段,对报废的产品进行修复、再制造的一系列技术措施和管理活动。

施乐公司根据对产品进行全生命周期评价和分析,找出产品对生态环境的影响效果,并提出基于全生命周期的循环物流系统,图5-10是施乐公司的循环物流系统示意。

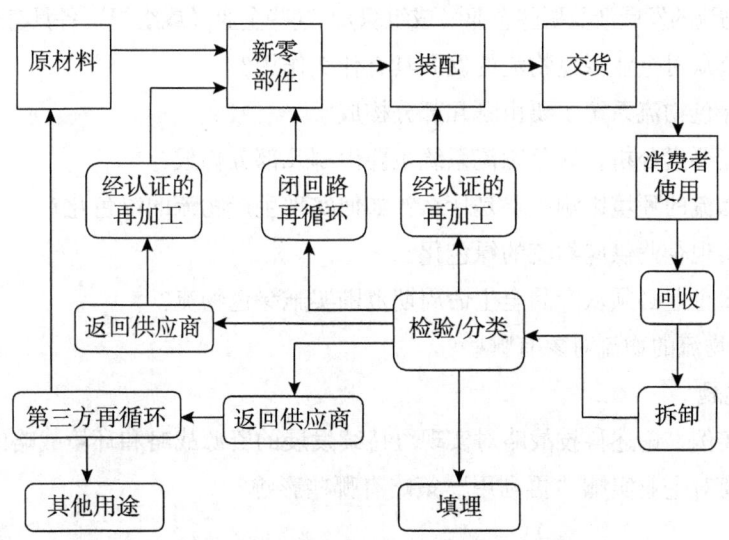

图5-10 施乐公司的循环物流系统示意

在这个循环的物流系统中,经消费者使用后废弃的产品被回收,经过专业的检验/分类,先将功能完好的零部件经过再加工后,直接送到装配线上,与其他新零部件一起组装成"新的"复印机;另一些功能完好的零部件经再循环直接进入零部件生产环节；功能受损的零部件返回给供应商，由供应商再加工生成新的零部件后，再进入零部件生产环节；还有一部分残余元件只能以较低级的形式进入再循环，由专业的第三方再循环公司加工形成再生原料，一部分进入本产品的供应链，另一部分进入其他的产品链。

如此往复，形成一个闭循环的物流系统模式。施乐公司的目标是，希望通过这样一个循环物流模式，最终使地下填埋的废弃物接近零。

【问题讨论】
1. 结合案例分析施乐公司的资源循环利用策略是什么？
2. 施乐公司循环物流系统的实施涉及供应链上哪些企业？

一、名词解释
循环经济；3R 原则；循环物流

二、简答题
1. 可持续发展的三个最基本战略是什么？
2. 为什么企业必须构建循环物流系统？
3. 绿色物流的发展涉及哪些企业（或组织）？这些企业（或组织）各具有什么作用？
4. 普通公众对企业绿色物流的发展具有什么作用？
5. 企业绿色物流系统主要由哪几部分构成？
6. 从功能要素分析，绿色物流系统主要由哪几部分构成？
7. 生产物流的环境影响主要是什么？如何实现生产物流的绿色化？
8. 如何实现企业供应物流的绿色化？
9. 为什么企业必须从产品全生命周期范围实施绿色物流？
10. 循环物流的物流对象有哪些？

三、论述题
1. 结合实例，论述科技战略对实现可持续发展的资源战略和环境战略的重要作用。
2. 供应商对企业实施"再利用"策略有哪些影响？

物联网、大数据等新技术的应用有利于绿色物流的发展。请收集企业实例，讨论这些新技术应用在物流过程中的节能减排效果。

第六章 绿色物流包装

引导案例　顺丰公司的绿色包装体系

近几年，随着电子商务的飞速发展，我国的快递业务量一直在增加。据统计，2016 年我国快递业务量为 312.8 亿件，2019 年就达到了 635.2 亿件。一个快递就是一个包裹。在目前全面回收系统尚未建立的情况下，快递包装的循环利用率很低，如此数量巨大的包装，必然产生大量的废弃物。因此，实施快递包装的绿色化就显得十分必要且紧迫，也是中国快递企业必须承担的社会责任。

顺丰控股股份有限公司（以下简称"顺丰"）是国内领先的快递物流综合服务商，不仅提供配送端的高质量物流服务，还延伸至价值链前端的产、供、销、配等环节，此外还提供代收货款等增值服务。作为我国快递行业的领先者，顺丰积极承担企业社会责任，深入推进绿色物流，助推低碳经济。

为推进绿色包装发展，顺丰通过技术创新改进包装材料、包装模式及包装尺寸，将绿色环保贯通整个快递环节，显著减少了垃圾排放，节约了包装资源，对保护环境、促进快递业务健康可持续发展提供了可借鉴的经验。2018 年，顺丰将组建于 2013 年的包装实验室更名为 SPS——Sustainable Packaging Solutions，即"可持续的包装解决方案"。

一、丰景计划——打造绿色包装体系

顺丰的技术部门与供应商携手推进包装优化改型工作，以减量化、绿色化、循环化为技术导向，通过新材料、新技术、新模式对快递包装进行全面改进，实现绿色升级。

1. 包装胶袋的减量化改造

顺丰响应国家政策倡议，加快推进快递绿色包装工作，对快递包裹中消耗量大的包装胶袋实施减量化改进。通过优化原料配方，在保持性能的同时降低厚度，从原来

0.055毫米的厚度降低为0.05毫米厚度。通过这种改进，预估公司每年可减少PE（聚乙烯）类原料消耗约9.09%，减少碳排放约6114吨。

2. 热敏运单和不干胶纸质运单的减量化改造

公司对热敏运单实施了减量化改型和选型。通过更改打印纸克重，将面纸从原克重70克降低到65克。预计此项改进每年可使公司减少热敏纸消耗300吨左右，减少碳排放约184吨。

另外，公司也对不干胶纸质运单执行了减量化改造。运单尺寸由原来的115毫米×93毫米缩减为115毫米×76毫米。此项改进预计每年可减少不干胶纸约761吨，减少碳排放约466吨。

3. 改进空气缓冲包装

通过技术改造，将内包装填充材料常用的气泡膜改进为充气葫芦膜，减少PE材料消耗量。此项改进技术估计每年可减少碳排放约905吨。

二、丰·BOX——共享循环箱

传统的快递物流包装箱大多属于一次性的，故会产生大量的资源消耗和废弃物。因此，顺丰SPS中心发挥其技术研发优势，从2016年开始就致力于"可循环"包装材料的研究，于2018年推出了丰·BOX共享循环箱。与一次性包装相比，丰·BOX有效解决了成本高、破损多、操作效率低、资源浪费等问题，在包装结构、使用模式上具有明显的创新。

1. 包装产品结构的创新

首先，丰·BOX用拉链代替传统包装箱的封箱胶纸，具有易拆封、可折叠的优势；其次，采取内绑定方式，无须额外的内填充物，节约了资源；最后，还增加了防水、阻燃、隔热保温等特殊性能，保证了商品运输过程中的安全性。

2. 超强的使用寿命

丰·BOX更拥有多达数十次乃至上百次的使用寿命，平均单个箱子的循环使用次数约10次，单体箱子最高的使用次数已达42次。顺丰公司在全国投入了数十万个丰·BOX，总使用次数达到数百万次，由此可减少碳排放约1600吨。

总之，丰·BOX实现了包装箱的多次循环使用，大大节约了包装材料，减少了内填充材料和胶纸的消耗，实践了绿色包装的可循环理念。

案例解析

根据第二章和第五章的分析可知，包装是对环境影响严重的两个环节之一。尤其是快递量的迅猛增长，加剧了包装对环境的影响程度，因此，迫切需要发展绿色包装。从该案例可以看出，顺丰公司通过技术创新，对包装材料、包装尺寸、包装结构等进行改进，尤其是通过使用共享循环箱，显著节约了资源，同时减少了垃圾排放和碳排放，实现了绿色包装。本章将讨论绿色物流包装的含义以及实施绿色包装的策略。

第一节　绿色包装的概念

包装要消耗大量的自然资源，产生大量的包装废弃物。为解决包装与环境之间的矛盾，在20世纪80年代，西方国家的环保组织提出了绿色包装的概念，也称环境友好的包装。

一、绿色包装的定义

绿色包装的概念是20世纪80年代提出的。1987年，德国实施了一项"蓝天使"计划，对在生产和使用过程中都符合环保要求且对生态环境和人体健康无害的商品，环保委员会授予绿色标志。随后，美国、日本和加拿大等国也先后建立了绿色标志认证制度，以保证消费者识别产品的环保性质，同时鼓励厂商生产无污染的绿色产品。绿色包装正是其中的计划之一。

关于绿色包装，学术上并没有统一的定义。绿色包装（Green Package）也称为"生态包装"（Ecological Package）或"环境友好的包装"（Environmental Friendly Package），是指完全以天然植物或有关矿物为原料制成的、能循环和再生利用、易于降解、可促进持续发展的且在产品的整个生命周期中对生态环境、人体和牲畜的健康无害的一种环保型包装。我国国家标准《绿色包装评价方法与准则》给出了"绿色包装"的定义，即"在包装产品全生命周期中，在满足包装功能要求的前提下，对人体健康和生态环境危害小、资源能源消耗少的包装"。简言之，绿色包装就是指包装产品从原材料选择、制造、使用至废弃的整个生命周期，均应符合生态环境保护的要求，是一种无公害的包装。

实行绿色包装具有节省资源和保护环境两个方面的意义。一方面，绿色包装以节约资源为目标，重视资源的再生利用；另一方面，绿色包装强调废弃物的最少量化，有利于保护生态环境。从环境学的角度看，绿色包装技术就是环境友好的包装技术；从生态学角度看，绿色包装就是生态包装；从生态经济学的角度看，绿色包装就是具有环境价值并利用现代科技的技术潜力的包装。因此，绿色包装是包装业可持续发展的有效途径。

二、绿色包装的内涵

绿色包装是一种理想包装，随着包装技术和环境保护理念的发展，绿色包装的内涵也将不断丰富和发展。对绿色包装内涵的理解可以从其目的、内容、成本效益等方面进行分析。

首先，从绿色包装的功能来分析，保护环境和节约资源是其中最重要的两个功能，而这两个功能的实现是靠 Reduce（减量化）、Reuse（再利用）、Recycle（再循环）和 Degradable（可降解），即绿色包装的 3R1D 原则。具体来说，Reduce 是指包装减量化，即在满足保护产品、方便流通、促进销售等功能的条件下，尽量减少包装材料的消耗量；Reuse 是指包装容器应该经过简单处理就能重复使用；Recycle 指包装材料应易于回收再循环，通过再生加工、焚烧利用热能或堆肥等方式达到综合再利用的目的；Degradable 是指最终无法被再利用的包装废弃物应该可以降解、腐化，不形成永久垃圾。

其次，从绿色包装的内容来看，20 世纪 90 年代中期，随着"零污染"概念的普及，国际标准化组织提出了"生命周期评价法"，并将其列为 ISO 14000 国际环保系列标准，这就奠定了"生命周期分析法"在评价包装产品环境性能方面的权威地位。因此，绿色包装的内涵也从包装废弃物的处理扩展到包装产品整个生命周期，即包装产品从原材料的选择、加工、制造、使用、直到回收和废弃处理的全过程，均不能对环境造成污染。显然，这时绿色包装的内涵更丰富了，不仅要求包装材料的绿色化，还要求包装生产过程的绿色化以及包装方式的可重用。

再次，从绿色包装的目的看，从追求包装废弃物对自然环境的污染最小化，发展到既要求包装消耗的资源最小化，又要求包装废弃物污染的最小化。因此，追求的是一种更广泛意义上的生态环境保护，即包装业的可持续发展。

最后，从成本效益方面来看，绿色包装考虑的是包装品生命周期的成本，既包括包装生产的内部成本，也包括环境代价即包装的外部成本。因此，绿色包装追求的是经济效益和环境效益的有机统一。

当然，绿色包装是一个动态的概念，随着生产技术的发展以及环保标准的不断提高，绿色包装的内涵也会随之发生改变。例如，传统观念认为一般塑料回收困难，需要非常长的时间（有的甚至几十年、上百年）才能降解，而纸包装物易回收，又能很快自然风化，融于自然。如果仅仅从最终包装废弃物的降解性能来考虑，显然纸包装方式更加环保。但是，随着材料科学技术的发展，各种既易于回收又能降解的新型塑料相继被开发。由于塑料包装的使用寿命更长，且更容易反复重用，比起纸包装的前期造纸产生的污染和对自然资源的消耗，这类塑料包装的环保性能更好。因此，随着科学技术的发展，新的绿色包装材料将层出不穷。

三、绿色包装产生的必然性

(一) 绿色包装是 WTO 及有关贸易协定的要求

在 WTO 一揽子协议中增加了《贸易与环境协定》，在区域一体化的多边贸易谈判中，环保问题始终是主题之一。一些国家的环保多边规范促使企业必须生产出符合环保要求的产品及包装。另外，随着环保浪潮的冲击，消费者对产品包装提出了越来越高的要求，他们要求新型包装应符合"3R1D"原则要求；越来越多的消费者倾向于选购对环境无害的产品。因此，采用绿色包装并有绿色标志的产品，在对外贸易中更易被接受。

(二) 绿色包装是应对新的贸易壁垒的重要途径之一

国际标准化组织就环境制定了相应的标准——ISO 14000，包括环境管理体系、环境审核认证、环境标志、寿命周期评定、环境行为评价、产品中环境标准6个子系统。这是一套严格严密的系统，将给全世界的绿色工程带来不可估量的推动作用，并成为国际贸易中重要的非关税壁垒、技术壁垒。

自 20 世纪 90 年代以来，发达国家在贸易中设置的绿色壁垒越来越多。例如，1993年5月欧盟推出了"欧洲环境标志"，进入欧盟的商品要取得该标志必须向各国申请，没有该标志的产品要进入欧盟国家将受到限制。欧盟关于包装的法规对所有包装的管理、设计、生产、流通、使用和消费等所有环节提出了相应要求和应达到的目的，技术内容涉及包装与环境、安全、能源和资源的利用等方面，规定了包装材料中有害重金属含量的最大值。这些包装法规不仅对欧洲的企业产生影响，促使企业产品的包装朝绿色化、可持续性方向发展，也给其他准备进入欧盟市场的企业设置了新的贸易壁垒。要应对这一新的贸易壁垒，企业必须实施绿色包装策略。

(三) 绿色包装是促进包装工业可持续发展的重要途径

可持续发展强调环境与经济的协调发展，要求经济的发展必须建立在生态环境可持续的能力之上。这就要求经济的发展必须走"少投入、多产出"的集约型模式。而实行绿色包装，正是为了改变传统的"高消耗、高投入、高污染、高消费"的粗放型包装生产方式，达到包装对资源的消耗量最少、包装生产过程中的能量消耗和污染物排放量最少、最终废弃物的总量最少的目的。因此，绿色包装是促进资源有效利用、环境协调发展和包装工业可持续发展的重要途径。

第二节 绿色包装材料

从包装对环境的影响来看,主要影响表现为:包装材料废弃后难以降解,从而对生态环境产生破坏,以及不合理的包装方式导致包装材料过量消耗。因此,绿色包装材料和绿色包装方式是实现绿色包装的两项重要内容。

一、绿色包装材料的内涵及标准

绿色材料(Green Materials,GM),又称环境协调的材料(Environmental Conscious Materials,ECM)或生态材料(Eco-materials),是指那些具有良好使用性能或功能,且对资源和能源消耗少,对生态环境污染小,有利于人类健康,再生利用率高或可降解循环利用,在制备、使用、废弃直至再生循环利用的整个过程中,都与环境协调的一大类材料。

绿色材料并不是单独的某一类材料,主要是以材料对环境的功能或贡献来命名的;既包括那些具有净化、修复环境功能的高新技术材料,也包括经过"环境化"改造的传统材料;当然,除了环境性能外,绿色材料同样还必需具备先进的使用性能。所以,绿色材料要具备以下3个特征。

(一)良好的环境协调性

这种协调性表现在两个方面:一是包装材料应具有较低的环境负荷值;二是包装材料应具有较高的可循环再生率。要想生产一种材料而不产生环境负荷,实际上是不可能的,只能寻求相对较低的环境负荷值。另外,材料作为一种资源如果能充分地循环再生,可以实现对资源的综合循环利用,其本身就是降低生态环境负荷值的一种表现。

(二)先进的包装性能

作为一种包装材料,如果不考虑其包装性能或功能,仅追求其与环境的协调,那么,这种材料对于包装工业而言是没有多大的存在价值的。所以,优良的包装性能和功能是绿色包装材料的基本要求,包括质量轻、防震、抗压以及在物流过程中能方便装卸搬运、储存、运输等性能。

(三)包装材料生命周期全过程的绿色化

材料生命周期全过程是指从原材料获取、材料制备、加工、使用、废弃直至再生循环的整个过程。绿色包装材料必须在整个生命周期都具有良好的环境特性,而不能只在某些阶段是环保的,而其他阶段又是污染严重的。例如,有些高分子材料在其制备过程中,环境污染相对较小,但在其废弃处理过程中的环境污染很严重;相反,纸制包装物废弃后回收、循环均较容易,但造纸过程中的环境污染严重,且消耗了很多不可再生之资源。所以,衡量一种包装材料的环境特性,应该从其全生命周期范围来评价。

总之,作为绿色包装材料,既要满足人类对材料基本包装性能的要求,也要体现人类对生态环境的关注。绿色包装材料的本质特性就在于其生命周期全过程具有较低的环境负荷值。

应该强调的是,随着科学技术的发展,衡量一种包装材料绿色性的标准也是变化的。在前面对绿色包装材料的含义分析中,认为绿色材料的环境负荷值应该相对较低,这是判断包装材料绿色性的标准。但是,这种标准是动态变化的。要判断一种包装材料是否属于绿色材料,一般是预先设定一个环境负荷值,再与该材料的环境负荷值进行比较,如果该材料的环境负荷值小于预先设定值,那么该材料就是绿色材料。这个设定值就是判断标准,该标准主要是参考国家标准或国际标准制定。随着科学技术的进步和人类环境意识的提高,环境污染标准也会不断提高,所以,判断标准也将越来越严、越来越高。因此,判断绿色材料的标准是动态变化的。

二、常用的绿色包装材料及其特点

一方面,随着绿色材料判断标准的变动,原来属于绿色材料的可能在新的标准下不属于绿色材料;另一方面,随着材料科学技术的发展,传统的非绿色包装材料,也可能变成性能优异的环保型材料。这两方面的变化说明,绿色包装材料是不断发展、不断变化的。

现代包装的4大支柱性材料是纸、塑料、金属和玻璃。其中,金属、玻璃和纸包装材料的回收再循环比较简单,对环境的污染程度较小;而一般塑料包装材料对环境的污染大、综合利用较复杂。但是,塑料由于其质轻、加工容易、节能等特点,已成为包装材料的首选材料,尤其是随着材料科学与技术的发展,新的可降解塑料不断被研发出来,极大改善了塑料包装材料的回收再循环问题,塑料在包装材料中的应用更加重要。

下面介绍几种绿色包装材料及其特点。

(一) 可降解塑料包装材料

可降解塑料被列为继金属材料、无机材料和高分子材料之后的"第四种新材料",

是一种包装性能和环境性能俱佳的包装材料,现已广泛应用于食品包装、周转箱、杂货箱、工具包装及部分机电产品的外包装箱。可降解塑料包装材料既具有传统塑料的功能和特性,又可通过微生物、大型生物或阳光中紫外线的作用,在自然界中被分解和还原,最终以无毒形式重新进入生态环境中。

根据降解方式的不同,可降解塑料可分为如图6-1所示的几种类型。

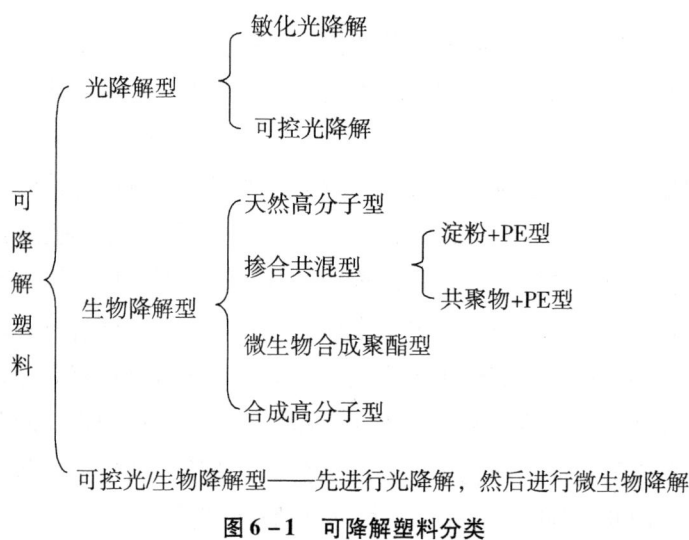

图6-1 可降解塑料分类

使用可降解塑料是解决包装污染问题的有效途径,但该材料也存在一些问题,例如,可降解塑料的价格较高,是普通塑料的3~10倍,难以推广;在包装性能上不能完全满足太高的包装要求;有时降解的速度太快或太慢,不易控制。

许多国家通过一些强制性的法规或手段限制普通塑料的使用,推广可降解塑料的使用。美国的许多州规定,饮料容器、食品包装材料、一次性餐具、购物袋等塑料制品必须使用可降解塑料;意大利采取对非降解塑料加重税收的方法来限制其使用。

(二)纸包装材料

从回收、再循环的角度看,纸包装材料是一种很好的绿色材料。但是,一般的造纸过程产生的环境污染大,且普通的纸包装在耐火、防湿、防潮方面性能差。随着材料科学的发展,出现了一些新的功能性纸包装材料。主要包括如下几种类型。

(1)防腐纸:掺入方晶石和活性炭制造的纸张,可以用于制造运输鲜花的瓦楞纸箱,它能吸收导致鲜花腐败的硫化氢。

(2)防菌纸:在制造天然纸浆时注入无菌气体,能防止细菌的侵入,可用于医疗器具的包装。

（3）防氧化纸：采用弱碱打浆制造的纸张，能保护字画和书籍在酸性环境中不受侵蚀。

（4）防湿纸：浸涂过蜡的纸张，可以提高防湿性能，可以用于制作防雨袋。

（5）耐热纸：纸浆经过特殊处理，具有耐热性和吸收水蒸气性能，可用作微波食品的包装盒。

（6）耐火纸：由氢氧化铝和天然纸浆混合，或用磷酸化纸浆和玻璃纤维混合制成，耐燃性好。

（7）耐酸纸：采用特殊纸浆与添加剂混合制成纸，具有优秀的遮光性、耐酸性。

（8）耐油纸：纸板里层经过耐油脂性处理以后可防止油的浸透，纸板表面经过一般涂料处理可以印刷图案，主要用于油脂性食品的包装。

（9）耐水纸：100%的天然纸浆中渗入乳胶树脂制成，具有耐水、耐折、耐摩擦特性。

（10）保鲜纸：天然纸浆经过处理后与具有吸收性的树脂混合制造而成，适用于保鲜包装。

纸包装的主要问题是造纸阶段环境污染较严重，且造纸要消耗大量资源，尤其是森林资源。因此，应该大力提倡采用芦苇、竹子、甘蔗、棉秆、麦秸等替代木材造纸，以及使用再生纸制品。在发达国家，再生纸在杂志出版业的使用率达100%，在包装业的使用率达到80%，只有一些特殊用纸（如纸尿布、食品包装纸等）才使用木材造纸。

（三）可食性包装材料

可食性包装材料主要有淀粉、蛋白质、植物纤维和其他天然物质。它可以食用，对人体无害，适用于食品、药品等物品的包装。如美国农业研究局的科研人员，研制出利用大豆蛋白质、添加酶和其他处理剂压制而成的半透明可食性薄膜，用于包装煮熟的食品。

（四）利用自然资源开发的天然生物包装材料

天然生物包装材料主要有纸、木材、竹编材料、木屑、麻类棉织品、柳条、芦苇以及农作物茎秆、稻草、麦秸秆等，它们在自然环境中都很容易分解、不会污染生态环境；而且都属于可再生资源，成本较低。例如，我国竹资源丰富，以竹代木作为包装材料，也是绿色包装材料的一个发展方向。

第三节　绿色物流包装方式

绿色包装材料强调包装物废弃后的环境友好性，但不能减少包装对资源的消耗。通过包装方式的绿色化，可提高包装材料的重复利用率，从而降低资源消耗。

一、绿色物流包装的重要性

物流包装也称运输包装，其主要功能是保护物流活动中的物品、促进物流效率的提高。物流包装的绿色化除了使用绿色材料外，还要考虑包装方式的绿色化。

与商业包装相比，物流包装不仅消耗大量的资源，而且废弃后的处理更困难。物流包装容器（如托盘、储存罐等）的包装材料使用量在每年全球所用的总量中占了很大的比重。目前，木材仍然是最常用的托盘材料，因此，大量的托盘必然要消耗大量的木材资源。再如，美国每年有价值 150 亿美元的波纹纤维板被销售，用于生产物流包装容器，这些材料产生的固体废弃物预计超过 2.4 亿吨。

物流包装容器废弃后如何处理是许多国家头痛的问题。由于物流包装容器一般都具有较大的外形尺寸，如果填埋需要占用很多的土地，则会对环境产生较大影响。因此，托盘在很多国家都属于禁止填埋处理的产品。如果进行焚烧处理，则还要收取高额的处理费用。

鉴于物流包装容器废弃处理的困难，以及包装消耗了大量不可再生资源，许多国家通过法律和经济手段联合来解决物流包装废弃物问题。例如，德国包装法规的一个主要目的就是解决物流包装的回收问题，该法令规定，包装容器生产商必须回收所有与产品相关的物流包装，必须对物流包装进行重复使用或再循环利用，所有的物流包装都应该进行编号并回收。物流包装容器购买费用的上升和处理费用的愈加昂贵，也促使越来越多的企业主动考虑采用可重复使用的物流包装。

二、物流包装方式

常见的物流包装方式主要有如下 4 种。

（一）包装袋

包装袋是一种重要的柔性包装方式，由具有较高韧性、抗拉强度和耐磨性的挠性材料制成，广泛用于运输包装、商业包装等场合。根据装载量的不同，又可分为集装袋和一般运输包装袋。

集装袋的盛装重量在 1 吨以上，顶部一般装有金属吊架或吊环等，袋底有卸货孔，因而，装卸搬运非常方便，使得作业效率高，适于装运颗粒状、粉状的货物。集装袋一般用聚丙烯、聚乙烯等聚酯纤维纺织而成。

一般运输包装袋的盛装重量是 0.5 千克~100 千克，一般由植物纤维或合成树脂纤维纺织而成，如麻袋、草袋、水泥袋等，主要包装粉状、粒状和体积小的货物。

（二）包装箱

包装箱是一种重要的刚性包装方式，材料为刚性或半刚性材料，有较高强度，不易变形。包装箱整体强度较高，抗变形能力强，包装量较大，适合作为运输包装、外包装。

根据材质的不同，包装箱可细分为以下几种类型。

(1) 瓦楞纸箱。用瓦楞纸板制成，其外形结构可分为折叠式、固定式和异形瓦楞纸箱 3 种；按构成材料来分，又可分为瓦楞纸箱和钙塑瓦楞箱。

(2) 木箱。木箱是用途广泛的物流包装容器，主要有木板箱、框板箱、框架箱三种。

(3) 塑料箱。一般用作小型运输包装容器，塑料箱的自重轻、耐蚀性好、可装载多种商品，能反复使用，还可制成多种色彩以便对装载物分类，手握搬运方便。

(4) 集装箱。由钢材或铝材制成的大容积物流装运设备，属于一种大型运输包装箱，也是一种大型的可反复使用的周转型包装。

（三）包装瓶

包装瓶是一种瓶颈尺寸有较大差别的小型的刚性包装容器，具有较高的抗变形能力，刚性、韧性也较高。包装量一般不大，主要做商业包装、内包装使用，主要包装液体、粉状货物。

（四）包装罐

包装罐是一种强度较高的刚性包装，罐身各处横截面形状大致相同。包装操作过程是先装填，然后将罐口封闭。包装罐可作为运输包装、外包装，也可做商业包装、内包装用。根据包装罐的容积大小，可分为小型、中型包装罐和集装罐，前者用于销售包装，后两者用于运输包装，适合包装液状、粉状及颗粒状货物。

三、物流包装方式的绿色化

绿色包装的主要目的就是提高包装材料的重复利用率、降低资源消耗。因此，除了研制可回收、可降解的绿色包装材料，设计可直接重复使用的包装方式对于降低资源消耗、降低回收处理成本具有更大的价值。这就是绿色物流包装方式。

绿色物流包装方式必须满足3个方面的原则要求：一是包装材料的绿色性；二是包装产品生产环节的绿色性；三是包装材料消耗的最少量化。

要减少物流包装材料的消耗，可以采用下面的两条途径：一是可重复使用的包装方式；二是集合包装方式。下面分别进行介绍。

（一）可重复使用的包装方式

影响物流包装容器重复使用的关键问题在于：因包装容器结构和形状，导致收集、储存和运输费用过高，增加了重复使用的成本。一般的物流包装容器具有较大的外形，占用空间大，不易保存和运输。因此，要使包装容器重复使用方便、成本低，就必须解决包装容器的储存和运输问题。

可重复使用的物流包装容器可以有各种不同的形式、不同的尺寸规格，可以用不同的材料制成，但主要是塑料、木材或金属替代品。其中，塑料质量最轻、价格最低，可以制作成刚性的或活动式的包装箱；木制包装容器耐用性好、承载大，但是调运不方便、价格高、运输成本高；金属材料一般用来制作带轮子的网状的箱子。

另外，物流包装容器必须要具有一定的承载能力，因此，包装方式的可折叠性不能影响到包装容器的承载能力。使包装容器可折叠、可拆卸的方法是在适当的地方采用活动的联结方式。下面介绍两种便于重复使用的物流包装容器结构。

1. 塑料制的物流包装容器

塑料是广泛使用的物流包装材料。可重复使用的塑料包装容器有刚性和活动式两种类型。通过将4个侧面设计成具有一定角度的形式，使包装容器能套放在一起，节约储存空间和运输空间，降低重复利用的成本。刚性塑料容器又分为带盖与无盖两种。

2. 铰链联结的木制散货包装容器

这种包装箱的底部是按照托盘的尺寸规格和要求而设计的，便于叉车直接操作，不需要额外的托盘。该结构的最大特点是：它的4个侧面是可以拆卸的，与顶部和底部分离，箱子的四边通过铰链联结起来，以保证承载能力的要求。

图6-2是此种包装容器拆卸折叠过程示意，当侧面拆离顶部和底部后，可以折叠成平板状，方便储存和运输。再次使用时，只需按照图中的拆卸、折叠顺序，逆序组装即可。

另外，金属制的网箱也可采用这种结构，它们可用于包装散货、小件杂货。

（二）集合包装方式

集合包装是将一定数量的包装件或产品，装入具有一定规格、强度和能长期周转

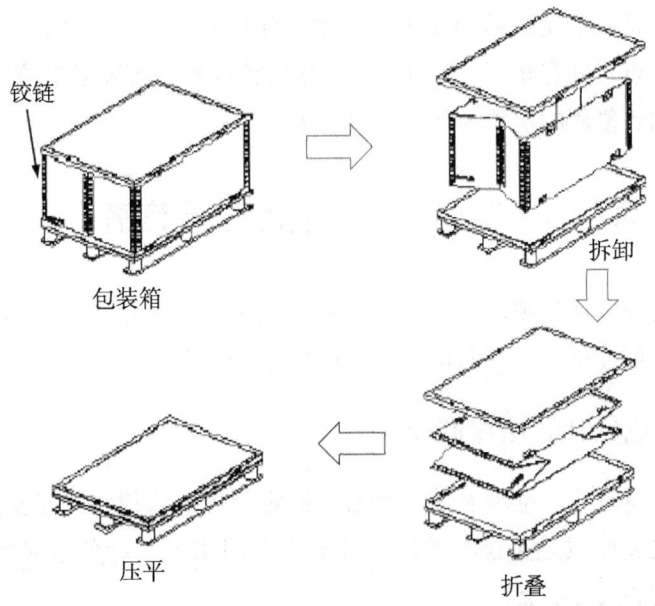

图6-2 包装容器的拆卸折叠过程

使用的更大包装容器内,形成一个合适的搬运单元的包装。集合包装不仅有利于产品装卸作业和运输作业的机械化,从而提高物流效率和物流过程中的安全性;更重要的,集合包装容器可以反复周转使用,可以降低原产品内包装的用料标准、简化包装操作。因此,集合包装能节约包装材料,降低包装成本。另外,集合包装还能促进物流包装的标准化和规格化。

集合包装的方式较多,例如,集装箱、集装袋、托盘集装、无托盘集装、框架集装等。现代集装箱主要是用钢板、铝合金、玻璃钢制成的大型长方体容器,具有载量大的特点。它也是一种安全的运输设备,尤其适用于多式联运;集装箱运输需要专门的码头设施和装运工具,所以,虽然集装箱可以重复使用,但所需要的投资很大。

托盘包装也是一种常用的集合包装,即将包装件或货物堆码在托盘上,再通过捆扎、胶粘等方法加以固定,形成一个搬运单位,以便机械化作业。托盘既起搬运工具的作用,又起集合包装容器之功能,是国内外运输包装普遍采用的一种工具。托盘按材质划分,有木制托盘、金属托盘、塑料托盘。塑料托盘与木托盘相比,具有寿命长、可靠性高、卫生等优点,而且可以全部回收并重新利用,既减少了垃圾产生量和处理费用,还防止了每年成千上万亩森林的损失,是一种首选的绿色包装方式。欧美等国已通过相关法令,以推动塑料托盘在更多行业的广泛使用。

集装袋集合包装是一种新型的包装方式,集装袋是一种柔软、可折曲、可周转的大型包装运输容器,由可折叠的涂胶布、树脂加工布、塑料或化纤材料制成;具有结构简单、成本低、便于周转和回收复用等特点,适合于粉、粒状货物的包装。如英国的杂货搬运集装袋，是由尼龙纤维编织再加上塑料涂层制成，具有防雨、防水、拉力强、柔软可折叠的特点，其容量可装载 1~2 吨粉粒状货物。集装袋空袋回收体积小，可以洗涤，周转和回收复用的次数最高可达数十次。

第四节 实施绿色包装的宏观策略

绿色包装虽然是顺应环保要求而产生的，但无法完全依靠市场机制自发实现，需要政府从法律法规、标准化、科技创新扶持等方面制定对策。

一、加强对绿色包装的法律调控

从发达国家绿色包装的产生和发展历程看，制定严厉的法律法规是实施绿色包装的必要前提。下面先简要概述美国、德国、日本 3 个国家关于绿色包装的立法情况，然后再归纳绿色包装的法规要点。

美国从 20 世纪 60 年代开始就注重通过法律法规强制进行包装废弃物的回收。1988 年，美国有 21 个州颁布了共计 2332 条法令，限制和禁止使用某些塑料包装制品。另外，许多州通过立法明确了包装废弃物的回收目标。例如，佛罗里达州政府积极推行《废弃物处理预收费法》，并规定只要达到一定的回收再利用率即可申请免除包装废弃物税收。这些法规的颁布实施，使美国在包装容器回收再利用方面取得了显著成效，包装容器回收率大大提高。

德国在 1991 年颁布了《包装废弃物处理》法令，并每隔几年就对该法令进行修订。该法令逐步规范了包装容器的生产商、分销商和使用者对包装容器回收再利用的义务和市场机制。该法令规定，对于以商业目的将包装物（包括填充物）带入德国市场的生产企业和销售企业，要么企业自己负责回收处理所使用的包装，要么交由专门的回收机构进行回收处理，在一个专门的回收系统注册，并支付包装物回收处理费用，从而减轻政府的负担。修订的法令还制定了包装材料总体再利用率目标值以及不同包装材料的再利用率目标值。此外，政府对使用难降解塑料包装的企业要额外征收环境税。《包装废弃物处理》法令实施的目标是尽量减少不必要的包装，减少包装材料的消耗量，提高包装容器重复使用率，减少最终包装废弃物的直接填埋量。很显然，该法令推广实施的先决条件是，建立一个面向全社会的、完善的包装收集系统和具有足够处理能力的再循环机制。自实施该法令以来，德国的包装材料消耗量逐年减少，约 80% 的商品不再采用展示包装，一次性包装大大减少，各种包装材料的回收率明显提高。

日本从 20 世纪 90 年代初期开始陆续颁布实施了《能源保护和回收促进法》《建立

循环型社会基本法》等一系列促进包装回收再利用的法律法规。这些法律法规强调了包装容器源头生产企业必须生产可回收再利用的包装容器，明确规定了包装容器生产商和使用商承担的回收和再利用的义务。这些法律法规基于"污染者付费"原则，规定消费者有责任对包装废弃物进行分类，市政府负责收集已分类的包装废弃物，企业获政府授权后对包装废弃物进行再处理。

我国包装行业规模庞大，包装废弃物对环境产生的压力也越来越大，为促进包装行业可持续发展，国家相关部门制定了一系列与包装绿色化相关的政策条例。尤其是针对快递包装的环境问题，政府部门颁布了多个条例或指南，例如《快递暂行条例》《快递业绿色包装指南（试行）》，制定了快递行业绿色包装标准化、减量化和可循环的工作目标，对包装材料、缓冲物、包装规格、回收再利用等方面提出了要求。

综上所述，完善的法律法规是促进包装绿色化发展的必要条件和保障。根据绿色包装的目标和内涵，促进绿色包装实施的法律法规应涵盖如下3个方面的内容。

（1）对非绿色包装材料的使用限制。一方面制定法律法规，禁止企业使用一些有毒有害或难降解的包装材料；另一方面通过税收政策鼓励企业使用再生资源，如对不可降解的包装材料征收较高的赋税，对使用回收再生资源的企业给予减、免税的优惠政策支持。

（2）设定包装容器重复利用率和回收率的目标值。通过设立回收率的最低目标，强制企业进行包装容器的多次重复使用和再循环。目标值的确定还应该随着科学技术的进步和环境要求的提高而不断地修正。

（3）明确规定包装材料和包装容器的生产者、销售者和使用者对包装物回收处理的责任和义务。明确上述各主体对包装废弃物的分类、收集、循环处理方面的义务和职责，制定收费基本原则，明确行业管理组织的职能。

二、推进物流包装的标准化

物流过程中，仓储、搬运作业的对象往往是一个包装单元或一个包装集合体。产品包装标准与物流设施标准之间缺乏有效的衔接，已影响到物流系统的效率和水平。因此，物流包装的标准化既有利于物流各环节的衔接和作业效率的提高，还便于包装容器的多次重复使用，减少资源浪费，因此，有利于绿色包装的发展。

日本通产省等政府部门制定了《包装新指引》，给出了关于包装的系列建议，对包装容器的设计和使用、包装废弃物处理方法、废弃物减少措施、再循环策略、包装标准等进行了规定。例如，尽量缩小包装容器的体积，容器内的空位不应超过容器体积的20%，包装成本不应超过产品售价的15%等。美国30多个州联合起来实行环境标志制度，在塑料制品、包装容器上使用"绿色标志"或"再生标志"。凡拥有此标志的包装容器，便是可回收和重复使用的。另外，德国、加拿大、澳大利亚等国也先后制定了包装环境标志认证标准。

2019年，国家市场监督管理总局发布了推荐性国家标准《绿色包装评价方法与准则》，针对绿色包装产品低碳、节能、环保、安全的要求，规定了绿色包装的评价准则、评价方法以及评价报告内容和格式。国家标准从资源属性、能源属性、环境属性和产品属性4个方面规定了绿色包装等级评定的关键技术要求；给出了基准分值的设置原则：对重复使用、实际回收利用率、降解性能等重点指标赋予较高分值。

物流包装标准化的范围很广，涉及的内容很多。仅仅从绿色包装的目的来看，应该包括如下几个方面。

1）绿色包装材料标准及其性能标准的制定

包装材料的绿色标准应该从材料本身的制备过程、材料在使用过程中的环境影响、材料被废弃后的可降解性能和可循环性能等方面全面考虑。

2）包装容器结构及基础尺寸规格的标准化，即包装模数化

容器结构和包装模数标准确定以后，各种进入流通领域的产品就必须按模数规定的尺寸进行包装。模数化包装有利于小包装的集合，以及利用集装箱及托盘装箱、装盘。如果包装模数能与仓储设施、运输设施尺寸模数协调、统一，将有利于仓储、装卸、运输等物流环节的协调和作业效率的提高，从而实现物流系统的合理化。另外，包装容器的标准化和系列化还有利于包装容器在更大的范围内的重复使用。因而，可以促进包装物重复利用率和回收循环率的提高，从而降低包装对资源的消耗、降低生产成本和废弃物处理费用。

3）制定包装产品生产过程中的环境标准

作为绿色包装，包装物的生产过程必须也是对环境无害的，应该按照清洁生产的技术标准和环境标准来制定。

4）制定绿色包装认证标准

参照国际惯例，建立健全我国的环境标志制度，高起点开展绿色包装认证工作，从包装材料、包装物回收机制、循环利用率、生产过程环保性等方面，制定环境认证标准，推行绿色包装环境标志。

三、加强绿色包装技术创新研究

绿色包装是一项系统工程，除政策、法规等宏观条件的支持外，更依赖于绿色包装技术的不断创新和不断进步，因此，加强对绿色包装材料及包装技术的创新研究，是有效实施绿色包装的重要保证。

绿色包装技术创新研究包括以下几个方面。

(一) 新的绿色包装材料的研究

真正意义上的绿色材料，不能仅体现在废弃后容易处理这一方面，还应该包括材料自身生产过程的无毒无污染、可回收重用、可再生、易于降解。以有机酸、糖类、纤维素及变性淀粉等物质为主要原料研制开发的生物降解塑料，废弃后可被微生物分解，避免了包装废弃物对环境的污染，是研制绿色包装材料的一种有效途径。例如，美国的 Biocope 公司研制出由谷物合成的塑料——PLA（聚乳酸）聚合物材料，其物理性能与石油合成的塑料相当，但却能被完全降解。美国研究人员还开发出一种低成本、环保型的快餐包装材料，这种新型材料以小麦秸秆和麦粒为原料，制成的包装盒可被完全降解，且保温性能更好。日本自 1995 年开始禁止使用不可再循环的塑料包装材料以来，就非常重视研究新的可降解包装材料。例如，Cargill Dow（卡吉尔·道）公司研制出一种基于可再生资源（如玉米）的新聚合物 Nature Works PLA（自然工程聚乳酸），用于生产塑料包装，并被索尼公司用于制作磁盘包装。针对可降解塑料价格高的情况，日本静冈县富士工业技术中心成功推出了一种由纸与可降解塑料合成的新的包装材料，既降低了包装材料成本，还保证了可降解性。

(二) 绿色包装方式和包装结构的研究

重点是研究易于回收、易于直接多次重用的包装方式和结构，减少包装材料消耗；其次是研究零度包装、简明包装及可拆卸包装的结构优化问题。如采用标准化的集装卸、运输和包装功能于一体的包装方式，不仅可以大大节省包装材料，还可减少工作量、提高包装运输质量。例如，华为公司对其产品的物流包装开展了一系列减量化设计，以减少产品运输过程中的碳排放。公司用复用物料转运过程中的中箱来作为产品发货纸箱，并对中箱材质进行了改善，在满足产品装配要求的前提下，对纸箱进行了减重设计，单个中箱减重 10%，每年预计可减少 994 吨二氧化碳排放。

(三) 包装废弃物回收和再处理技术研究

包括研究包装废弃物的回收体系、废弃物再资源化技术、废弃物综合利用技术和最终废弃处理技术等。通过先进的技术，从传统的"垃圾"中提取再生资源，提高对包装废弃物的再生利用率，减少最终废弃物的处理量。

四、绿色消费者的支持

通过宣传、教育和激励手段，提高消费者的绿色环保意识，发展绿色消费者，能促进绿色包装的发展。

1）消费者对再生资源制品的支持

绿色包装影响着人们的消费习惯，而消费者对再生资源制品的认可程度也影响着绿色包装的普及程度。例如，环保意识强的消费者更愿意选择用再生纸板制作的包装，以及通过绿色包装认证的产品包装。他们认为，购买100%再生纸板包装的产品是"为环保做贡献"。

2）鼓励垃圾分装

消费者进行垃圾分装，有利于全社会范围的垃圾分类回收，进而提高废弃物再资源化处理效率。20世纪90年代，垃圾分装在德国已经十分普及，家家户户都用不同的塑料袋对不同类的垃圾进行包装。例如，绿色袋子装玻璃瓶、蓝色袋子装废纸，黄色袋子装铝制品和塑料，褐色袋子装果蔬垃圾，等等。大街上不同颜色的垃圾桶很多，市民将不同种类的废弃物分别投入标有不同文字或不同颜色的桶中。通过垃圾分类回收，使包装废弃物回收率达80%以上，显著提高了包装材料回收再利用率。

总之，实施绿色包装是一项涉及面广的系统工程，除在法律法规、标准化、科技创新三个方面寻求发展对策外，还应该加强对绿色包装的宣传教育，获得更多的绿色消费者的支持。

 案例　夏普公司的绿色包装策略

夏普（SHARP）公司（以下简称"公司"）的"Super Green Initiatives"在行动计划中建立了一个环境可持续性的管理框架，制订了从产品设计、制造到物流各阶段的绿色行动计划。其中，绿色物流行动包括绿色包装和绿色运输。公司从包装材料的选择和包装容器设计两方面推进绿色物流包装。

一、选择绿色包装材料

（一）包装材料的再生设计

公司观察发现，对于家用电器类商品，大多数的垃圾一般都来自包装箱里的减震物。公司最初使用的也是普通的塑料减震材料，这类塑料的降解过程需要很长的时间，因而对环境的影响较大。现在，公司已经开发出用纸板制作的缓冲材料，取代了普通塑料，使得纸板更容易再生，废弃后对环境的影响较低。夏普公司生产的液晶电视，除了型号特别大的，几乎全部都是使用纸板减震材料。

(二) 包装材料的重复使用性能

夏普公司投入了大量精力改进进口和出口的包装物。公司将可反复使用的安全气袋作为包装袋的减震衬垫,这一做法取得很好的效果,使日本的聚苯乙烯消耗量每月降低了 216 立方米。另外,夏普公司还积极采取措施,降低运输包装废弃物的产生,例如,在海运一些体积较小的产品时,采用可以反复使用的包装材料;对于那些木制的包装物,一般是经修复后重复使用。

(三) 包装材料的环境标识认证

公司积极响应日本政府的"促进资源有效利用"的政策法规,它的所有产品包装均采用经过环保认证的包装材料,材料上都贴上了相应的环保标识,例如,图 6-3 是包装容器和包装材料可循环利用标识,图 6-4 是波纹状纸板再生循环标识。

图 6-3　包装容器和包装材料可循环利用标识　　图 6-4　波纹状纸板再生循环标识

二、设计易于重复使用的包装箱

当家庭成员希望收藏包装箱以便下次重新使用时,一般必须将包装物分割成更小的部分,或者折叠起来。基于此点,公司设计了一种特殊结构的纸箱,这种纸箱用来包装音频产品,它可以轻松地折叠成体积较小、便于处理的形状。在收藏的过程中,纸箱不需要用绳子或带子捆绑,而是靠自身结构实现固定,所以下次再使用时就非常容易。

图 6-5 为可折叠式包装箱的折叠过程示意。当包装箱完成一次使命后,可按图中的操作顺序,折叠成体积较小的、便于收藏和运输的块状。箱子是靠自身结构锁死、定形的,不需要用绳子或带子捆绑,所以下次再使用时非常容易。

【问题讨论】
1. 夏普公司实施绿色包装的主要途径是什么?
2. 从夏普公司的实践分析,设计可重复使用的包装容器的关键点是什么?

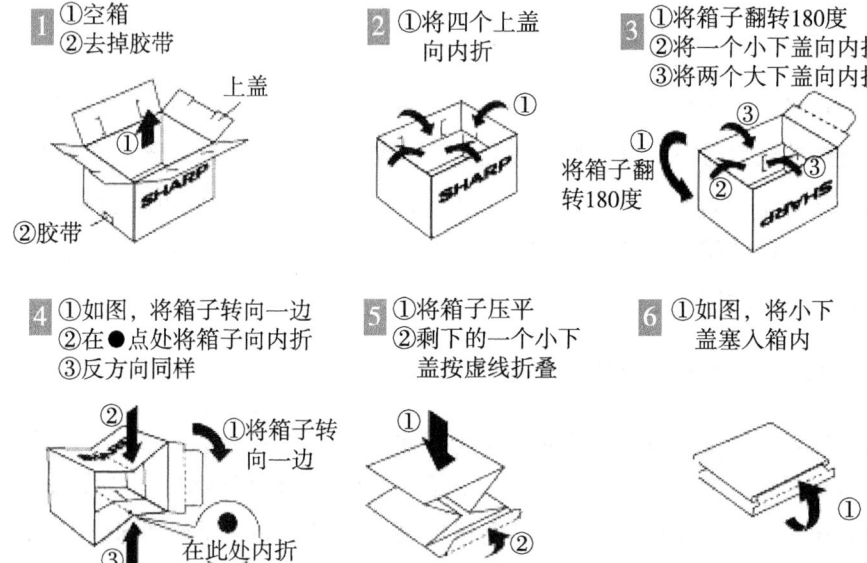

图6-5 可折叠式包装箱的折叠过程示意

思考题

一、名词解释

绿色包装；3R1D 原则；绿色包装材料

二、判断题

1. 废纸易于降解，因此，纸制品包装比塑料包装更环保。　　　　　　（　　）
2. 绿色包装的最主要目标是包装废弃物的无害化。　　　　　　　　　（　　）
3. 绿色包装的动态性说明绿色包装的标准是随时间而变化的。　　　　（　　）
4. 能降解的材料就是绿色包装材料。　　　　　　　　　　　　　　　（　　）

三、简答题

1. 绿色包装的主要目的是什么？
2. 绿色包装材料必须符合哪三项基本要求？
3. 绿色包装材料的本质特性是什么？
4. 减少包装材料消耗的两条主要途径是什么？
5. 如何理解绿色包装的动态性？
6. 绿色包装方式的三个基本要求是什么？
7. 影响物流包装容器重复使用的关键点是什么？

8. 包装材料生命周期全过程的绿色化包括哪几个过程?

 **实训项目**

1. 调研某企业产品包装实际情况,讨论企业在包装绿色化方面所采取的措施及所取得的成效?并提出你的改进建议。

2. 收集、阅读我国关于绿色包装的法律、法规及相关条例。讨论这些法律、法规及条例对推动绿色包装发展的作用。

第七章　绿色物流运输

引导案例　夏普公司的运输绿色化实践

日本夏普公司（SHARP）遵照日本政府《节约能源法》中"托运人每年降低能源消耗量不低于1%"的规定，一直致力于降低与物流运输相关的环境影响和成本。下面介绍该公司实施绿色物流运输的主要策略和措施。

一、向海运和铁路运输模式的转移

与公路运输相比，铁路运输和水路运输具有更好的环境效果。因此，公司采取积极的措施，稳步地实施向绿色运输模式的转型，从使用传统的货车运输转为更环保的运输方式，如海运（日本国内沿海贸易船只）和铁路运输（日本铁路集装箱），尤其是长距离的货物运输，尽量用铁路运输取代公路运输。

将货物运输从公路运输转为铁路集装箱运输，明显减少了公路运输量，这对环境的改善效果是非常明显的。铁路集装箱运输量的增加与二氧化碳排放量的减少之间具有密切关系，加大铁路集装箱运输量，能显著减少二氧化碳的排放量（碳排放的削减量越来越大）。

为加快向铁路运输方式的转移，增加铁路集装箱运输量，公司进行了运输设备改造，将普遍使用的5吨型集装箱改装成10吨型集装箱，以此提高物流运输效率。另外，公司也采用海运与铁路运输相结合的多式联运方式，即将20英尺（1英尺≈0.305米）和40英尺的集装箱从海外用海运方式运到日本后，再采用铁路运输。

二、使用低污染的车辆

在物流中心，公司使用电动叉车完成搬运装卸作业。用电力代替燃料驱动叉车，不仅能减少二氧化碳的排放量，而且能够降低功率消耗，因为电动叉车即使是在功率较低时也能正常工作。早在2002年，公司就已经淘汰了98%的燃料驱动叉车。

另外，日本政府也在不断地加大对卡车货运的法规限制。例如，通过颁布法令，控制车辆对氮氧化物的排放，限制排放该类物质的车辆上路行驶，限制车速，等等。随着这些法规条例的执行，公司不断寻求使用更低污染的货车，如使用天然气驱动的货车或混合动力驱动的货车。

三、降低总运输量

为了减轻公路运输对环境造成的负担，公司采取了一些措施来提高物流效率，降低货车的总运输量。主要措施如下。

（1）提高货车装载率，尽量满载行驶，以减少货车出行数量或次数；

（2）提高制造厂的直接装运量，减少中间转运的次数和运输量；

（3）规划海运线路时，选择距离产品需求地较近的港口进行货物装卸，减少港口到配送中心之间的公路运输距离；

（4）为降低国际物流运输的环境影响，公司会优先选择离海外工厂更近的当地供应商。

在 2018 财年，夏普公司因国际运输而产生的温室气体排放量为 15.7 吨，较上一财年减少了 16%。

四、消除发动机空转等待

货车在物流中心、仓库等设施处等待装卸作业的时候，一般都是让发动机继续转动。发动机空转等待时排出的一氧化碳、铅化合物等废气量是正常行驶时的若干倍。因此，发动机空转等待既消耗能量，又严重污染空气。公司非常重视这一问题，通过在货车上粘贴一些标语和海报，并对驾驶员进行环境保护知识宣传，鼓励司机们在等待装卸作业时，关掉汽车发动机引擎。通过这种方式，公司几乎完全消除了发动机空转的现象。

案例解析

物流各环节中，运输环节的能耗高、排放严重，包括尾气排放、噪声排放等。在几种基本的运输方式中，公路运输的能耗和排放量是最高的。因此，物流运输绿色化的关键是降低公路运输在运输总量中的比例，降低公路运输过程中的污染排放量。

通过该案例可以看出，夏普公司为降低运输对环境的影响，在运输模式、运输设备、运输系统优化、驾驶员管理 4 个方面采取了相应的措施。可见，实施物流运输的绿色化是一项复杂的系统工程，不仅涵盖了战略层、战术层和日常运作层的一系列策略和方法，还包括了对人与车辆实施一体化的管理。本章在分析比较各运输模式可持续性的基础上，讨论物流运输绿色化的方法和策略。

第一节 可持续发展的运输模式

现代交通运输的发展对人类社会及经济发展的作用是十分巨大的,但运输的发展也对自然环境产生了负面影响。运输的发展及其造成的环境影响是所有国家面临的共性问题。运输是发展的关键,没有通向资源地和消费市场的便利的运输设施,经济增长就会停滞,消除贫困的目标也将难以实现。但是不合理的运输规划会加剧环境污染,影响人们的生活质量,造成资源和能源的日益紧张,从长远看,也会影响经济的可持续发展。为此,需要从可持续发展的战略高度制定运输发展战略和运营管理策略,通过一系列政策性手段来减少运输对环境造成的影响。

一、可持续发展对运输的基本要求

从可持续发展的要求看,节约能源和资源、降低各种污染、保护自然生态环境,这3点是运输可持续发展应该遵循的原则和要求。

(一) 可持续发展对运输基础设施的要求

运输需求是人们为了满足其他本源需求而派生的一种需求。离开社会经济的需求,交通运输的发展是毫无意义的。因此,运输的可持续发展必须紧紧围绕社会经济可持续发展的总体目标进行。

对于经济水平相对落后的发展中国家,交通运输还是制约社会经济发展的因素。因此,建立满足可持续发展的交通网络和基础设施,对发展中国家来说是十分重要的。为此,必须加强运输基础设施建设,满足社会经济发展的需要;同时,要使运输能力的增长与经济社会的运输需求相匹配,使运输网络的布局适应工农业生产以及人口分布的需要。

在规划交通运输基础设施时,应重视道路、铁路的建设对生态环境和社会环境带来的影响。例如,过江隧道的修建要考虑是否会对鱼类的产卵、繁殖和生存造成影响,尤其是那些稀有的鱼类;陆上公路或铁路的修建要考虑是否会影响动物的安全迁徙。因此,建议对运输设施进行多方面的考虑和评估,如果没有可替代的方案,就需要采取相应的补救措施。

另外,在建设新的运输网络的同时,更应对已有的运输设施进行改造,避免对土地资源的过度消耗。对于铁路、公路、水路、航空、管道5种运输方式,更要合理配置,充分发挥各方式的优势,保持协调配合,将各种运输方式优化组合起来,避免重复建设,以节约运力、提高整体综合能力。

（二）可持续发展对运输工具的基本要求

运输工具既是客货运输的载体，又是能源的直接消耗者和环境污染的直接产生者。可持续发展对运输工具的基本要求应该是，既能以足够的能力和多样性的服务满足各种数量和质量的运输需求，又能适应社会对降低能耗和减少环境污染的发展要求。

1. 低能耗及能源多样性要求

目前的运输工具大多以石油制品作为动力，其年消耗量占全球石油产量的50%以上。因此，要求运输工具一方面能降低能源消耗，提高单位燃料所能行驶的公里数；另一方面要减轻运输工具对石油资源的依赖，积极开发和推广使用以其他能源为动力的运输车辆，如电动汽车、电力机车、太阳能汽车以及使用其他替代燃料（如乙醇、压缩天然气、氢气等）的运输工具。

2. 车辆行驶中的清洁性要求

运输工具的环境问题主要是由于运输工具在使用过程中燃料燃烧排放废气而产生的。要实行清洁运输，一方面，要尽量使用以清洁燃料为动力的运输工具；另一方面，就是要在车辆制造环节采取各种污染防治措施，例如，采取电控燃油喷射、三元催化转化器、废气再循环等污染控制技术，有利于降低废气污染、改善大气环境质量，这些防污装置应该在车辆出厂前就安装完毕。

3. 运输工具的多样性要求

旅客和货物运输需求的多样性决定了运输工具的多样性，例如，在旅客运输中，速度最快的是飞机，适合中长距离运输的是火车和长途汽车，方便灵活的是小汽车；在货运方面，还需要根据不同的货物选择不同的运输工具，如运输石油等液体货物需用油轮、罐车或管道，运输集装箱需用集装箱车/船，运输鲜活易腐货物需用冷藏车。

二、不同运输方式的可持续性比较

可持续发展强调的是社会、经济、环境和资源的全面协调发展。铁路、公路、水运、航空和管道运输这5种基本运输方式，在技术经济特征、资源利用和环境影响方面有不同的表现，因而具有不同的可持续性。

（一）各种运输方式的技术经济特征

不同的运输方式具有不同的技术性能，如运输速度、运输能力、通用性、灵活性等，具有不同的经济指标，如运输成本、运输能耗等。

1. 公路运输

公路运输最明显的特点就是机动灵活，包括技术上和经济上的灵活性。前者主要体现在空间、运营时间、载运量、运行条件、服务、运输组织方式、公司规模和汽车运输场站服务对象上;后者主要表现为投资少、资金周转快。

与铁路运输相比,公路运输的缺点可概括为劳动生产率较低、运输能力小、不适宜长距离运输;且公路运输能耗较高(是铁路运输能耗的 10~15 倍)、运输成本高(是铁路运输成本的 11.1~17.5 倍)、易污染环境。

2. 铁路运输

铁路运输具有运量大、运输速度快、运输成本和运价低廉、系统的可靠性和安全性较高、能全天候运输、不受气候影响等优点,铁路运输在中长距离的客货运输中具有较大的优势。但是,铁路运输需要汽车等其他运输方式的配合和衔接,且铁路运输投资大、建设周期长,铁路线路、机车车辆、车站等技术设备需要投入大量的财力、人力和物力,所占用的土地也较多。

3. 水路运输

水路运输是利用天然的江、河、湖、海等自然资源进行大批量、长距离的运输,除需要投资构造船舶、建设港口外,沿海航道几乎不需投资建设,内河航道整治成本也仅仅只有铁路建设费用的 1/5~1/3,因而投资低,运输成本也较低。与铁路运输和公路运输相比,水路运输的占用土地较少,基本不占用耕地。在 5 种运输方式中,水路运输能力最大,且船舶单位能耗较低;但其运输速度慢,只适宜大宗和散装货物运输以及集装箱运输。

4. 航空运输

航空运输的速度最快,其最大优势在于远距离直达快速运输,不足之处是投资高、成本高。飞机的造价高、购置(维修)费用高、能耗大,因而其运输成本要比其他运输方式高很多;另外,航空运输易受气候条件的限制,在某些天气条件下不能保证客货运送的准时性和正常性。

5. 管道运输

管道运输是一种利用管道输送气体、液体和粉状固体的运输方式。其原理主要是利用管道,通过一定的压力差实现货物的位移。管道运输具有能耗低、污染小、运输安全、可连续运输、货损率小等优点,但存在运输物品品种单一、方向单一等局限性。

(二)各种运输方式的能源资源消耗比较

这里只讨论与交通运输密切相关的能源和土地资源消耗。

1. 能源消耗

不同运输方式具有不同的能源利用效率,可用单位周转量(吨公里)的能源消耗来表示。总体上，铁路运输和水路运输具有较低的能耗，航空运输能耗最高，但在水路运输方面，内河运输与海运具有较大的差异。表 7-1 是中国、美国和日本不同运输方式在不同时期的能耗效率比较。

表 7-1　　　中国、美国和日本不同运输方式在不同时期的能耗效率比较

单位：千卡/吨公里

运输方式	中国	美国		日本	
	2005 年	1990 年	2000 年	1995 年	2005 年
公路运输	1060	3570	3670	949	785
水路运输	71.4	60.6	74.1	159	240
铁路运输	68.1	65.8	55.1	61	60
航空运输	5388	—	—	5662	5179

资料来源：吴文化. 中国交通运输行业能源消费和排放与典型国家的比较 [J]. 中国能源，2007 (29)：10。

注：1 千卡≈4.19 千焦。

由表 7-1 可知，铁路运输的能耗处于很低的水平，能源利用效率最高；公路运输的能耗是铁路货运能耗的 10 倍以上；航空运输能源利用效率最低，单位运输量能耗水平位居各种运输方式之首；水路运输的能耗在不同国家、不同时期有一定的差异，但远远低于公路运输的能耗。

2. 土地占用

交通运输基础设施要占用大量的土地，但是不同的运输方式用地规模也不一样。为完成同样的运输任务，铁路和公路占用的土地较多，水路运输、航空运输和管道运输这三种运输方式占用的土地较少。水运航道利用天然的江、河、湖、海，除港口设施占地外，几乎不占用土地；航空运输的航线在空中，只有机场等基础设施的建设需占用土地；管道埋在地下，除泵站、首末站占用一些土地外，管道占用土地很少。

欧盟的一项研究结果表明，为完成相同的运输量，建设公路所需占用的土地比铁路多 3.5 倍。照这样推算，一条双向 4 车道的高速公路占地约为一条铁路的 1.6 倍，但其运输能力仅为铁路的 30% 左右。

(三) 各种运输方式的环境影响比较

各种运输方式的运营特点不同，对环境影响的方式和影响程度也不尽相同。下面从大气污染、水体污染、固体废弃物污染、噪声污染、事故等方面进行分析和比较。

(1) 大气污染。铁路运输中,内燃机车会产生少量污染;航空运输中,当飞机在低空飞行时,排出的废气会破坏大气的臭氧层;海洋及内河运输中,船舶航行时会因燃油燃烧排出废气;公路运输中产生的废气最多,如一氧化碳、二氧化碳、铅化合物等,对大气的污染最严重;管道运输中基本不产生废气污染。

(2) 水体污染。铁路修建会对沿线水体造成破坏;公路修建时会改变水系,污染地表和地下水;机场建设也会改变水表环境;港口建设及开凿运河、疏浚河道等均会改变水系、污染水域。水运方式和港口建设对水域的污染较其他方式要明显一些。

(3) 固体废弃物污染。铁路、公路、航空及水路运输中的固体废弃物主要都是废弃的设施、设备以及客货运输产生的废弃物,几种方式所产生的影响程度没有显著差别。

(4) 噪声污染。城市噪声主要是由公路运输产生的,但在铁路车站、机场、港口周围的噪声也很大。

(5) 事故。公路运输发生的交通事故最频繁,会导致人员伤亡和财产损失;铁路运输和航空运输较为安全,然而,一旦发生事故,其后果是很严重的,尤其是航空事故最为可怕。管道运输所发生的事故主要是燃料及危险品的运输泄漏。

此外,铁路运输和公路运输还会破坏耕地和野生动物的习性,公路运输还会引起城市交通阻塞。

上述各种影响中有些指标难以监测、无法量化。因此,我们可以将易于量化的空气污染和温室气体的排放量作为运输方式影响环境的两个主要特征值。由于不同运输方式完成的运输量的不同,采用单位周转量产生的污染物来衡量。根据德国某运输研究机构的统计结果,不同运输方式的单位污染物排放量比较如表7-2所示。

表7-2 不同运输方式的单位污染物排放量比较

单位:克/吨公里

运输方式	铁路运输	水路运输	公路运输	管道运输	航空运输
二氧化碳(CO_2)	41	30	207	10	1206
甲烷(CH_4)	0.06	0.04	0.3	0.02	2.0
挥发性有机化合物(VOCs)	0.08	0.1	1.1	0.02	3.0
氮氧化物(NO_x)	0.2	0.4	3.6	0.02	5.5
一氧化碳(CO)	0.05	0.12	2.4	0.00	1.4

从表7-2中可以看出,就货运而言,管道运输的单位污染物排放量最少,水路运

输和铁路运输次之，公路运输单位污染物排放量最高。

（四）各种运输方式的可持续性分析

根据不同运输方式在技术、经济、环境方面的表现情况，用 1~5 五个等级对其性能进行衡量，1 表示性能最优、5 表示性能最差，排序结果如表 7-3 所示。

表 7-3　　　　　　　不同运输方式的技术、经济、环境性能比较

性能	铁路运输	公路运输	水路运输	航空运输	管道运输
运输能力	2	4	1	5	3
速度	2	3	4	1	5
连续性	2	1	5	4	3
灵活性	3	1	4	2	5
运输成本	3	4	1	5	2
运输能耗	3	4	1	5	2
大气污染	3	5	2	4	1
温室效应	3	5	2	4	1
土地占用	4	5	1	3	2

从技术、经济特征看，铁路运输适合于大宗货物的中、长距离运输，如生产资料、生活资料、建筑材料等；公路运输适合鲜活物品，高价值、轻质量物品的运输以及货物配送运输，能实现"门到门"的运输；水路运输适合大宗货物的长途运输；航空运输适合体积小、价值高的物资，鲜活产品及信函、公文等物品的运输；管道是一种专门的运输工具，主要用来输送石油、天然气等特殊物资。

从能源消耗和环境污染来看，五种货物运输方式中，航空和公路运输的能源利用效率较低、污染大，因而可持续性较差；而管道、水路和铁路运输则具有较好的可持续性。

但是，也应该看到，运输只是物流系统中的一个相对重要的环节，运输成本是物流总成本中相对较小的一部分，并与物流系统的其他环节效益背反。例如，航空运输虽然费用最高，但它能使物料迅速通过供应链，需要的配送仓库很少，从而可以减少仓库设施规模，降低仓库对土地资源的占用和建筑费用，降低仓储环节的能源需求量和废弃物排放量。因此，运输模式的绿色化，需要在物流系统的框架范围内统筹考虑。

第二节 物流运输绿色化的目的和原则

一、物流运输绿色化的根本目的

运输对环境的主要影响除了运输设施占用大量土地资源外，在运作过程中最主要的问题就是消耗大量能源，导致严重的空气污染、噪声污染和城市交通阻塞。而车辆在交通阻塞时排放出的一氧化碳、铅化合物等废气要比车辆正常行驶时的排放量高出许多倍，因此，交通拥挤加重了运输车辆对空气污染的程度。

根据物流运输对环境影响的分析，以下这5个运输相关的因素及其组合对物流运输中的能耗和环境污染程度产生重大影响。

（1）距离，即产品空间位移的距离，显然，运输距离将影响燃料消耗量。

（2）运输模式，即运输方式，正如上一节分析的，不同运输方式具有不同的能源消耗量和废弃物排放量。

（3）设备，即物流运输系统的设备，包括运输车辆、装卸搬运设备等，不同类型的车辆或装卸搬运设备采用不同类型的能源或燃料，能源利用率和排放量也不同。

（4）装载量，即产品实载量，其影响运输工具装载效率，影响燃料利用率。

（5）操作，即驾驶员对载运工具（车辆）的操作，会影响车辆运行中的能耗，例如，驾驶速度、路径选择等会影响燃油消耗效率。

调整上述5个因素，例如，减少运输距离、转变运输模式、使用更清洁的设备、优化装载计划、优化运营过程、重视对驾驶员的管理等，均能降低物流运输过程的能耗，从而减少温室气体排放。

因此，物流运输绿色化的根本目的就是，从战略层、战术层及运营层3个层次，对物流运输系统进行科学的规划、控制和管理，在保证客户服务目标的前提下，使货物运输过程中的能耗最小，温室气体排放量最小，最终降低物流运输对环境的影响程度。

二、物流运输绿色化的基本原则

根据物流绿色化的根本目的，以及影响能耗和污染物排放的几个关键因素，在进行绿色运输系统的规划和管理时，应该遵循以下几项基本原则。

1. 安全性原则

安全性是绿色运输的首选原则，包括人身安全、设备安全和货物安全。为了保证运输安全，首先应了解被运货物的特性，如重量、体积、贵重程度、内部结构以及其他物理化学性质（易碎、易燃、易腐、危险性等），然后选择安全可靠的运输方式和运输工具，必要时采用特殊的运输工具，如密封罐、冷藏车等。

如果货物在运输途中变质、受损或发生安全事故，必然会导致货物的废弃、运输的无效，甚至带来更严重的环境污染。

2. 及时性与准确性原则

运输的及时性是指按照客户所指定的时间准时送达；运输的准确性是指准点到货、不错发、不错送。运输速度的快慢和到货及时与否不仅决定着物资周转速度，而且对社会再生产的顺利进行影响重大；运输不及时会造成缺货，有时还会给国民经济造成巨大的损失。因此，应根据客户的急需程度进行合适的运输决策。

货物运输的准确性既取决于发送和接收环节，又与运输方式的选择有很大的关系。货车运输可做到"门到门"运输，中转环节少，不易发生差错事故，但是其单位能耗高、温室气体排放量大。铁路运输受客观环境因素影响小、能源效率高，但是中途作业环节较多，运输时间一般较长。因此，在选择运输方式的时候，既要考虑某种运输方式的环保特性，还必须同时考虑客户对运输服务的及时性和准确性要求。

3. 经济效益与环境效益统一原则

运输是物流系统最重要的组成环节。物流服务水平的提高依赖于高效率的运输体系，降低运输成本也是降低物流成本、提高经济效益的重要途径。因此，物流运输的绿色化既要考虑运输对环境影响的最小化，又要降低运输成本，即实现环境效益与经济效益的统一。

4. 人与车辆管理一体化原则

这里的"人"主要是指驾驶员。驾驶员行为对运输绿色化实践也是至关重要的。如果司机具有强烈的环境保护意识和责任感，就会贯彻和执行企业的节能减排措施。良好的驾驶行为有利于减少车辆行驶中的燃料消耗。因此，应该加强对司机进行环境保护知识方面的培训，并将对司机的环境管理纳入企业环境管理体系中，做到对司机与车辆环境管理的一体化。

在某种程度上，对驾驶员的环境管理有时比技术措施的意义更大。一方面，驾驶员的培训管理成本低、实施方便；另一方面，如果司机缺乏环境保护意识，甚至对企业的环保政策有抵触情绪，那么，再好的策略也难以取得理想的效果。

第三节 实现物流运输绿色化的策略

根据物流运输绿色化的目标和基本原则，灵活控制运输系统中影响环境的关键因素，即运输方式、车辆设备、里程、实际装载情况、驾驶员操作等，可归纳出以下4个实现物流运输绿色化的策略，即选择绿色运输模式、研制环保型运输设备、车辆数量及行驶里程的最小化、对驾驶员进行培训和绩效管理。接下来将分别介绍这4个策略。

一、选择绿色运输模式

1. 绿色运输模式的概念

与公路运输相比，铁路运输、水路运输的能源利用率更高，温室气体排放量更少，噪声污染更低，属于环境友好的运输方式。但是，公路货车运输由于其可控制性强、灵活性高、且能实现"门到门"的运输，因而在很多场合仍然是一种不可或缺的选择。

物流运输过程中，应尽可能多地使用污染小的铁路运输和水路运输，降低公路货车运输在社会物流量中的比例。但是，并不是简单地将原来利用公路运输的货物转换成用铁路运输或水路运输，而是将公路运输与铁路运输或水路运输进行有机结合，在保证物流服务质量的前提下，实现"公路—铁路"或"公路—水路"等形式的联合运输。因此，绿色运输模式即环境友好的运输模式，实际上就是减少整个物流系统中公路运输的占比，尽可能多地使用水路运输或铁路运输，或这两种运输方式与公路运输联合的运输模式。

下面是一些成功的企业实例。

德国一家食品公司先用火车将包括咖啡豆在内的原材料，从德国西北部的不来梅（Bremen）市运到位于柏林的工厂，卸下原料后的火车在回程中又将包装好了的咖啡运输到不来梅市。公司约46%的原料是由铁路运输的，仅此就将能量消耗降低了约40%。

瑞典家具与家用商品生产销售商IKEA（宜家家居）的方针是尽可能地使用铁路运输。当运输距离超过200千米时，公司使用"铁路—公路"的联合运输。联合运输比单独的公路运输具有更好的经济效益和环境效益，而且服务更可靠。IKEA公司的创新之处体现在，它还与其他一些也有铁路运输需求的公司建立了伙伴关系，以便更充分利用车皮，获得更高的性价比。例如，当IKEA要安排一项从意大利到西班牙的运输时，公司就会在意大利的媒体上登广告，寻找具有同样运输需求的合伙企业，以便共同安排运输计划。

Henkel（汉高）是德国一家化工企业，为充分利用铁路运输的优势，企业重组了其配送体系。洗衣粉和洗涤剂的配送是通过遍布德国的9个区域配送中心实现的，这些配送中心离顾客较近。区域配送中心的产品供应绝大部分是由位于生产线末端的火车进行运输的，另有12%的产品是由货车直接从生产线上运送的。每年由铁路运输完成的运输量达13500节车皮，相当于22000辆汽车平均行驶300千米。

2. 实施策略

从上述事例可以看出，铁路运输和水路运输都要求有足够大的运量才能发挥其规模效应，同时实现环境目标和经济目标。因此，实现多种运输方式的联合运输不仅关系到改变既有运输模式的问题，还需要企业甚至供应链物流系统规划和运营管理的创新，具体策略如下。

1）多式联运设施要求重构物流网络

物流网络设计属于战略层的决策内容，工厂、仓库等设施点的位置对运输方式的选择产生影响。当新建或重构物流网络时，应尽量使新设施的位置既接近铁路线，又邻近公路，或靠近港口码头，这样可保证所选择的运输模式更具灵活性，这一点是非常重要的。

2）企业合作实现多式联运的规模效应

企业如果与其他有同样运输起点和终点的企业联合运输、共用车皮，就可大大节约对铁路车皮的使用量，降低运输成本。生产企业或物流企业通过与客户、供应商、其他的物流企业、铁路及多式联运专业企业之间进行信息共享与沟通，共同制订货物运输计划，为联合使用多种运输方式提供货源保证。另外，生产企业通过与客户或供应商的合作，调整订单数量、库存水平、交货时间和服务水平，并考虑使用多种运输方式与这些要求相匹配。

3）大力发展多式联运物流服务提供商

为保证多种方式联合运输的有效性，需要有高效率的换载、装卸机械等技术装备，更需要采取科学、灵活的联运组织方式。大力发展可经营多种运输方式的货运代理业、多式联运物流服务企业，并与各类运输企业建立长期战略合作关系，有利于实现多种运输方式的有机结合。

专业的多式联运物流服务提供商拥有更广泛的客户资源和运输资源，因而可在更大范围为更多货主规划多式联运服务，能够根据客户的个性化要求，提供灵活的、高效的、环保的物流运输服务。

二、研制环保型运输设备

公路运输过程中的能耗和尾气排放情况首先取决于车辆使用的能源类型，其次是发动机性能。很多国家对推广使用清洁能源的环保型车辆十分重视，并通过立法，鼓励发展使用清洁能源的汽车，鼓励使用非石油能源。为此，通过技术创新，研制清洁能源驱动的运输设备、研究车辆节能减排技术等，是降低运输环节，尤其是公路运输中的能源消耗和温室气体排放的重要途径。

1. 研制清洁能源驱动的运输设备

公路货车运输之所以会产生严重的空气污染，主要是由于货车是靠汽油或柴油驱动的，这些石油制品在燃烧过程中会排放大量气体，其中含有多种对环境有害的气体，即温室气体。因此,为了降低温室气体排放,保护自然环境,应该鼓励研发、生产以清洁能源为动力的运输车辆,主要包括以甲醇、乙醇、液化石油气、压缩天然气等为动力的运输车辆、电动汽车、混合动力汽车等。

电动汽车是以自载电池为电源、用大功率电动机提供动力的运输工具,是现代汽车工业的重要发展方向。使用电动货车进行运输,温室气体排放少,具有环保、高效的优点。但是,电动汽车存在电池容量小、充电困难、续驶里程和装载能力不足等问题。这些问题制约了电动货车的广泛应用,因此,应针对这些关键问题进行技术研究。

太阳能也是一种清洁能源,一些研究机构早就开始研究太阳能在汽车中的应用,例如,利用太阳能驱动车内空调装置、基于太阳能光伏的电动汽车充电技术研究等,对进一步节约车辆行驶中的能耗、延长行驶里程具有重要意义。

此外,还有混合动力汽车,既安装有蓄能系统(高能蓄电池),又有燃料驱动系统,这类车辆能根据所处的环境和路况变化,选择不同的驱动方式。

2. 研究车辆节能减排技术

提高车辆燃料使用效率,就是降低车辆的燃料消耗率、降低空气污染源。很多技术都可以降低车辆的燃料消耗率,例如,对发动机、控制系统和排气装置进行技术改进;改善燃烧过程,完善进气、排气和混气的过程;改进发动机的结构和汽车空气动力学性能,降低燃料消耗和噪声级别。推广使用硫黄、苯含量较低的燃料,使用低硫排放的柴油机、电动汽车等,均能明显降低城市空气污染程度。

企业进行发动机和车辆的改进,既能降低能源消耗,还能显著降低运输成本。例如,英国托马斯全国运输公司(Thomas Nationwide Transport)对每辆车花费 3000 英镑(1 英镑≈8.7 元)进行发动机和车辆性能改进之后,每辆车每年的燃料节省费是 3500 英镑(按 1991 年的燃料成本),而且,货物运输更可靠、更有效。又如,德国物流企业克莱德公司(Deutsche Kleiderspedition, DKS),使用混合动力的汽车——梅赛德斯-奔驰 1117 进行货物在市区内的配送任务,该车型承载能力为 11 吨,电动模式下最大速度为 30 千米/小时,几乎没有噪声污染和空气污染。

3. 创新车辆管理技术

除了清洁车辆和发动机技术的研发改进,还可研究一些新的车辆运行管理技术,在满足客户需求的前提下,使运输中的能耗最低、排放最低。首先,运用一定技术手段跟踪车辆性能,监测并记录车辆油耗、排放、噪声等参数的变化,以便为制定环保的预防性车辆维护方案提供信息支持;其次,更新设备管理理念,通过激励措施吸收资本投资,加快更换老化设备,加快老旧车辆向环保型车辆的升级。

另外,可通过专门研究如何实施车辆精细化管理,例如,考虑能耗和排放,研究车辆适合的最佳速度。除了燃料消耗的差异,不同类型的车辆在不同速度下单位能耗也不同,因而单位排放量也有差异。因此,通过一定的研究方法,可以确定各种车辆合适的速度范围。学者 Bektas(贝克塔斯)和 Laporte(拉波特)对轻型货车的速度与燃油消耗关系进行了研究。在一定研究条件下,得出了如图 7-1 所示的车速与燃油消耗的关系。可以看出,单位燃油消耗随行驶速度的增加呈 U 形变化,当行车速度在 40~50 千米/小时的范围时,单位燃油消耗最低。

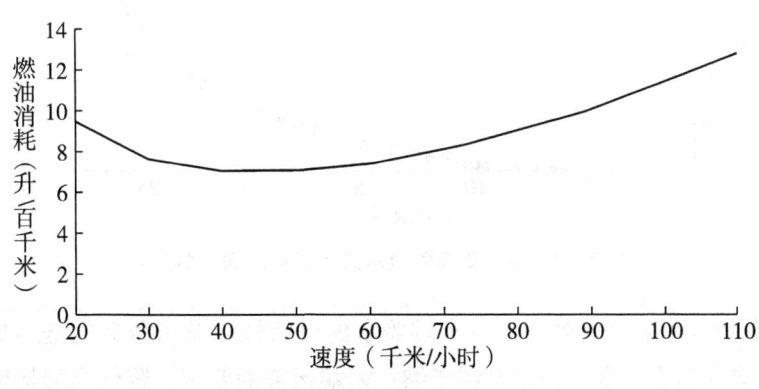

图 7-1 车速与燃油消耗的关系

三、车辆数量及行驶里程的最小化

在必须使用公路货物运输的场合,车辆数量的增加和行驶里程的增加会直接导致燃料消耗量增加和温室气体排放量的增加。通过科学合理的规划,提高车辆装载效率,减少货车、铁路车皮的空载行驶或非满载行驶等不合理现象,可降低车辆使用数量和行驶里程。具体包括以下几个策略。

1. 采用考虑环境影响的物流网络设计

物流网络设计是战略层的决策。一个物流网络方案包括了供应商、工厂、分销仓库等设施的位置和数量信息,并决定了产品从供应商到客户的流向。因此,物流网络设计对运输距离的减少和运输方式的选择具有直接影响。

通常,物流网络设计模型是权衡物流成本和服务水平的要求建立的。要在物流网络设计中考虑环境影响,有两种处理方法:一是在网络设计目标函数中增加环境成本(如污染处理成本、碳税费用);二是在网络设计模型中增加环境约束(如排污量限制、碳排放量限制等)。

Hoen(霍恩)等学者(2014)对物流网络总成本与碳排放量之间的关系进行了模拟分析,如图 7-2 所示是减排量与物流总成本增加之间的曲线。尽管曲线形状会随着特定的网络设计不同而有所不同,但都具有相似的变化规律,即在一定范围内,可以显著降低碳排放,但物流网络成本增加的幅度较小。例如,在 Hoen 的案例研究中,通过增加不到1%的成本就可以减少约10%的碳排放量；但是如果要减少25%的碳排放量，物流成本就会增加约15%。

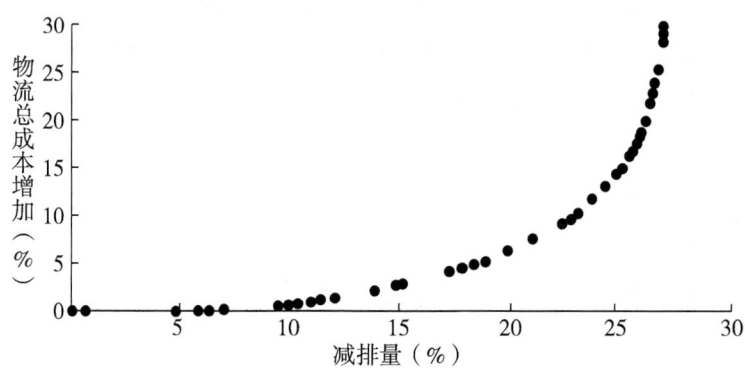

图7-2 减排量与物流总成本增加之间的曲线

另外，在物流网络设计时，考虑末端需求的灵活性以及对服务的基本要求，适当增加提/取货点的网点密度，这也有利于缩短末端运输的距离，降低末端运输对城市环境的影响。

2. 合并运输提高车辆满载率

车辆满载行驶能减少对车辆的需求量，降低了单位货物对道路的占用，提高了能源利用率。专业配送企业一般都有广泛的货源地和目的地。通过建立跨行业的合作伙伴关系，对多个货主的货物进行合并运输，能提高车辆满载率，减少车辆出动次数和空载行驶里程。

首先，物流运输企业可以将不同供应商的货物进行合并运输，以提高车辆装载率，还可减少回程空载的现象。

其次，与竞争对手合作，与其他物流企业合作开展共同配送。例如，同一地方的几家配送企业共同调整自己的配送体系，联合运输，能够更有效地降低对火车车皮的需求数。

最后，生产企业鼓励供应商将供货点设立在主要生产车间的附近或采取本地采购策略，从而降低零部件供应的运输距离。例如，位于英国韦克菲尔德市的可口可乐公司，鼓励瓶子生产商和罐子生产商在车间附近设厂，通过这种改变，每年可减少车辆出动约900次。

3. 车辆路径优化

一系列模型和方法可帮助企业制定出最佳的车辆调度方案，降低车辆数和行驶里程。应用普通的车辆路径问题模型，可求出完成任务所需的车辆数和距离最短的车辆路径方案。拓展的车辆路径模型可考虑道路速度、路网的坡度和拥堵情况、油耗甚至时间窗限制等情况进行优化，从而求出最佳的车辆行驶路径。

另外，还有研究通过考虑道路坡度、路口停车信号灯的影响建立车辆路径模型，求出能进一步减少燃油消耗和排放的运输方案。例如，UPS（联合包裹服务公司）在规划运送路线时，通过最大限度减少左转弯次数，来减少车辆在十字路口等待的时间，由此节约了大量燃料消耗。

许多公司运用优化方法解决车辆调度及配送路径问题。例如，挪威一家公司 Tollpost-Global（全球收费站）参加了一项国际项目"Greentrip"（绿色之旅），这是一个面向全球企业的、环境友好的物流运输项目。项目组开发了一个基于计算机的物流与运输信息系统，该系统集成了电子地图、客户信息、货物信息、车辆类型、运送地点及运送时间进度表等信息，能辅助设计最短、最有效的行车路线。他们的目标是：运用该系统将车辆行驶里程降低约25%，运输成本降低约10%。英国皇家邮政公司主要依靠公路运输完成送递业务，在其配送网络中，有80个重要的分拣中心、3400个本地配送中心，每天处理约6000万个信件和包裹；公司每年出动车辆约30000次，行驶里程超过7亿千米，消耗燃料1.2亿升。为降低成本、优化配送和路线管理，该公司引入了一套车辆路线规划和日程排序系统，使行驶里程降低了约18%，车辆出动次数减少了约18%，燃料消耗量降低了约24%，即同时降低了配送成本和环境污染程度。

利用物联网等技术开发智能化的运输系统，能辅助企业进行行驶路径优化决策，提高运输效率，有效改善运输对环境的影响。

4. 改进产品包装，提高产品实载量

创新的包装设计有助于提高产品的装载量，从而减少对车辆的需求。例如，联想通过缩小包装尺寸有效增加了单次运输的产品数量。以14英寸电脑包装为例，改进之前，一个托盘可放置42件产品，缩小包装尺寸后，一个托盘可放置63件产品，显著提高了车辆实际装载的产品数量，减少了对车辆的需求次数。

从提高运输实载率的角度重新设计产品包装，包括缩减包装尺寸、改变填充材料等，对供应链上的所有企业都有好处。更少的包装材料消耗不但可以降低产品生产商的包装成本，还减少了装卸搬运作业的次数，使车辆的作用更明确——主要运输的是产品而不是包装。一次运输可以装载更多的产品，从而降低了车辆的出动次数，节约了物流运输成本，因此，同时具有经济价值和环保价值。

四、对驾驶员进行培训和绩效管理

1. 人车一体化管理的必要性

汽车驾驶员是物流企业与其客户之间的纽带。根据运输绿色化的根本目的以及人车一体化的管理原则，应该将驾驶员及其驾驶行为表现纳入公司运作管理范畴。

燃料消耗虽然是技术性的问题,但通过有效的管理方法,也能明显降低车队的燃料消耗量。英国货运协会曾出版了一部《燃料管理指南》(*Fuel Management Guide*),其中介绍的一些节约燃料消耗的措施,据统计,可使货运车队的燃料消耗量降低约20%。因此,驾驶员掌握车辆行驶过程中的节能减排技巧非常重要。有些策略可能看起来很简单,但在实践中却非常重要。例如,根据 EPA SmartWay(美国环境保护局的一项认证)的统计,车辆发动机的长时间空转每年消耗的柴油总量超过 10 亿加仑(美制 1 加仑约等于 3.785 升),排放 1100 万吨二氧化碳、20 万吨氮氧化物、5000 吨颗粒物。虽然人人都认识到车辆空转会消耗不必要的燃料,但是,只有管理层重视并采取必要的激励措施,才能引起驾驶员的高度重视,减少车辆空转等待现象。

英国 Blagden Packaging(布拉登包装)公司采取了一系列措施鼓励司机减少燃料消耗。公司建立了与燃料消耗挂钩的奖金制度,鼓励司机正确使用发动机。例如,在等待装卸货作业时关掉发动机引擎、避免短时间大幅加速,等等。通过这些措施,公司的燃料消耗降低了约 18%。荷兰的 Ahold Grootverbruik(阿霍尔德·格鲁特沃鲁克)公司拥有 60 辆货车,公司通过一系列措施鼓励司机节约燃料消耗,如对不同司机驾驶同一辆车的燃料消耗情况进行记录和比较,定期公布结果,这样一来,燃料消耗降低了约 5%。

可见,对驾驶员进行车辆节能减排技能培训、加强绩效管理,对运输的绿色化具有非常重要的作用。

2. 具体措施

(1)加强节能减排驾驶技巧的培训。提供关于行车时的燃料管理知识和驾驶技术方面的培训,使司机掌握节约能耗的驾驶方法,正确使用轮胎、加速器等。当使用新的清洁能源车型时,应该加强对司机的培训。

(2)倡导环境友好的物流文化。对司机进行环保知识宣传,培育企业绿色文化,鼓励司机严格遵守道路交通法规,养成限速行驶、平稳行驶的习惯,避免交通事故的发生,保证行车安全。

(3)建立节能目标和激励措施,定期表彰杰出司机。开发或引进新的环境仪表板,记录司机行车过程的燃料消耗、空转情况,实行目标管理,对有效使用燃料的司机给予奖励。

(4)增加司机在途运输的可视性。为车辆配置实时跟踪和通信系统,使司机在运输途中能保持与公司的沟通,增加货物运输过程的可视性。当司机在途中遇到特殊情况时,可辅助司机及时进行路线调整。

从某种程度上看,对驾驶员的培训有时比革新技术的作用更大。驾驶员培训计划与其他降低燃料消耗的方法相结合,节能减排的成效才能更显著。例如,奔驰汽车公司开发了一套驾驶员培训课程,接受这些培训的司机行车时的燃料消耗较之以前降低了 5%~10%。

案例　中远海运绿色运输行动策略

在海洋的战略地位不断提高的今天,坚持绿色航运对于保护海洋环境、维护海洋生态平衡具有特别重要的意义。本书第二章介绍了中远海运集装箱运输有限公司(以下简称"中远海运")集装箱船舶运输过程中的环境影响情况,下面介绍公司在运输过程中节能减排、实施绿色运输的实践经验。

1. 完善的环境管理制度

为高效利用资源,减少经营活动尤其是运输过程对环境造成的影响,公司建立了完善的环境管理制度,制定了《节能减排管理办法》,制定了严格的能源评审程序、能源基准和绩效参数管理程序,员工可以通过《能源评审程序》中能源评审的方法和要求,识别那些在各项生产经营活动中能够得到控制或可施加影响的能源因素,从而实施能源影响评价,确定需要优先控制的能源因素以及发现严重影响能源使用和消耗的设备、设施、系统、过程等,达到节能降耗的目标。

2. 优化流程,提高作业效率

为了达到节约燃油的目的,公司采取了多种方式来提高作业效率,节约油料的消耗,减少排放。

为了保证作业效率,节约油料的消耗,中远海运与港口方一起通过优化信息沟通机制、配载方案、作业流程以及机械投入配比等途径,提升船舶直靠率及在港操作效率,最大限度控制船舶等泊时间,不断提高平均在泊效率,以压缩船舶在港时间,将节约下的时间用于海上航行,从而减少油料消耗。

另外,为了有效应对全球船用燃油限硫规定给船舶运营带来的巨大影响,公司成立了限硫排放工作小组,该工作小组针对公司 180 多艘不同类型、不同航线的船舶提前制订具体、详细的应对计划及推进步骤;积极加强与公司全球海运操作中心、采购管理部及安全技术管理部门的协调沟通,有序推进各项准备工作,确保船舶按期切换并规范使用符合国际公约要求的低硫油,确保船舶正常运营。

3. 技术创新助力绿色航运

1)节能技术改造

中远海运集运对 10 艘 4250 标准箱船舶的球鼻艏和螺旋桨进行改造,对 3 艘 10000 标准箱船舶和 4 艘 13000 标准箱船舶的螺旋桨进行改造,并已完成了对全部 17 艘船舶的改造。通过初步跟踪改造后的使用情况来看，4250 标准箱船舶、13000 标准箱船舶改造后节油效果明显，单位海里耗油分别下降 7%~8%、8%~10%。

2）绿色船舶建造

中远海运白羊座轮于 2016 年 9 月 28 日开始建造，于 2018 年 1 月 15 日正式交付。该船总长 400 米，船宽 58.6 米，最大吃水 16 米，设计航速 22.5 海里/小时，最大载重量 197000 吨，最大载箱量 19273 标准箱，配备 952 个冷藏箱插座，入 LR（英国劳氏船级社）和 CCS（中国船级社）双船级。为了顺应节能减排和绿色环保的发展理念，根据实际运行工况，合理选择技术参数和设备配置，降低油耗和排放水平，大幅提高燃油经济性。

4. 船舶海水淡化节约水资源

公司启用船舶海水淡化设备，实施海水淡化，以补充生活用和设备用淡水，减少岸基淡水供给的资源压力；另外，公司坚持培养员工的节水意识和节水习惯，鼓励员工参与船舶水资源优化利用的工作，从而减少对淡水资源的使用。

为了实现绿色航运，中远海运在节能减排方面采取了很多措施，不仅制定了严格的规章制度，而且通过流程优化、技术创新等途径，注重实际运营中的节能减排，取得了显著成效。

【问题讨论】

1. 结合案例总结分析船舶运输过程节能减排的主要措施有哪些？
2. 结合案例分析技术创新对于实现绿色运输具有什么作用？

思考题

一、填空题

1. 绿色运输管理强调人与_____的一体化管理。

2. 物流运输的安全性包括人身安全、设备安全和_____的安全。

3. 运输的可持续性通常从各种运输的技术经济特征、_____和环境影响三方面来衡量。

4. 尽可能利用铁路运输、水路运输及其与_____的联合，就属于环境友好的运输模式。

5. 货物合并运输既能提高_____，又能减少车辆出动次数。

二、判断题

1. 运输的可持续性是用运输的环境污染特性来衡量的。（　　）

2. 绿色运输管理以环境效益为主,经济效益为其次。（　）
3. 运输的安全性原则是指货物能安全抵达目的地。（　）
4. 环境友好的运输模式就是指铁路运输或水路运输。（　）
5. 改进包装设计方案主要是为了实现绿色包装,与绿色运输无关。（　）
6. 合理规划物流运输网络,能同时产生经济效益与环境效益。（　）
7. 实现可持续运输战略就是要摒弃公路运输方式。（　）
8. 从某种程度上看,对驾驶员的培训和管理甚至比革新技术对环境的意义更大。
（　）

三、简答题

1. 物流运输绿色化的主要目的是什么？
2. 运输模式的可持续特性可从哪几方面衡量？
3. 既然公路运输具有高能耗、高排放的特点,为什么还必须使用公路运输？
4. 为了尽可能多地使用铁路运输或水路运输,企业如何保证充足的货源？
5. 在满足客户服务需求的前提下,如何减少货运车辆的使用量？
6. 车辆运输路径优化对改善运输中的环境影响有哪些作用？
7. 为什么必须将驾驶员纳入绿色运输管理范畴？
8. 哪些驾驶行为有利于降低车辆的能耗和排放？

实训项目

走访物流企业,调查我国电动物流车的使用状况,分析影响电动物流车推广普及的因素有哪些？

第八章 绿色采购与供应物流

引导案例 联想集团绿色采购与供应商管理

联想集团是全球供应链的核心节点企业,在全球范围开发、制造和销售可靠、优质、安全易用的技术产品并提供优质专业的服务。作为全球领先的企业,联想在为客户提供卓越产品和优质服务的同时,始终将社会责任作为企业发展的源动力,公司的环境管理覆盖从产品设计、制造到回收再利用以及产品生命周期末端的各个方面。在全球统一、完善的采购体系下,联想一方面以公正、透明的采购管理保护供应商利益;另一方面与供应商合作,打造绿色供应链。

一、规范采购标准

联想建立了规范的采购制度、流程和申诉机制,确保采购的透明、公平。联想的"标准采购订单条款和条件"规定供应商必须遵循相关环境规范和材料申报流程,并完全符合进出口和产品安全的适用法律,必须建立符合 ISO 9001 和 ISO 14001 认证标准的质量体系及环境管理体系。联想制定了与电子行业公民联盟(Electronic Industry Citizenship Coalition,EICC)在劳工、环保、健康安全、道德和管理方面要求相一致的采购政策和流程,要求供应商建立 EICC 标准操作规范,帮助供应商制定运作模式,定期总结、分享和推广经验和成果。

联想的首要任务是尽量选用环保物料,限制采购易污染环境的物料。公司依据欧盟 RoHS 指令及《化学品注册、评估、授权和限制法规》,淘汰相关物料。联想还额外管控 30 多种化学物质,尽量淘汰对人体有害的化学物质。联想要求其供应商也遵守相关法规,使用行业标准申报表对供应商申明物料进行管理,并将其作为供应商选择的重要标准。

二、将环境绩效引入供应商评价过程

联想推行供应链审核工具,在自身恪守 EICC 行为规范的同时,要求一级供应商也

同样遵守 EICC 标准，并开展由 EICC 认可的第三方机构进行的合规审查。联想还与 EICC 其他成员共同制定全面策略，帮助 EICC 实施标准化的全球方案，监督供应商在可持续发展和社会责任方面的表现，定期评估供应商绩效，将企业环保绩效和社会责任指标纳入评估过程。联想要求供应商每年通过责任商业联盟（Responsible Business Alliance，RBA）或碳披露项目（Carbon Disclosure Project，CDP）报告工具及平台正式提交企业的温室气体排放数据。供应商应对气候变化的表现和所采取的策略将作为联想选择供应商的重要标准之一。

随着国际化程度的不断加深，联想对产业链社会责任的关注逐渐加深。面对信息通信全球产业链可持续发展的实质性问题，联想主动与金属供应商协作，追溯金属的供应来源，避免使用因开采而造成严重人权与环境问题的冲突矿产。联想参与了 EICC 和全球电子可持续发展倡议联合工作组，共同开发用于在供应链中跟踪锡、钽和黄金来源的工具，支持采取行业性措施解决冲突矿产问题。联想参与了锡业协会开展的"无冲突采购"试点计划，并为该计划提供资金，旨在确定电子产业供应链中所用矿物的原产地。

三、开展供应商可持续发展能力培训

联想在供应链能力建设上与 EICC 开展广泛合作，通过沟通和培训提升供应商的可持续发展能力。其所开发的碳报告体系用于收集和分析联想全球供应链部门和全球环境事务部门确定的一级供应商的数据。联想主动与供应商们一起探索减少碳排放量的方法与措施，通过召开供应商大会，向供应商们介绍了联想在建立产品碳足迹方面的努力；对供应商进行"碳足迹培训"，帮助供应商通过碳足迹盘查改善产品设计，思考如何进一步减少产品生命周期中的碳排放量，应对气候变化国际相关要求。

四、将供应商纳入产品生命周期末端管理范畴

联想的产品生命周期末端管理包括对用旧的或报废的产品及零部件进行回收、拆卸、翻新、再制造等过程的管理。零部件的拆卸及再制造与供应商有密切关系。因此，联想将供应商也纳入产品回收再利用管理中，要求供应商提供关于回收、再制造、废弃物处理设施等的信息。经联想审核通过后，与供应商订立合约。

案例解析

上述案例告诉我们，联想企业通过绿色采购行动，将可持续发展原则和供应商的环境绩效作为选择评价供应商的重要准则，要求供应商提供绿色环保的产品供应并遵

守行业相关规范。可见，绿色采购和绿色供应商管理对企业实现绿色供应链管理目标至关重要。本章将介绍绿色采购的概念、内涵及特点；然后，介绍基于产品的绿色采购策略；最后介绍绿色供应商管理。

第一节 绿色采购的概念、内涵及特点

从20世纪90年代中期以来，环境问题就成为全球商业活动关注的焦点之一，越来越多的企业在其战略决策及日常运营过程中采取环境改善的措施。以制造业为例，许多学者从不同角度、不同学科探讨如何降低制造业对资源环境的负面影响，并由此产生了绿色制造、绿色采购、绿色供应链等一系列以减少资源消耗、降低环境污染为目标的绿色行动。在这一系列绿色行动中，绿色采购起到了非常重要的作用，企业通过绿色采购管理向供应商传递绿色环保理念，从而实现绿色供应链管理目标。因此，本节重点讨论绿色采购的概念、内涵及特点。

一、绿色采购的概念

绿色采购的概念兴起于20世纪90年代中期。1994年，Webb L.（韦伯）等学者研究了一些产品对环境的影响，建议为保证企业行为与环境的友好协调，制造商应根据环境准则来选择合适的原材料，并提出了绿色采购的概念。1997年，Min等人提出了在选择供应商的过程中应考虑环境因素，探讨了绿色采购在降低废弃物排放方面的作用。很多学者在研究绿色供应链的文献中，强调了采购在绿色供应链管理中的重要性。

采购管理是供应链管理的关键环节。采购的物料或服务的环境性能和经济性能，从某种程度上来说直接影响了企业的环境绩效和经济绩效。因此，绿色采购是绿色供应链的重要组成部分，也一直是供应链研究领域的重要话题。

自从绿色供应链的概念被提出以来，很多学者给出了绿色采购的定义。综合研究文献观点，对绿色采购的定义可归结为两种：一种是从采购对象进行界定；另一种是从采购管理行为进行界定。

1. 从采购对象进行界定

这一类定义强调绿色采购就是对绿色产品的采购。例如，学者Carter（卡特）在1995年提出了绿色采购定义：绿色采购是指采购可再利用、再循环的物料，涉及生产环节中对环境产生较小破坏的产品和其他资源削减、再利用、再循环的产品的采购活动，其中，资源削减的重要性大于再利用和再循环。1998年，该学者再次界定了绿色采购的定义，即绿色采购指采购部门采用废弃物减量、再循环、再使用和材料替代原有的行为。

上述两个定义均强调了采购部门对环境友好的产品的采购行为。根据上述定义，绿色物料或环境友好的物料既包括本身无毒、无害、可循环的物料，也包括回收后再循环、再利用的物料。

2. 从采购管理行为进行界定

绿色采购的另一类定义侧重从采购中的管理行为进行界定，认为绿色采购不仅仅指的是采购环境友好、低资源消耗的原材料或产品，更是一种协调、规约的行为。例如，Zsidisin（西西丁）和 Hendrick（亨德里克）（1998）的研究认为绿色采购应该包括这些关键要素：向供应商提供设计说明书（包括采购项目的环保需求）、为环境目标与供应商进行的协作、对供应商内部管理的环境绩效的审计、供应商 ISO 14001 资质认证等。Zsidisin 和 Siferd（塞弗德）（2001）认为一个企业实施绿色采购就是要在充分考虑环境影响的前提下，制定一套采购原则、方法和程序，包括对供应商进行评估、选择并建立起长期的合作关系，使用绿色包装以及对废弃物进行处理等。

简言之，上述定义认为绿色采购就是以可持续性为准则的采购管理。

二、绿色采购的内涵

由上面的分析可知，目前对绿色采购的定义并不统一。以上两类定义分别是对绿色采购的目的和过程进行的界定。从目的来看，绿色采购最终的目的是为企业提供低能耗的、无毒无害的、绿色环保的原料和产品；从实现这一目的的过程来看，绿色采购就是将可持续发展理念贯穿整个采购管理过程，包括制订绿色产品采购计划，以环境管理为准则进行供应商的选择、评价及协作。

综合上述定义，可将绿色采购的内涵归纳为如下两个方面。

1. 绿色采购是对环境友好的绿色产品或服务的采购

表面上看，这是对采购对象的强调，即以原材料和产品的绿色环保为导向的采购，但实际上却是对采购目的的强调。从最终目的看，绿色采购就是为企业获得符合环保标准和生产要求的产品或服务的过程，保障所采购的原料和产品能符合环境友好、低消耗、安全、可循环的要求。

为此，要实施绿色采购，首先就是要选择绿色环保的物料、产品或服务，以此为依据规范绿色采购制度。

2. 绿色供应商管理是绿色采购的核心职能

为实现绿色采购目标，必须将可持续性作为供应商选择和评估的重要准则，基于此实施绿色供应商管理。绿色供应商管理的范围很广，包括对供应商的环保绩效进行调查、审核和监督，并将其结果作为评估供应商的重要指标；与供应商通过战略合作关系，共同制定环保行动；开发绿色供应商；等等。

从采购管理行为的角度看，绿色采购就是通过对绿色产品或服务的采购活动，将公司的可持续性理念传递给供应商，实施绿色供应商管理，从而构建绿色供应链。

三、绿色采购的特点

采购是保障企业物料供应的重要前提。根据绿色采购的定义及内涵，绿色采购具有如下特点。

1. 物料供应具有双源性

根据可持续发展的资源战略，企业经营所需的物料供应不仅要考虑从供应商处购买新的物料（包括原料、零部件），还要尽量利用从废旧产品中回收再利用的物料，这就形成两种物料供应源，这就是物料供应的双源性。如何协调两种供应源的订购批量、订货期等，是绿色采购管理面临的特殊问题。采购部门在进行绿色采购管理的过程中，要考虑的因素更多，不能以同一个标准来对待两类物料供应源。

2. 物料供应的不确定性更大

回收产品的来源很多，如投诉退货返回、维修返回、商业返回、包装返回、终止使用的返回、报废返回等，不同来源产生废旧产品的时间、地点和数量都难以事先估计，再利用的价值不确定。因此，来自回收再利用的物料供应具有品质的不确定性和数量的不确定性，这就是说，绿色采购的不确定程度更高，制订绿色采购计划时需要考虑这些不确定性带来的影响。

3. 与供应商的合作跨越产品生命周期多个阶段

为满足物料供应的环保要求，从产品设计、物料选择阶段开始，直到产品生命周期末端的回收再利用，企业都必须保持与供应商的合作。如在产品设计阶段，与供应商合作开展生态设计，重新设计新零部件或材料、限制使用危险材料等；在产品生命周期末端，零部件的回收再利用、再循环也需要供应商的参与；另外，最小化包装、可循环包装方式等措施的实施也需要供应商的协作。因此，对绿色供应商的管理跨越了产品生命周期全过程，这进一步说明，绿色供应商管理是绿色采购的重要内容。

第二节　基于产品的绿色采购策略

一、绿色产品

认识绿色产品是实施绿色产品采购策略的基础。虽然对绿色产品的定义并不统一，但多数文献都认同绿色产品必须在产品生命周期各阶段都是环境友好的，即符合以下条件。

（1）设计阶段：应用产品生命周期理念进行减量化设计，减少资源消耗，选择无毒无害、供应充足的原材料或再生材料，确保材料的安全环保。

（2）生产阶段：采用清洁生产工艺，不对操作人员造成危害，对生产过程中的副产品或废弃物进行再利用或实施无害化处理，资源能源利用效率高，污染物排放低。

（3）使用阶段：能源消耗低，不对使用者造成危害，污染物排放低，使用寿命长。

（4）废弃阶段：产品报废后易回收、易再制造或再循环，其最终废弃物易于降解，不形成永久垃圾。

从上述4个方面可以看出，材料的绿色性至关重要，直接影响产品的绿色性。

二、绿色物料选择原则

物料包括产品生产所需的原材料及各种辅料。物料的性能及功能直接影响产品的性能及功能表现。从资源消耗及环境污染情况看，物料本身的制备、加工、使用、循环利用和废弃的过程也是一个消耗资源、消耗能源、排放环境污染物的过程。因此，物料的环保性能在很大程度决定了最终产品的环保性能。如果物料含有有毒、有害的物质，必然会影响产品在生产、运输和使用过程中的安全性；如果物料难以降解，产品报废后就会产生大量无法降解的废弃物。

传统经营模式下，设计人员在设计产品时，主要考虑材料的功能、常规性能、价格等因素，较少考虑材料的环保性能。这样带来3个问题：一是忽视了材料加工过程的能耗和环境污染情况；二是没有考虑产品报废后的物料再循环或降解问题，导致产品被废弃后难以再循环或难以降解；三是所选材料种类规格繁多，增加了回收处理的复杂性。由此可见，传统的材料选择原则不能适应绿色采购管理的要求。

（一）减少有毒有害物料的使用

在满足产品特定功能要求的前提下，应尽量选择对环境和对人类无毒副作用的物料。国际上一些知名的机构或环保组织根据材料毒性的大小，确定了禁止使用或限量使用的材料清单。在设计产品时，企业应避免选用禁用清单中的材料，选择供应商时，也应以此作为评价依据，这是绿色采购管理的基本要求。例如，美国环境保护局工业有毒化学品项目规定了需削减的17种化学品或化工产品，其中包括：苯、四氯化碳、铬及其化合物、汞及其化合物、镉及其化合物、铅及其化合物、镍及其化合物、甲基乙基酮、四氯乙烯、三氯乙烷、二甲苯、甲苯等。

欧盟也制定了化学品限制清单。2003年，欧洲议会和欧盟部长理事会共同批准通过了WEEE指令和RoHS指令。根据RoHS指令，自2006年7月1日起，所有在欧盟市场上出售的电子电器设备必须禁止使用铅、汞、镉、六价铬等重金属，以及多溴联苯醚和多溴联苯等阻燃剂，这些物质在电子电器产品中到处存在。

对于 RoHS 目录中包括了、但对产品来说必不可少的材料，必须保证限量、安全使用，还必须考虑处理残留物所造成的影响。另外，设计人员还需要具有超前意识，尽可能使用可替代材料替代那些目前尚未被限制、但在将来很可能受到限制的材料。

（二）考虑物料全生命周期的环境危害

物料的全生命周期包括从初级原材料的提炼、成品材料的形成、使用、报废处理等过程。物料全生命周期的环境性能要求如下。

1. 材料本身的生产过程低能耗、低污染

很多材料（如铜线材料）需要经过从矿产资源中提炼、分离、冶炼、理化制备等过程，才形成成品物料，最后再加工成零部件或组装到产品中。在这一系列的过程中，要消耗大量资源和能源，并产生各种废弃物。实施绿色采购，应该选择那些在材料制备、加工过程中低能耗、少污染的材料。

2. 材料在使用过程中安全、无毒

所选材料在生产加工过程中或在产品使用过程中，应该确保对操作人员不产生身体危害，如不应含有有毒物质、易燃物质等。

3. 材料易循环处理、可降解

目前，汽车、家电产品等许多类型产品的回收再利用已成为一种趋势。产品的再循环要求其构成材料具有可循环、可降解的特性。物料的构成成分越少、规格种类越少，物料的再循环处理就越容易。

（三）尽量减少对供应受限的材料的消耗

有些材料，尤其是天然材料的供应，受到不可再生资源短缺的约束，或者受到国家法律法规限制，对这类材料应慎重选择或尽量减少用量。

首先，应优先采购再生资源，减少对天然材料的消耗；其次，尽量选择可再生的材料，这类材料供应相对充裕，是国家鼓励使用的材料。

（四）考虑材料的可替代性

材料的可替代性能够为产品降低成本或者改进设计提供更多的可能。即使一种材料可以很好地满足特定用途，设计人员也应考虑材料的可替代性，使材料来源呈现多样性。当然，替代材料同样要能够完全满足相应的功能要求和环境要求。

产品中的有些材料都有可替代的其他材料。例如，汽车生产中，原来对碳钢、铁、锌等压铸件的使用量很大，但目前这种情况已发生了改变，用量显著减少；而高强度的钢、铝、铜（用于电子元件）和塑料的用量大大增加。又如，有些使用传统玻璃钢做成的零部件，已被一种新的增强型塑料替代，既减轻了产品质量，又提高了产品再循环性能。

三、基于产品全生命周期的绿色采购策略

由于采购在供应链管理中的重要地位，绿色采购策略应该贯穿在产品全生命周期的各个阶段。基于产品全生命周期的绿色采购策略如图8-1所示。

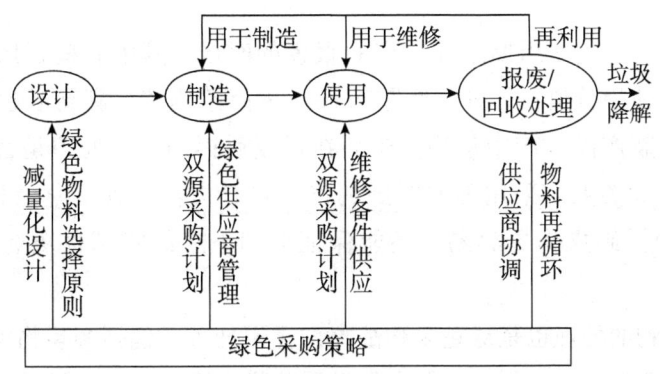

图8-1 基于产品全生命周期的绿色采购策略

（一）设计阶段的绿色采购策略

应在产品设计阶段就引入绿色采购的理念。首先是按照资源减量化的原则进行产品减量化设计，使产品的体积小型化、重量轻型化、包装简单化甚至零包装，从而减少资源消耗，减少采购量。与资源减量化相关的采购管理措施包括：按照最优化设计方法使材料消耗最少；减少使用材料的种类；改变毛坯件的尺寸规格以减少加工过程中的切削量和残余量等。其次是根据本章所讨论的绿色物料选择原则，指导产品的物料选择。在此不再赘述。

（二）制造阶段的绿色采购策略

绿色供应链模式下，针对制造过程所需的物料供应必须实施绿色供应商管理。另一个更重要的任务就是针对物料采取双源采购计划。

绿色供应链中，生产所需的物料有两个来源：一是产品回收再利用的零部件；二是新采购的零部件，即物料供应的双源性。来自回收再利用的零部件具有更高的不确定性。因此，双源采购计划更加复杂，既需要复杂的分析计算方法的支持，同时增加了供应商管理的复杂性。

(三) 使用阶段的绿色采购策略

在产品使用阶段,通过产品的维护、维修、升级等方式延长产品使用寿命,是节约资源、减少废弃物排放的重要手段。与制造阶段类似,产品维修的备件也有两个供应源:一是新采购的零部件;二是来自回收再利用的零部件。相应地,这一阶段的绿色采购策略包括:维修备件的供应管理和双源采购计划管理。

(四) 报废阶段的绿色采购策略

一般来说,处于生命周期末端的产品报废的时候,其中有些耐用零部件的损耗并不大,还具有使用价值;另外有些零部件经过简单修整、翻新后也可像新的零部件一样,直接在新产品生产中使用。产品在报废后拆卸、再处理是否便利,与产品的设计理念有很大关系。采用面向拆卸的产品设计方法、标准化及模块化设计等,不仅能使产品的拆卸操作更容易,还能保证拆卸下来的零部件更容易在新产品中使用。

因此,废弃物的处理也是绿色采购战略的重要任务,包括实现物料的再利用、再循环而实施的采购策略。例如,企业产品设计与供应商的零部件设计的协调、再循环物料的供应管理等。

由图 8-1 可以看出,基于产品全生命周期的绿色采购策略体现了循环经济的减量化、再利用、再循环 (3R) 原则的应用。另外,每个阶段的策略实施都要求与供应商密切合作,因此必须实施绿色供应商管理。

第三节 绿色供应商管理

根据绿色采购的内涵分析,将可持续发展理念融入供应商的评价、选择、绩效管理等过程中,实施绿色供应商管理是实现绿色采购目标的根本保障。

一、绿色供应商管理的任务

所谓绿色供应商,简单地讲就是环境友好的供应商。绿色供应商的职责不仅包括供应商自身提供绿色环保的供应品以及具有优良的环境绩效,还包括了促成物料在供应链中循环使用所作的努力,也包括与下游企业合作,共同提高环境绩效的战略。这些正是绿色供应商的内涵和要求。

围绕绿色采购管理的最终目标,绿色供应商管理一般包括如下内容。

(一) 绿色供应商的评价与选择

将可持续发展准则引入供应商的评估过程中,对新入选的供应商进行资格认证,根据行业规则和产品环保特点,制定供应商评价准则和指标体系,根据对供应商的综合评估做出选择决策。例如,华为对所有新供应商进行可持续发展体系认证,评估供应商遵守法律法规和可持续发展协议的能力和水平,认证不通过的供应商即判定为不合格供应商。

(二) 绿色供应商绩效管理

获取供应商相关信息,对供应商的环保绩效和社会责任行为进行定期评估,监督供应商在可持续发展和社会责任方面的表现,并将其作为供应商综合绩效的组成部分,以及对供应商实行动态、分级管理的依据。例如,华为每年开展供应商可持续发展绩效评估,对供应商过去一年的表现、现场审核结果及改善情况进行评估。对于绩效表现好的供应商,在同等条件下提高采购份额,优先提供业务合作机会;对于绩效表现差的供应商,要求限期整改,减少业务合作机会,甚至取消合作关系。

(三) 绿色供应商的培训与发展

对供应商进行环境管理相关的培训,包括行业规范培训、节能减排知识培训、碳排放管理知识培训等;与供应商进行深层次的战略合作,如进行节能机会点评估、组织节能技术研讨会等,帮助供应商提升环境管理绩效,提升可持续发展能力,从而发展优质的绿色供应商,为企业绿色供应链战略提供保障。

从上述3项内容中可以看出,建立绿色供应商评价的准则和指标体系是绿色供应商管理的关键。

二、绿色供应商管理的意义

(一) 有利于从源头控制污染

与绿色供应商合作有利于从源头控制污染、保证产品的环保性能。如果供应商提供的物料不能满足产品生产商的环保标准或政策法规所规定的标准,那么,制造企业生产的产品也必然会受影响。供应源绿色化是绿色产品采购的核心,因此,绿色供应商管理对企业乃至供应链的环境绩效具有举足轻重的作用。

供应商通过选择环境友好的材料并提供可拆卸、可循环的零部件,可为产品废弃后的零部件拆卸、再利用和再循环提供保障;另外,绿色供应商还可能成为今后回收零部件的最大需求方,这样有利于整个供应链范围的资源循环。

（二）有利于增强企业的竞争力

通过与绿色供应商合作，共同设计产品、共享环境改进方法、共同管理再利用资源等，不仅能从源头降低产品系统对环境的污染程度，减少产品废弃量及处理成本；还能减少产品系统的能源消耗和资源消耗，从而降低成本。另外，与绿色供应商在产品设计层的合作，能使产品回收后的再处理、再利用更有效，能提高企业及整个供应链的竞争力。

（三）有利于改进产品设计

废旧产品回收物流过程提供了大量与产品质量相关的信息，企业在回收产品的同时可获得大量的产品质量方面的信息。一起研究和开发有助于提高环境效益和经济效益的产品，是制造商与供应商合作的重要内容之一。发挥供应商的专业优势，能更有效地改进原材料和零部件的设计，最终有利于改进产品设计。

（四）有利于供应链的信息共享，降低采购管理的不确定性

战略伙伴关系建立的基础是合作企业之间的相互信任。与绿色供应商共同进行产品设计、供应物资的质量免检等都是这种信任与合作的具体体现。这种战略关系要求上、下游企业之间实现信息共享和快速传递。实施绿色供应商管理，就意味着在产品绿色设计、原材料生态标准、再循环甚至回收再处理等方面提出了更高的要求，必须与供应商建立战略合作关系，这种合作有利于双方信息共享，降低绿色采购管理中的不确定性。

三、绿色供应商的评价与选择概述

供应商的评价与选择是供应商管理的重要内容之一，包括 4 个主要过程：初始供应商的资格认证；确定供应商评价准则和指标体系；获取供应商相关信息；综合评价，做出选择。

与一般供应商的评价选择问题相比，绿色采购战略下，绿色供应商的评价与选择的本质特点是，将供应商的环境可持续性这一指标纳入供应商评价准则和评价指标体系中。因此，下面重点分析绿色供应商评价准则及指标体系。

（一）绿色供应商选择的影响因素

一般供应链管理中，影响供应商选择的因素主要有：供应品的价格与质量、交货的提前期和准时性，供应商的技术能力与财务状况等。通过分析影响因素，可以

建立相应的评价指标体系。实际在选择供应商时，这些因素具有不同的重要性（指标权重）。

选择绿色供应商不仅要考虑一般供应商选择的影响因素，还对供应商的资源环境绩效、可持续性表现提出了新要求。例如，供应商供应的产品或原材料必须符合绿色产品的要求，供应品在运输过程中不能产生污染，供应品的包装同样要符合绿色环保要求。本章引导案例中，还要求供应商符合行业环保认证要求、具有优良的环境绩效和信誉。

根据一项针对美国企业的调查研究结果，美国企业对供应商评估最常见的 10 个指标是：供应商的危险品管理能力、有毒废弃物管理能力、环境信息公开度、对其上游供应商的环境评估能力、ISO 14000 认证、产品包装的环境绩效、逆向物流能力、危险气体排放管理水平、对美国环境保护局公布的 17 种危险材料的使用情况、对释放臭氧物质的产品的管理情况。

不同国家由于环境法规的不同，对危险材料的规定、环境资质认证等均有所不同。因此，在分析影响供应商评价选择的因素时，除了考虑绿色供应商的价格因素、财务能力，还需要考虑供应商的物流能力、供应品的环保性能和供应商的环境管理绩效。下面重点分析这 3 个因素。

1. 供应商的物流能力

物流能力是指某特定的物流系统从接受客户需求、处理订单、分拣货物、运输到交付给客户的全过程中，在响应速度、物流成本、订单完成准时性和订单交付可靠性等方面的综合反映，它不仅包括运送货物的能力（有形要素），也包括执行物流过程的组织和管理能力（无形要素）。在绿色采购模式下，供应商的物流能力还应该包括供应商在产品回收方面的物流能力，即供应商的逆向物流能力。

2. 供应品的环保性能

原料及零部件的环保性能对产品的环境性能具有决定性作用，因此，供应产品的环保性能是选择绿色供应商时最关键的因素。供应品的环保性能可从以下这 5 个方面进行衡量。

（1）供应商所使用的材料中是否含有有毒有害物质或国家禁止使用的物质；

（2）材料是否能进行有效再循环；

（3）供应品中使用再生材料的比例；

（4）产品是否采用了环境友好的设计思想（如面向再循环的设计、面向可拆卸的设计、面向产品生命周期的设计等）；

（5）产品及包装物的环保性能。

3. 供应商的环境管理绩效

该因素主要是分析、评价供应商在环境管理方面的历史表现或成效，可从以下几个方面分析。

（1）供应商为遵守环境法规所做出的努力及改善成果；

（2）企业是否通过 ISO 14000 或其他行业所需的环境管理相关认证；

（3）供应商是否有因环境事件被报道的记录；

（4）供应商对其上游供应商的环境管理情况。

（二）绿色供应商评价准则和指标体系

根据对绿色供应商选择的主要影响因素分析，同时考虑指标体系建立的系统性、可测性、层次性、简易性、可比性、动态性等原则，可以建立绿色供应商评价准则及指标体系。但是，指标体系的建立具有较强的主观性和环境依赖性，尤其是不同行业具有不同的材料选择限制和环境管理规范，因此，很难给出一个一般性的指标体系。

根据对指标体系影响因素的分析，给出绿色供应商评价的指标体系示例，如表 8-1 所示。该示例中，既考虑物料与供应商的表现，又考虑历史表现与未来发展的潜力，以供应品质量、供应品环保性、产品循环绩效、成本（经济性）、物流服务能力、环境管理绩效、绿色创新能力为评价准则，建立具体的评价指标体系。

表 8-1　　绿色供应商评价指标体系示例

目标	一级指标（准则）	二级指标（准则）
选择绿色供应商	供应品质量	合格率
		可靠性
		可维护性
	供应品环保性	有毒有害物质含量
		再生材料的使用比例
		材料可再循环特性
		绿色设计方法的应用程度
		使用中的环保性
	产品循环绩效	产品回收再利用率
		包装回收再利用率

续 表

目标	一级指标（准则）	二级指标（准则）
选择绿色供应商	成本（经济性）	直接采购成本
		交易成本
		回收处理成本
	物流服务能力	交货质量
		网络布局合理性
		回收物流能力
	环境管理绩效	企业战略与环境法规的一致性
		ISO 14000 或其他环境系列认证情况
		环境事件记录
		对上游供应商的环境管理水平
	绿色创新能力	专业技术人才比例
		绿色产品研发能力
		研发资金支持力度

案例　夏普公司绿色采购管理实践

日本夏普公司（以下简称"夏普"）对环境保护和有害物质的管理非常严格，早在 2000 年 4 月就引入了"绿色物资采购指导原则"，并随后进行了多次更新、完善。夏普通过与供应商合作，加强环境保护活动，以及采购对环境影响较小的零部件和材料，促进了绿色采购战略的实施。

一、夏普绿色采购环境管理评估

夏普要求其供应商积极促进环境管理，致力于环保活动和产品开发，提供符合《夏普绿色采购评估标准》的零部件和材料。夏普的绿色采购标准中，除了常规采购标准中定义的"质量、成本和交货时间"，还根据"环境管理评估"和"交货品评估"进行了环境绩效评估，各自又包括更具体的内容，具体如表 8-2 所示。

表 8-2　《夏普绿色采购评估标准》中环境绩效评估标准

环境绩效评估	具体标准
环境管理评估	夏普绿色采购指南
	夏普供应链企业社会责任实施指南
交货品评估	零部件材料中所含化学物质管理标准
	规格表单附录
	化学物质成分调查手册

表 8-3 中的"规格表单附录"详细给出了基本要求。供应商要按照标准中确定的文本要求和数据要求提交分析报告。

夏普根据对供应商进行环境管理评价的结果,将供应商分成 4 个等级,将评价等级为"A"的供应商作为"绿色供应商",可优先采购;当供应商的评价级别为"D"时,原则上不与之进行合作;对评价级别为"B"和"C"的供应商,由公司集团事业本部对其进行指导。

2018 年夏普修订了《夏普绿色采购评估标准》,该绿色采购评价体系如图 8-2 所示。

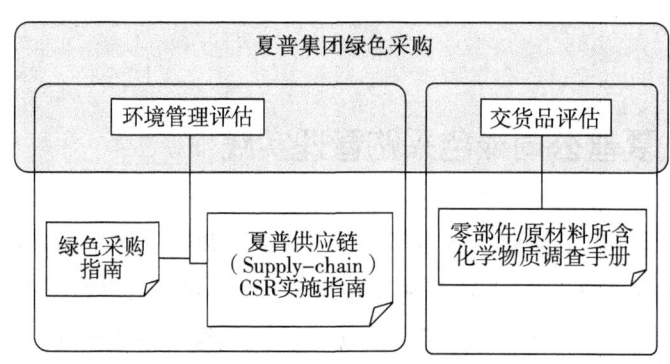

图 8-2　夏普绿色采购评价体系

在《夏普绿色采购评估标准》中,规定了"化学物质管理"和"生物多样性保护"的详细内容。该标准适合公司采购的 6 类产品如下。

(1) 直接材料,即用于生产公司产品的零部件及原材料;

(2) 成品,即公司采购的,向客户交付的成品;

(3) 半成品,即用于组装公司产品的半成品;

(4) 包装材料,指用于包装公司产品的包装材料;

(5) 间接材料,指制造工序中使用的药品、气体等辅助材料;

(6) 其他，包括设备及其耗材等。

二、夏普绿色采购管理系统

为了准确掌握夏普产品所采用的零部件和材料中含有的化学物质的含有量，确保用户使用的安全性和产品废弃时的环保性，谋求降低夏普产品整体的环境负荷，公司在往来厂商、客户的协助下，对提供给夏普的所有零部件和原材料进行调查，主要是调查零部件或材料所含有的化学物质的含有量和所用于的部位。公司列出的调查物质共涉及167种污染环境的物质群，有些是彻底禁止使用的物质，包括三丁基锡类、三苯基锡类、聚氯联苯类、石棉类等共9类物质群；有些则允许限量使用，如聚氯乙烯、镉及其化合物、铅及其化合物等，这些物质常见于塑料稳定剂、油墨、包装材料等材料中。调查零部件、原材料中所含有的化学物质并对调查结果进行跟踪评价是夏普绿色采购系统的重要构成内容。夏普环保产品采购系统的构成如图8-3所示。

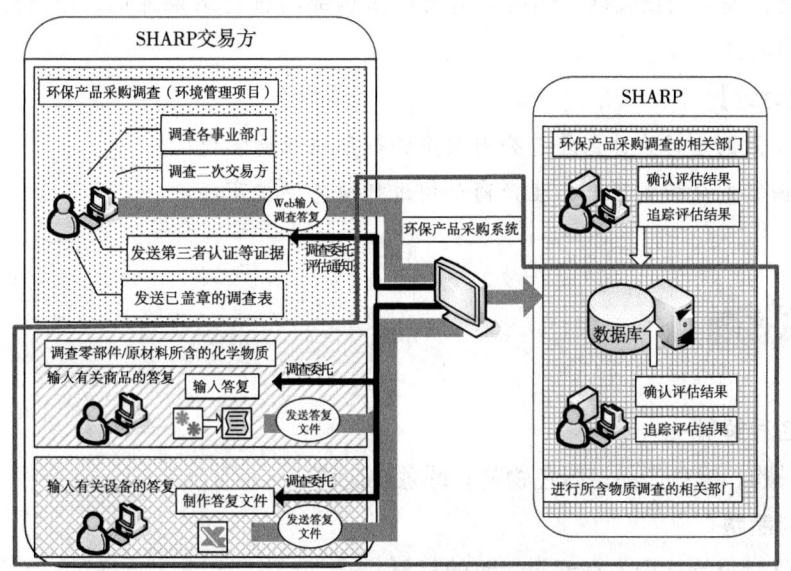

图8-3 夏普环保产品采购系统的构成

其中，绿色产品采购调查的对象涉及以下5类产品。

(1) 构成制品的零部件、原材料、装置；
(2) 用于生产，并在产品中含有副材料的物质（如焊锡、润滑油、油脂、胶带等）；
(3) 为销售而购入的成品、选择品、供应品等；
(4) 装入捆包中的使用说明书等印刷品；
(5) 产品捆包用的包装材料（零部件、原材料进货时的包装材料除外）。

系统规定了调查对象的化学物质，包括商品类事业部的25类物质，设备类事业部的 167 类物质（包含商品类的 25 个物质群）。以商品类事业部的调查对象为例，25 类化学物质按照物质的毒害程度被分成如下 3 个等级。

第一级：彻底禁止使用的物质。包括：六价铬化合物、双三丁基氧化锡、三丁基锡类、三苯基锡类、多溴联苯类、多溴联苯醚类、聚氯联苯类聚氯萘（氯原子数为 3 以上）、短链型氯化石蜡、石棉类。

第二级：附带条件禁止使用的物质，即含量低于一定水平是允许使用的物质。包括：镉及其化合物、铅及其化合物、汞及其化合物、砷及其化合物、铍及其化合物、偶氮染料、颜料、聚氯乙烯、邻苯二甲酸酯、臭氧层破坏物质、放射性物质、甲醛。

第三级：应加以控制的物质，指那些虽然能使用，但由于各种原因有必要进行再循环或难以再循环，因此应该加以管理控制的物质。包括：锑及其化合物、铋及其化合物、镍及其镍化合物、硒及其化合物、其他的溴类阻燃剂。

采购部门主要通过网络对供应商进行调查，供应商通过登录公司网站，下载相关数据和工具，提交调查数据。然后，由公司采购部门进行结果评估，以此作为评价供应商的重要依据。

【问题讨论】
1. 结合案例分析为什么夏普公司要实施绿色供应商管理？
2. 根据案例分析电子产品生产商如何进行绿色供应商评价？

思考题

一、名词解释

绿色采购；绿色产品；绿色物料；绿色供应商

二、判断题

1. 绿色材料就是指本身无毒无害的材料。　　　　　　　　　　　　　　（　　）
2. 绿色供应商管理就是指在原料采购阶段选择环境友好的供应商。　（　　）
3. 绿色采购管理中，既要求供应商满足环保要求，还要求其供应的产品质量符合要求。　　　　　　　　　　　　　　　　　　　　　　　　　　　　　（　　）
4. 绿色供应商管理是指在零部件采购阶段与绿色供应商的合作。　　（　　）
5. 所谓绿色产品就是指原材料符合环保要求的产品。　　　　　　　（　　）

三、简答题

1. 从采购管理行为的角度分析绿色采购的内涵是什么？
2. 绿色采购管理的最终目标是什么？

3. 什么是物料供应的双源性？
4. 物料全生命周期各阶段对环境有何影响？
5. 为什么设计时要考虑材料的可替代性？
6. 为什么绿色采购策略必须贯穿产品全生命周期？
7. 产品生命周期末端的管理与供应商有什么关系？
8. 实施绿色供应商管理对于提高企业竞争力有何作用？
9. 如何衡量原材料及零部件的环保特性？
10. 选择绿色供应商时考虑的主要因素有哪些？

 **实训项目**

选择一家知名的电子产品生产企业，查阅企业网站信息，了解企业所采取的可持续发展行动。总结企业对供应商进行的节能减排和环境管理相关知识的培训，并分析企业为什么要对供应商进行这类培训。

第九章 供应链逆向物流

引导案例　华为产品回收及逆向物流实践

人类社会正在进入数字化、全联结的智能时代,以物联网、大数据、人工智能等为代表的新一代信息和通信技术(ICT),已成为驱动社会和经济发展的新型生产力,并成为我们生活中越来越重要的一部分。华为投资控股有限公司(以下简称"华为",或"公司")是全球领先的 ICT 基础设施和智能终端提供商。公司围绕数字包容、安全可信、绿色环保、和谐生态 4 个战略,积极承担社会责任,致力于减少生产、运营等过程以及产品和服务全生命周期对环境的影响,实现可持续发展。

一、全球性的产品回收体系

华为致力于推广绿色 ICT 综合解决方案,积极推动资源节约、环境友好的低碳社会建设。通过创新的能源解决方案,帮助客户及用户降低产品功耗、降低碳排放,关注产品全生命周期对环境的影响。为提高产品回收率,公司采取了如下措施。

(一) 采用生产者责任延伸制度

华为主动履行生产者责任延伸义务,建设全球终端产品回收体系,给消费者提供完善的废旧电子产品回收渠道,减少废弃电子产品对环境带来的污染及影响。华为通过开展多种形式的废旧产品回收活动,让更多消费者了解华为的回收渠道并参与到回收活动当中,提高产品的退货率和物料再利用率,降低废弃物的填埋率,减少对环境的负面影响,与整个产业链一起,共同促进循环经济发展。

(二) 开展以旧换新业务

开展以旧换新业务既可降低消费者购买新产品的成本,同时又能提升旧产品的回收率和再利用率。华为通过线下、线上两个渠道积极拓展以旧换新业务。2018 年,公司在中国地区不仅增加了线下以旧换新的网点，还新开辟了"信用回收"线上回收方式，通过"先给券，再回收"的方式增加了回收量。

在海外，华为也积极开展以旧换新业务，已经实现俄罗斯、意大利、德国、阿联酋等9个国家的业务覆盖。2018年，华为的全球以旧换新业务回收废旧手机超过14万台。

（三）建立全球性的回收网点

公司建立了全球终端产品回收体系，目前已建成1300多家回收中心，覆盖全球48个国家（地区），有力促进了循环经济发展。

二、华为的逆向供应链

（一）全球逆向物流业务管理平台

公司认为，基于循环经济的原则，所有资源都能够被循环再利用。为有效促进产品回收及再利用，华为建立了全球逆向物流业务管理平台，该平台具有集收集、储存、拆解、测试、维修和废弃物处理等于一体的一体化逆向管理功能，华为致力于通过该平台实现产品价值最大化、资源浪费和消耗最小化，以降低对环境和生态的影响。

（二）逆向物料再利用方式

华为根据物料的生命周期和质量状态等因素对逆向回收的产品进行统一评估，然后根据评估的结果，对逆向物料再处理方式进行决策。对于符合再利用标准的产品，优先进入内部再利用渠道，供研发、备件、制造等环节再利用；在无内部需求，且无网络安全风险的前提下，进行转售，或由有资质的回收商进行拆解和资源回收，进入原材料再循环渠道，最大化恢复产品价值。2018年，华为退货产品再利用率达到82.3%。

（三）降低废弃物填埋率

华为通过拓展与业务领先的电子废弃物处理公司的合作范围，共享废弃物处理数据，识别环保关键物料，共同制定针对性的处理方案，降低电子废弃物填埋率。2018年，华为共处理约11332吨电子废弃物，填埋约190吨，电子废弃物填埋率仅约1.68%。

案例解析

为减少产品系统对自然资源的消耗和对环境的影响，很多国家制定了生产者责任延伸制度、废弃物回收处理等法规条例。开展废旧物品的回收再利用，既是为了符合法律法规的要求，也是企业降低成本、提高竞争力的需要。从案例可以看出，为实现废旧产品的回收再利用，公司不仅建立了覆盖全球的逆向物流网络系统，还建立了全球逆向物流业务管理平台；另外，公司还通过与有资质的回收商、专业的电子废弃物处理公司的合作，共同完成对回收产品的再利用处理以及对废弃物的处理，提高了废旧产品的再利用率，降低了最终废弃物的填埋率，实现了经济效益与环境效益的统一。

目前，逆向物流受到研究领域的高度重视，并逐渐成为企业的战略。但是，由于逆向物流的对象、目的、活动等都与正向物流有很大差异，因此，逆向物流管理也与正向物流管理有很大区别。本章将分析逆向物流的概念及其战略价值，介绍逆向物流系统流程及网络类型，电子产品逆向物流。最后提出逆向物流有效管理策略。

第一节 逆向物流的概念

一、逆向物流的典型定义

对逆向物流概念较早的描述是由美国学者 Lambert（兰伯特）教授和 Stock（斯托克）教授在 1981 年提出的，他们将逆向物流描述为在单行道上走错了方向，这里的单行道是针对正向物流渠道而言的。20 世纪 90 年代，逆向物流的含义大大丰富。1992 年，Stock 教授出版了《逆向物流》(Reverse Logistics) 一书，书中指出：逆向物流是一种包括了产品退回、物料替代、物品再利用、产品废弃处理、再处理、维修与再制造等流程的物流活动。1998 年，Carter 和 Ellram（埃拉姆）认为，逆向物流是物料在渠道成员间反向传递的过程，即从产品消费地（包括最终用户和供应链上的客户）到产品来源地的物理性流动；企业通过这一过程中的物料再循环及重复利用，使公司在环境管理方面更有成效。

逆向物流管理方面的权威组织，也是非营利专业组织——美国逆向物流执行委员会（The Reverse Logistics Executive Council，RLEC）主席 Rogers 博士和 Tibben - Lembke（蒂贝·兰勃格）博士于 1999 年出版了逆向物流著作《回流：逆向物流的发展趋势与实践》(Going Backwards: Reverse Logistics Trends and Practices)，书中认为：逆向物流是指物品从其消费地向其上一级来源地的流动过程，流动的目的在于补救物品的缺陷、恢复物品价值或使其得到正确处理。他们认为逆向物流的内容涵盖这 6 个方面：处理由于损坏、反季节、再储存、召回或者过度库存等原因回流的商品；包装原材料和容器的再循环；修复、改制或翻新产品；处理废弃的机器或设备；处理危险物料；恢复产品价值。Rogers 博士和 Tibben - Lembke 博士还认为，逆向物流的配送系统是由人、过程、计算机软硬件以及承运商组成的一个集合，他们相互作用，共同实现物品从终结地到来源地的流动。

供应链管理专业协会也给出了逆向物流的正式定义：逆向物流是对原材料、加工库存品、产成品以及从消费地到起始地的相关信息的高效率、低成本的流动而进行规划、实施和控制的过程。

我国 2006 年修订的国家标准 GB/T 18354—2006《物流术语》中，增加了对逆向物流（Reverse Logistics）的解释：逆向物流是指物品从供应链下游向上游的运动所引发的物流活动，也叫反向物流。国标中还给出了废弃物物流的定义。废弃物物流（Waste Material Logistics）是指将经济活动或人民生活中失去原有使用价值的物品，根据实际需要进行收集、分类、加工、包装、搬运、储存等，并分送到专门处理场所的物流活动。

欧洲逆向物流管理协会的 Revlog 认为，逆向物流其实是一个概括性的词语，有狭义与广义之分。从狭义上看，逆向物流是通过分销网络系统将所销售的产品进行回收、处理的过程；从广义上看，逆向物流代表了与重用物料、节约资源及保护环境有关的一切活动，因此，也包括与减少正向物流过程中物料消耗相关的活动，如生产过程中的原材料节约、边角余料重新利用、包装物重新利用、次品改造等，通过这些活动可减少物料的回流，使正向物流量和逆向物流量同时缩减。

二、逆向物流的内涵

上述定义虽然对逆向物流有不同的陈述，但它们关于逆向物流的内涵是基本相同的。综合上述各种描述，可从逆向物流的流动对象、流动目的、活动构成等方面来理解逆向物流的内涵。

从逆向物流流动的对象看，逆向物流是产品、产品运输容器、包装材料及相关信息，从它们的最终目的地沿供应链渠道"反向的"（Backward）流动过程。

从逆向物流的流动目的看，是为了重新获得退货品、回收品或废弃产品的使用价值，或者是为了对最终产品废弃物进行正确地处理。

从逆向物流的活动构成看，为实现逆向物流的目的，逆向物流包括对产品或包装物的回收、重用、翻新、改制、再生循环、填埋等多种形式，另外还包括产品正向物流过程中的资源缩减活动。

尽管定义中逆向物流涉及的范围较广，但最主要的流动还是废次产品及包装材料从顾客和零售店向分销商或生产制造商的逆向流动。企业必须设计一个逆向物流系统，以保证这些废次品的回收效率，并使它们的使用价值得以快速恢复。

三、逆向物流的类型

由定义可知，逆向物流有不同的对象、不同的处理目的及不同的处理方法。因此，从不同角度分类,会得出不同的分类结果。根据产品回流的原因和处理方式的不同,主要可分为如下 4 种类型。

(一) 商业退货逆向物流

供应链的下游成员,如批发商、零售商、最终顾客等,由于产品质量问题或产品库存积压等原因,将使用时间不长的商品或未使用的商品退回到供应链上一节点,由此产生的逆向物流就属于商业退货逆向物流,如图 9-1 所示。

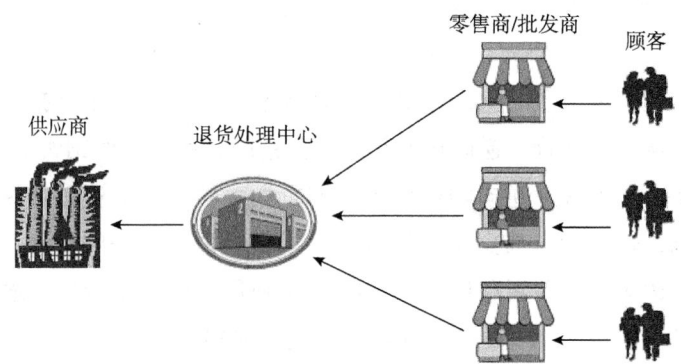

图 9-1 商业退货逆向物流示意

根据退货原因的不同,商业退货品被进一步分为库存积压产品、物流过程中的破损产品、召回产品和顾客退货产品 4 种类型。

(1) 库存积压品一般是可直接使用的商品,需要通过快速回收,直接再销售到合适的场合。

(2) 物流过程中的破损产品包括功能受损或包装破损的产品,根据产品功能的完好程度,尽快修复处理,重新进入销售渠道。

(3) 召回产品往往存在设计环节或加工环节导致的质量缺陷,不能直接再使用。缺陷产品回收后,应根据产品缺陷的严重程度或危害性,采取补救措施后再销售,或直接销毁处理。许多大型企业,如英特尔、福特等,都有过产品召回的情况。这些缺陷产品的召回过程就是逆向物流过程。

(4) 零售业,尤其是电子商务模式下的商品,退货越来越普遍。大多数退货产品尤其是无故障退货的商品,可以直接再使用。企业需要利用完善逆向物流系统,快速恢复这些退货品的价值。

(二) 产品寿命终结逆向物流

产品已被使用较长的时间,接近寿命周期的终点或完成其使用价值而被消费者丢弃或淘汰，这些物品还具有一定的残余价值，可以经过回收、再处理后被重新使用。这就形成产品寿命终结的逆向物流。

产品寿命终结的逆向物流既有经济方面的原因，又有环境法规方面的原因。从经济方面看，回收品通过适当的恢复处理，可重新变成有用的资源，重新进入市场；从环境法规方面看，越来越多的回收处理法令强制规定了生产商对产品及包装容器进行回收处理的责任，以减少废弃物对环境的危害。

随着我国《循环经济促进法》《生产者责任延伸制度推行方案》等条例的颁布与实施，废旧机电产品、废旧电子电器产品的回收量剧增，建立完善的逆向物流系统是企业进行产品生命周期末端管理的关键。

（三）包装物回收逆向物流

包装消耗大量的自然资源，且包装物废弃后对环境的危害十分严重。为缓解包装对资源环境的影响，包装物回收再利用非常有必要。与包装物回收再利用相关的物流活动就形成了包装物回收逆向物流。

根据包装容器是否能直接多次重复使用，可以将包装容器分为一次性包装容器和多次重用包装容器。一次性包装容器的逆向物流主要是回收后进行材料的再循环，形成再生资源；多次重用的包装容器回收后，经过检验和清洗、修复等流程可以直接进行重复使用。两种不同形式的包装物回收再利用，其逆向物流渠道及处理流程是有区别的。

（四）维修再制造逆向物流

在产品生命周期的中期，产品经过一段时间的使用后发生故障，需要进行维修。产品维修可以是用户将故障产品送到维修服务商那里，也可能是维修服务人员携带备件上门维修。前者产生的是产品逆向物流，后者引发备件物流和人员流动。不管哪种形式，故障产品经维修处理后，一般都通过原来的渠道返还给原来的用户。

如果产品损坏严重，经过简单修理已不能恢复产品正常功能，企业将对回流产品实施再制造工程，包括产品拆卸、更新有故障的零部件、替换上性能完好的零部件等，试图从整体上恢复产品功能，使其重新进入使用环节。由产品再制造引发的逆向物流参与者多，网络结构及管理过程非常复杂。

除上述 4 种类型外，还有一种发生在企业内部的逆向物流，即针对生产过程中出现的废次品和副产品进行内部循环处理。这属于清洁生产的范畴，在此略去。

四、逆向物流的特殊性

与正向物流相比，逆向物流在流动对象、流动目的、处理方式等各方面都有较大的差异。概括起来，逆向物流具有如下几方面的特性。

1. 流动的逆向性

逆向物流中退回的商品或报废物品的流向一般是：消费者→中间商→生产厂家→原材料或零部件供应商。因此，逆向物流与正常的商品流的方向正好相反，与正向物流运作的起始点也完全相反；逆向物流更趋向于反应性的行为和行动，其中的实物流动和信息流动基本上都是由供应链末端的成员或最终消费者引起的。

2. 不确定性

废旧物资的来源是分散的，可能来源于生产领域、流通领域或消费领域，涉及企事业单位、组织或个人消费者。因此，首先，逆向物流的不确定性表现在物流起始点的分散和不确定；其次，体现在逆向物流需求时间和需求数量的不确定，这导致逆向物流量的预测更加困难；最后，逆向物流的目的地有时也是不明确的，回收的产品可能送到销售商那里，也可能送到生产商那里。

逆向物流需求的不确定性和目的地的不明确，会进一步导致逆向运输路线的不明确。

3. 缓慢性

缓慢性表现在以下 3 个方面。

一是逆向物流量积累速度的缓慢性。指的是在产品使用的开始阶段，逆向回流的物品一般是种类多，但数量少。随着产品使用时间的推进，需要较长时间的不断汇集，才能形成较大的流动规模。

二是处理过程的缓慢性。废弃物资的收集、整理、检验、循环再利用是一个复杂的过程，导致处理时间长。

三是回收物品价值恢复的缓慢性。废弃物资回收后，需要经过检验/分类、改制、再加工等环节，才能恢复价值。这是一个漫长的过程。如果废旧产品只能进行原料再循环，需要的时间更长。这说明，回收物资的资产恢复需要较长的时间，其经济价值的体现不是立刻就能实现的。

4. 复杂性

因逆向物流的来源地分散、无序，不可能集中一次向接收点转移。由于分类回收制度的不完善，废旧产品在进入逆向物流系统时，常常是各种废弃物都混在一起，只有经过检验/分类，才能分别决定再处理的方式。由于资源再利用的方式不同，不同处理手段对恢复资源价值的贡献也有显著差异，因而，逆向物流的处理系统与方式也复杂多样。另外，制造商有时还对回收品的处理附加一些特殊规定，如二级市场转卖的商品必须除去标识、更换铭牌等，这些也使逆向物流处理方式更加多样，增加了复杂性。

5. 费用的昂贵性

逆向物流费用的昂贵性表现在两个方面：一是由于回收物品的来源地和数量的不确定，且包装不完善，导致物流效率低、物流成本高；二是许多回收物品需要进行人工操作，难以利用机械化设备进行大规模操作，处理效率低，也增加了人工成本。

逆向物流由于活动环节多，过程复杂，相应的成本构成也非常复杂。

6. 价值的非单调性

价值的非单调性体现在逆向物流处理的不同阶段。一方面，由于回流物品在逆向物流过程中，涉及运输、仓储及其他处理作业，作业活动越多，所花费的处理成本也越高，这些作业成本会抵消回收再利用的价值，使其价值逐步递减；另一方面，物品通过逆向流动后，经过翻新、修整、改制、再循环等逆处理后，重新获得其价值，又使其价值逐步递增。

第二节 逆向物流产生背景及重要性

一、逆向物流的产生背景

对废弃物品的回收和再利用是一项早就存在的活动。但是，长期以来，企业管理者只重视对正向物流活动的管理，对回收活动中的收集、运输等物流过程缺乏有效规划和管理，这就使得废旧产品回收活动成为一种复杂、耗资大且成效低的负担。20世纪90年代，随着自然资源获取难度的增加以及人们环境保护意识的加强，很多国家制定了严格的废弃物回收处理法规条例。废旧产品的回收再利用得到发展，由此推动了逆向物流的产生和发展。Stock教授的调查研究证明，有效的逆向物流管理对企业和社会都具有重要的价值，不仅能节约资源、保护环境，还能将复杂的、低效的回收活动变成企业的一种竞争优势。可见，逆向物流的产生既有来自资源环境方面的压力，又来自经济利益的驱动，也来自客户价值的促进。

（一）环境的压力及环保法规的约束

随着人们消费需求的个性化、多样化，产品的更新换代越来越快，被丢弃、淘汰的物品日益增多，抛向自然界的废弃物也越来越多，这就带来以下两方面的问题。

一方面，大量产生的废弃物使企业面临的废弃物处理问题越来越严重。由于传统的废弃物处理方式（如垃圾填埋和焚烧处理），对环境的影响很大，受到公众和政府的严格限制。在欧洲、北美的一些工业化国家，垃圾填埋场地的面积越来越小，垃圾填埋的费用越来越高；而且由于垃圾填埋会对土壤环境造成破坏，焚烧又会产生有毒气体、污染空气、危害人类生存环境，因此，公众对这两种废弃物处理设施越来越抵制。

与此同时，很多国家的政府对建设废弃物处理设施制定了更加严厉的法规要求，禁止填埋的产品种类越来越多，使得企业面临的废弃物处理问题日趋严重。

另一方面，大量消耗→大量生产→大量废弃的结果，造成资源和能源的大量浪费，导致地球上可利用的资源越来越少，甚至面临资源枯竭的危机，严重威胁到社会经济的可持续发展。

出于垃圾填埋场地的限制，以及消费者日益高涨的环境保护要求，各国政府纷纷制定有关回收再利用和废弃物处理的法律法规，这些法规促使企业以循环使用资源的观念代替"一次使用资源"的观念。例如，欧洲严格的包装容器回收法律就对产品出口商的影响很大，企业不得不改变自己的产品包装，使其满足大多数进口国家的标准，这就意味着出口商必须回收并处理废弃的产品包装材料；一些国家对电子产品、机械产品都制定了回收再利用的法律标准，这些严格的回收法规迫使企业不得不对自己生产的产品报废后的回收处理负责。

因此，公众对传统废弃物处理方式的抵制及日益高涨的环境保护要求，迫使企业最大限度地降低产品及生产流程对环境的影响；而政府制定的回收法规条例，更促使企业不得不实施逆向物流。

（二）经济利益的驱动

随着廉价资源获取越来越困难，资源供求之间的矛盾越来越突出。对使用过的产品及材料进行再生循环利用，逐渐成为企业满足市场需求、降低生产成本的可行之路。这就促使企业对产品废弃后的回收、再加工、再循环利用等一系列逆向物流活动越来越重视。

很多企业看到了实施逆向物流所能带来的巨大经济效益，因而积极主动地实施逆向物流项目。例如，沃尔沃公司在预测到瑞典将会立法规定汽车生产商对汽车零部件进行回收的法律责任时，率先引进了先进的汽车拆卸和处理设备，通过对汽车零部件的回收和处理获得了巨大的经济效益：金属、塑料拆卸下来当作废品出售，有些零部件直接重新进入装配线，组装成汽车后在二级市场上出售。随后这些项目成为沃尔沃重要的利润来源。

逆向物流市场的巨大诱惑，促使越来越多的企业投资于逆向物流项目。以家电行业为例，全球每年报废的电冰箱、洗衣机、电视机等家电产品数额十分巨大，例如，我国目前已进入家电废弃的高峰期，据估计，每年报废的电冰箱、洗衣机、电视机将达400万~500万台，加上空调、电脑等，每年总计有2000万台左右的家电产品报废，因此，逆向物流市场需求巨大。

(三) 客户服务理念及企业形象意识的促进

在客户眼中，任何企业的产品都可以看作价格、质量和服务的组合，顾客购买的正是这样一种组合。客户服务的范围很广，包括从产品的可得性到售后服务等众多因素。在买方市场的环境下，客户服务已成为企业营销战略的基本组成，良好的客户服务是创造需求、保持客户忠诚度的重要因素。因此，越来越多的企业认识到，维持客户的满意度和客户的忠诚度对于促进产品销售是至关重要的。

为提高客户服务水平，企业就必须有效地解决客户的退货问题。另外，对于有缺陷的产品，制造商必须召回以进行修理、更换或销毁。而良好的逆向物流渠道和有效的管理是快速、有效地处理退货问题的关键。为此，企业必须主动实施逆向物流战略。

在上述背景下，逆向物流逐渐得到企业界的重视。目前，随着电子商务的发展，网上购物量大幅度增加，相应的商品退货量也急剧增加，由此导致退货逆向物流量大幅度增加。另外，回收管理法规日趋严格，涉及的产品种类越来越多，也推动了逆向物流的快速发展。

二、逆向物流的重要性

逆向物流的重要性主要体现在两个方面，即环境价值和经济价值。

从环境价值来看，逆向物流的目标之一是对废旧产品进行回收再处理，实现资源的重复利用，这样既降低了生产过程中的资源消耗，又减少了废弃物量，有利于节约资源、保护环境。

国内外很多知名企业（如通用汽车公司、联想集团等）都实施了逆向物流项目。这说明实施逆向物流不仅具有环境保护方面的价值，而且还能为企业带来直接或间接的经济利益。下面分析企业逆向物流的价值。

(一) 提高客户服务水平，增强企业竞争优势

顾客价值是决定企业生存和发展的关键因素，客户服务理念已成为企业重要的战略理念。企业实施逆向物流，有利于提高客户满意度，提高企业竞争力。

1. 满足消费者退货需要，增强顾客满意度

对最终消费者来说，逆向物流的成功运作能够确保不符合订单要求的产品及时退货，保证有质量问题的商品能够及时被召回，消除后顾之忧，从而增加消费者对企业的信任感，增加回头购买率，扩大企业产品的销售量。

如今，越来越多的企业认识到，顾客的满意是他们最重要的资产，而召回顾客不想要的产品或是顾客认为不符合他们需要的产品，正是顾客满意度的重要构成之一。

一般来说,产品的价值越高,就越需要有高效的逆向物流,不仅因为存在着机会成本,也由于顾客的期望值较高。对于产品生命周期较短的高科技产品来说,这一点更加重要。

2. 促进上、下游企业间的合作

对于供应链上的企业客户来说,上游宽松而有效的退货策略,能减少下游企业的经营风险,促进企业成员间的合作。例如,批发商或零售商担心购买的产品不能热销,会造成库存积压,因此,可能就不愿意多采购该类产品。这时,如果产品生产商能有良好的承诺和行之有效的逆向物流系统,有能力迅速收回没有卖出去的产品或有缺陷的产品,能及时地给客户以良性反馈,那么,批发商、零售商们就会减少对未来的存货风险的担忧,他们更乐意购买"有把握的"产品。

所以,良好的逆向物流系统有助于维持长久的客户关系,促进企业间的战略合作。经验证明,留住老客户比开发新客户所付出的代价更少,从中获得的利益更多。这种稳定的战略合作关系,能强化整个供应链的竞争优势,尤其是对于那些过时风险较大的产品,退货策略及良好的逆向物流系统所产生的优势更加明显。

(二)节约资源、降低成本,成为新的利润中心

随着资源短缺问题的日益严重,对用过的产品进行再生循环利用,已成为企业降低生产成本的可行之路。一些国家通过法律条例将生产者的责任延伸到产品寿命终结后,也促使逆向物流成为一个新的利润中心。

有些产品回收后经过翻新、改制等处理活动,可作为原材料或零部件直接进入新产品的生产线或在其他市场再销售。在资源获取日益困难的今天,使用再生资源或二手零部件,可以大幅度降低企业的物料成本,从而增加效益。正如西尔斯负责物流的执行副总裁所言,逆向物流可能是企业降低成本中的最后一块可开发的空间了。例如,蓝带啤酒公司开展啤酒瓶的回收计划,将经过清洗、消毒后的啤酒瓶再次投入使用,相比生产一只新瓶,生产成本可降低 20% ~ 40%;在汽车、飞机的零部件制造业及电子产品制造业,使用翻新零部件已成为一种趋势,美国宇航局运用改制与翻新的零部件,使飞机制造费用节省了 40% ~ 60%;在美国的地毯行业,很多公司开展地毯回收计划,就是为了用低成本的回收尼龙代替昂贵的原材料。总之,实施逆向物流,能节约资源,降低物料成本,为企业带来巨大的利润。

(三)促进产品质量不断提高

逆向物流在促使企业不断改善产品质量方面也具有重要的作用。ISO 9001 将企业的质量管理活动概括为一个闭环式活动——计划、实施、检查、改进。逆向物流正好处于检查与改进两环节之间，承上启下，作用于两端。

很大一部分退货是因为产品具有某方面的质量问题或其他问题（如外观、价格等问题）。通过逆向物流信息系统，可以将与产品质量有关的信息反馈给质量管理部门或产品设计部门，从而促进设计部门改进产品设计，促进管理部门实施更有效的质量管理，不断提高产品质量，增强产品竞争力。

另外，为提高逆向物流活动效率和效果，需要产品设计部门在产品设计阶段就考虑产品逆向物流问题，采取面向回收的设计、面向拆卸的设计等，因此，还有利于推动产品设计方法的创新。

（四）提升企业形象

随着公众环境保护意识的日益增强，顾客对环境的期望越来越高，不仅考虑自己目前的生活状况和条件，而且开始密切关注人类后代的繁衍和发展环境。能否顺利地履行可持续发展战略，是企业向社会承诺和负责的伦理道德尺度。越来越严格的环境保护法规和污染收费制度，为企业的经营行为规定了新的约束标准，企业的环境业绩已成为评价企业综合绩效的重要指标。

企业通过实施逆向物流战略，能减少产品最终废弃物排放量、减少对环境的污染、降低资源消耗量，是企业社会责任的体现，有助于树立企业的环境形象，增强企业在消费者心中的良好形象，为企业带来间接的价值。例如，耐克公司鼓励顾客将他们穿旧了的耐克鞋送回购买处，这些鞋子被运回耐克公司后被切碎，成为篮球场和输送带的材料，耐克公司再将这些材料捐给学校或社区修建篮球场。这些活动使企业的品牌价值得到提升，能够刺激更多的消费者购买他们的产品。

第三节　逆向物流系统流程

逆向物流的产品因其回流原因不同，再利用的价值和方式不同，具体活动和流程也不相同。因此，为了解逆向物流系统流程，先分析废旧产品回收再利用的策略。

一、废旧产品回收再利用策略

废旧产品回收后，主要有如下4种再利用的策略。

1. 直接再使用

这是产品再利用最简单，也是最理想的方式，指通过技术升级提高回收产品的性能，通过简单修复和维护保养恢复产品的使用功能，直接为用户再使用，或进入二级市场再销售。

2. 再制造

产品报废后,其中大部分耐用零部件不会同时损坏,可能只是某些关键零部件老化了,这时最有效的再利用途径是再制造,即保留性能好的零部件,对部分零部件进行翻新、修整或更换少量的零部件,使产品重新具有使用价值。这一方式需要供应链上的成员密切合作,采用模块化思想设计的产品具有更好的再制造性能。

3. 零部件的再循环

即对旧产品进行分解,回收拆卸下来的零部件,经过修整后用到与原产品同类的新产品中去,或用到其他产品中。零部件的循环使用,可以节约零部件生产成本。

4. 材料的再循环

废旧产品经过完全拆卸后,如果其零部件不能被再循环利用,就分别回收其中的材料(如金属、塑料等),进入原材料再生环节。例如,金属废弃物返回到冶炼过程重新变成原材料,塑料废弃物经清洗后、熔化、再成型,等等。经再循环得到的再生资源重新进入资源市场,返回到产业活动中。

如果一个产品报废后不能开展上述任何一种再利用活动,而只能进垃圾填埋场的话,说明这种产品的环境性能极差,要尽量避免。

二、逆向物流的一般过程

不同产品、不同类型的逆向物流再利用的方式不同,具体的活动也有差别。对于处于寿命周期中期或末期的产品,逆向物流活动包括废旧产品的回收、检验/分类、拆解、再处理/再加工以及最终报废处理等,图9-2是逆向物流的一般过程。

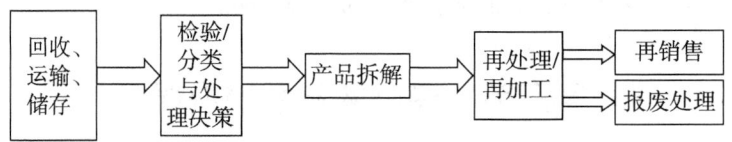

图9-2 逆向物流的一般过程

(一) 回收

顾客将自己持有的废旧产品(含包装容器)通过有偿或无偿的方式回流到销售商或产品生产商指定的第三方机构。废旧产品的供应者可能是最终消费者,也可能是零售商;来自顾客的产品可能返回到分销商,或产品供应商,或生产商指定的机构。

回收过程包括对废旧产品的收集、捆包、储存、运输等活动,废旧产品收集点的数目、规模及其位置分布需要考虑废旧产品的来源和数量特征后进行决策。在回收运营过程中,还需要合理规划运输方案。废旧产品回收运输的成本在逆向物流成本中占很大比例。另外，受地方法规的限制，很多地区禁止废弃物的跨地区运输。

（二）检验/分类与处理决策

回流产品一般都存在某方面的问题，有的可以继续使用，有的需经过某种处理方式才能再利用。该环节就是对回收的各种产品进行检验或测试，再根据检验结果对产品进行分类，最后进行再利用和再处理方式的决策。

回收品的检验、测试可能是目测，也可能需要运用特定的设备进行检测。再利用的可能选择包括直接再销售、翻新修整后再销售、拆卸出零部件再利用、原材料再循环或最终废弃物处理。在复杂情况下，还需要在对各种可能的方案进行成本效益分析后，再做出抉择。

（三）产品拆解

对于不能整体再利用的产品，按照产品结构构成，将产品分解、拆卸成不同的零部件。为保证拆卸后零部件的使用价值，应该做到无损坏的拆卸。

如果在产品设计阶段，采用面向拆卸的设计、面向回收的设计思想进行产品结构设计，那么，产品报废后的拆卸、再制造会更方便、更有效。

（四）再处理/再加工

该环节是对回收的产品或拆卸后的零部件实施清洗、修整、翻新、再制造等加工处理，或进行原料再生处理，以恢复产品或原材料的使用价值。

废旧产品再处理、再加工需要一定的专业技术和设备，再制造过程与产品制造过程有密切关系。因此，从事再处理、再加工的企业一般是原产品生产商、零部件生产商，或是同行业的专业组织、原材料厂等。

（五）再销售

再销售是指废旧产品经过一定的再处理方式恢复使用价值后，重新进入市场进行销售的过程。再销售的市场可能是与原新产品相同的市场，也可能是二手产品市场。

（六）报废处理

报废处理是指对废旧产品经过拆卸和再处理后的没有使用价值的剩余物进行的最终处理，报废处理的方式包括填埋、焚烧等。

三、逆向物流系统结构

对于产品组成复杂、价值高的耐用品，产品生产企业必须构建专业化程度高的逆向物流系统，并有必要将逆向物流管理纳入企业战略管理范畴，即必须将逆向物流与正向物流进行集成。图9-3是与正向物流进行集成的逆向物流系统流程框架。

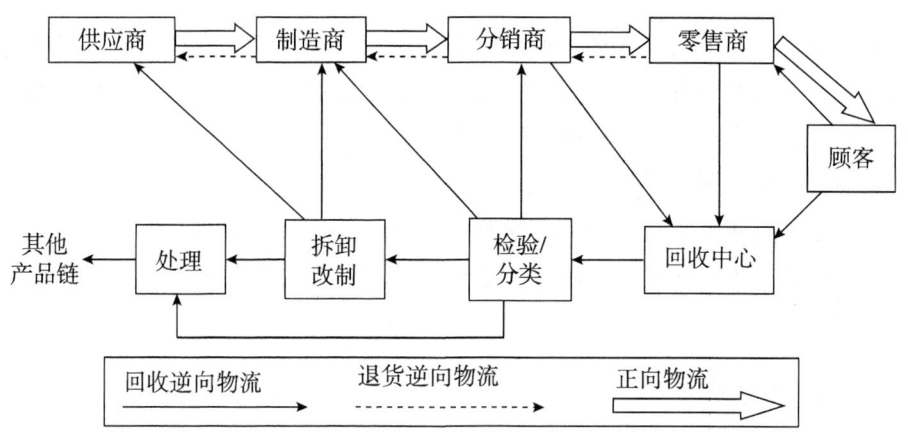

图9-3 与正向物流进行集成的逆向物流系统流程框架

图9-3反映了逆向物流的主要活动及供应链主要成员之间的物料流的关系。专业化的回收中心接收来自供应链下游的顾客、零售商或分销商的损坏退货、库存退货或报废产品，进行集中式回收处理。废旧产品的再处理活动可以由原产品生产商完成，也可由其他专业公司完成。

恢复价值后的零部件或再生资源有些进入原供应链（供应商、制造商），有些则进入其他产品链。如果产品或其核心零部件涉及企业保密技术，为防止其他企业仿冒产品，保持企业自身的垄断地位，企业往往会建立自己的逆向物流系统，负责产品的拆卸、分解、零部件修复、再制造等一切活动，使修复后的零部件重新进入产品生产过程。在这种情况下，企业实际上构建的是一个闭环的物流系统。

第四节 逆向物流系统网络类型

在产品逆向物流过程中，废旧产品经收集后，到回收处理中心、产品拆解中心、价值恢复处理中心，再到再分销市场，同样要经过一系列的节点和运输路线，由这些逆向物流的设施点及设施点间的线路构成的拓扑结构就是逆向物流系统网络，如图9-4所示。逆向物流系统网络一般应该具备4项功能，即收集、检验/分类、再处理、再销售。

了解逆向物流网络结构是进行逆向物流系统规划设计的基础。按照回收产品逆向物流活动的不同，逆向物流网络可划分成直接再利用逆向物流网络、再制造逆向物流网络、原料再循环逆向物流网络以及商业退货逆向物流网络4种类型。

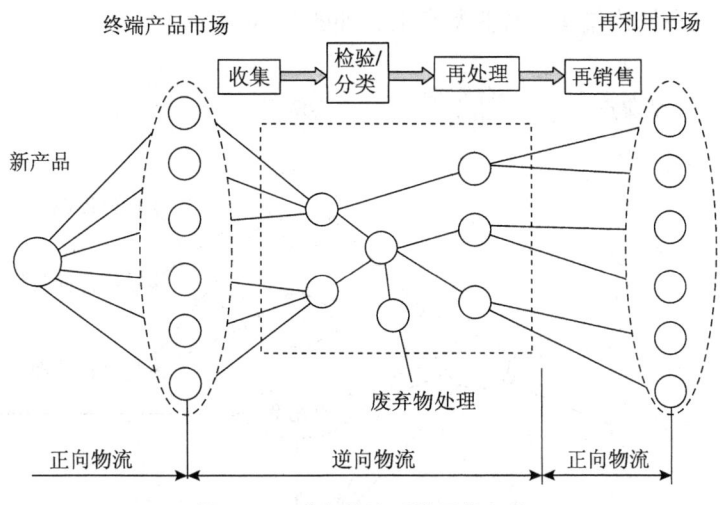

图9-4 逆向物流系统网络示意

一、直接再利用逆向物流网络

该网络结构适合于产品回收后可直接重用的场合。可直接重用的产品中最常见的是各类包装容器,如饮料瓶、粮食包装箱、集装箱、托盘等。这类产品的逆向物流过程是:包装物使用后回收→再处理→再包装使用。包装物的再处理过程很简单,主要是容器的清洗、消毒、检验破损或简单维修等。图9-5是直接再利用逆向物流网络。

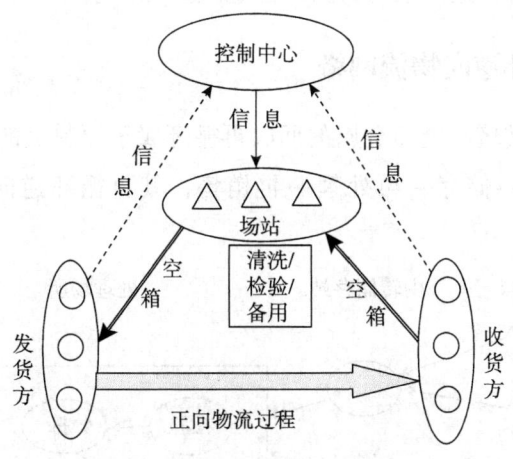

图9-5 直接再利用逆向物流网络

二、再制造逆向物流网络

大多数机电产品被废弃时,产品可拆卸出不同的零部件,通过维修、翻新、替换等再制造技术,废旧产品可恢复使用价值。再制造逆向物流过程较复杂,其逆向物流网络结构也是几种网络结构中最为复杂的,如图 9-6 所示。

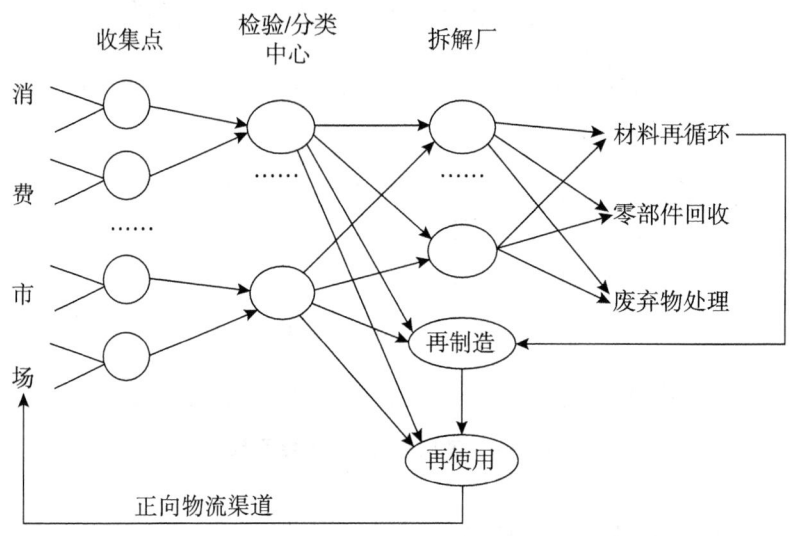

图 9-6 再制造逆向物流网络

从消费市场回收的废旧产品首先被送到检验/分类中心进行产品检验,根据检验的结果,将回收产品分为可修复和不可修复两类:将可修复产品送到再制造场所进行修复、翻新、替代等处理;将不可修复的产品进行拆解,提取有用的零部件或材料。再制造产品或提取的零部件通过正向物流渠道重新进入市场。

三、原料再循环逆向物流网络

纸制品、塑料、玻璃和废旧金属的回收再循环属于原料级的回收再利用。再循环的一般过程是:收集→储存→再处理→再销售,其再循环逆向物流网络如图 9-7 所示。

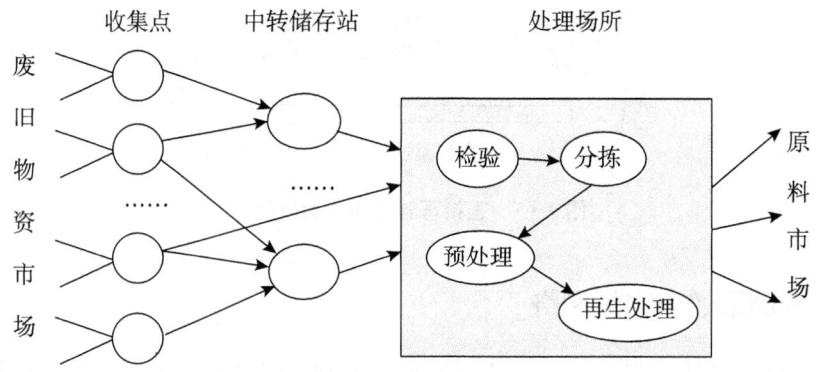

图 9-7 原料再循环逆向物流网络

原料再循环需要经过检验、分拣、预处理、再生处理等过程，这些过程一般是在一个集中的设施点（也可称为处理场所）进行。该逆向物流网络的特点是：收集点多，处理场所少且规模大，有利于发挥再处理设施和设备的规模经济效应。

四、商业退货逆向物流网络

商业退货涉及错发的商品、运输中的破损品、积压存货、客户退货等。对商业退货进行处理，首先要经过检验/分类，然后再选择进一步的处理方法：质量完好的送回原商品库准备再次销售；对于积压存货之类的，作为处理品进行特殊渠道转售；因质量原因不能直接再销售的，运回原生产厂，通过修复、改制等再制造作业，恢复商品使用性能后，作为再制品进行再销售。

商业退货逆向物流网络如图9-8所示，图中实线代表逆向物流，虚线代表正向物流。

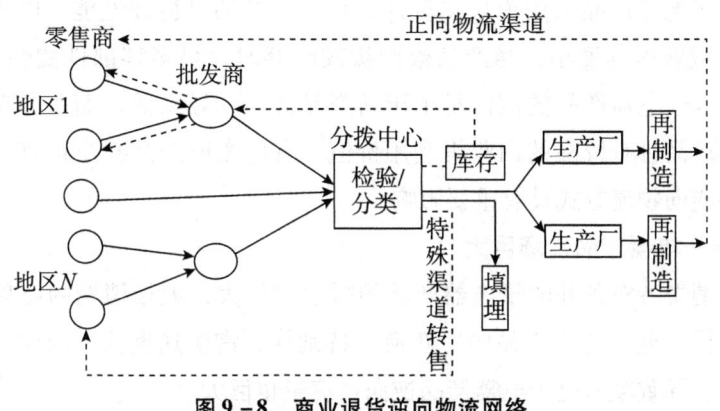

图9-8 商业退货逆向物流网络

第五节 电子电器产品逆向物流

电子电器产品的更新换代快、消费量大，导致产品废弃量大，但是，其废弃物中含有有毒有害物质，这些特征决定了电子电器产品逆向物流的特殊性和重要性。各国纷纷立法强制废旧电子电器产品的回收再利用。

一、电子电器产品逆向物流的特殊性

（一）废旧电子电器产品的特殊性

产品的特殊性决定了产品回收再利用及逆向物流的特殊性。从逆向物流管理角度看，电子电器类产品具有如下几个共同特点。

1. 元器件中含有有毒材料

从产品原料构成成分看，大部分电子电器产品元器件中含有如砷、铜、铅和阻热化学物等有毒材料。例如，电冰箱的制冷剂、发泡剂中含有破坏臭氧层的物质；阴极射线管、印刷电路板等产品含有铅、汞、铜和铬等有毒元素。因此，电子电器产品废弃后，需要通过特殊手段进行无害化处理。这是电子电器产品逆向物流的目的之一。

2. 产品经济价值高，但折旧速度快

电子电器产品一般价格较高。但由于技术的进步，产品更新换代速度快，导致产品经济价值折旧速度快。这一特点要求废旧电子电器产品的逆向物流处理速度要快。

3. 产品的技术特性适合回收再利用

大多数电子电器产品采用模块化设计，具有良好的可拆卸性能。电子元器件、零部件之间的机械磨损程度小，当产品被淘汰或废弃时，很多零部件的性能仍然正常。再加上，很多电子电器产品的淘汰是由于新产品的引入导致的，而并非功能故障。因此，电子电器产品具有较高的回收再利用价值，有些废旧产品甚至可直接再使用。这一特点对产品逆向物流方式具有重要影响。

4. 废旧电子电器产品市场巨大

一方面，消费者对各种电子电器产品的需求量巨大，大量消费的结果必定是大量废弃；另一方面，电子电器产品的更新换代特别快，淘汰速度快。因此，电子电器产品废弃量巨大，导致废旧电子电器产品逆向物流量也巨大。

综合以上分析，废旧电子电器产品数量巨大，回收再利用价值高，但是废弃后对环境污染严重。因此，电子电器产品逆向物流既要快速恢复产品价值，又要正确处理最终废弃物。

（二）电子电器产品逆向物流过程的复杂性

电子电器元件大多含有有毒物质，当电子产品成为废弃物时，这些物质必须经过特殊的处理，否则会对自然环境造成严重的影响。例如，家用电器中一般含有铅、镉、汞等6种有害物质；一台计算机含有700多种化学物质，其中约50%是对人体有害的化学物质。如果处理不当，电子电器产品的有害有毒物质便会进入土壤，污染水源，危害动植物生长环境。

电子电器产品元件成分的复杂性要求在回收处理过程应用特殊的技术和方法，在其逆向物流过程中要有特殊的防护措施。对于因退货、维修导致的逆向物流又有不同的要求，因为电子电器产品价值折旧快，所以要尽快挽回经济损失，因此处理时间是衡量电子电器产品退货逆向物流的主要指标。

（三）环保法规约束下的经济效益是电子电器产品逆向物流的动力

1. 环保法规的约束

由于废旧电子电器产品具有危害性，许多国家制定了严格的电子电器产品废弃物处理法，对企业的经营行为进行约束。欧盟早在1997年就颁布了涵盖所有电子电器废弃物的法令，规定电子电器产品生产商应对产品废弃后的回收再利用负最终责任，分销商、零售商负责收集、储存、运送回收的产品。2003年欧盟又颁布了新的指导法令，要求所有进入欧盟市场的产品生产商必须负责其产品报废后的回收再利用。

日本政府于1998年颁布的有关电子产品的回收法律规定，家电生产企业、零售商、消费者共同承担家电回收再利用的义务，生产企业负责制定回收规划，并负责废旧产品的再循环、再利用，消费者负责将废旧电器送到指定地点，若违反规定随意丢弃，将受到重罚。

在法律法规约束下，企业为降低处理成本，一方面，设计更容易回收处理的产品；另一方面，实施产品回收逆向物流计划。

2. 电子电器产品逆向物流产生的经济价值巨大

电子电器产品废弃物中存在着大量可利用的贵金属（如金、银、铜、锡、铬、铂、钯）以及塑料、玻璃等，经过分拆和提炼处理，都是可以再利用的资源；另外，电子产品废弃时，其零部件的磨损并不严重，很多耐用零部件经有效处理后就能重新进入组装线。

据美国环境保护局相关数据，用从废家电中回收的废钢代替通过采矿、运输、冶炼得到的新钢材，可减少97%的废矿物、86%的空气污染、76%的水污染、40%的用水量，节约90%的原材料和74%的能源。可见，经济价值是实施电子电器产品逆向物流的内在动力。

二、电子电器产品逆向物流模式

（一）废旧电子电器产品回收再利用模式

电子电器产品遭淘汰、废弃时，一般通过生产企业指定的回收代理点进行回收，再送往回收处理中心。在回收处理中心，废旧电子电器产品经过检验/分类后，有4种再处理途径：一是对废旧产品进行维修翻新，以便能整体再利用，翻新后的产品一般是供应特殊市场或进行特殊处理，如流向二手市场、供应至经济落后地区的消费者、进行捐赠等；二是拆卸产品，提取其中完好的零部件，这些零部件或进入生产线，或作为维修备件进入电子元件市场；三是剥离、提取出其中的贵金属及其他可再生原材料，供应给原材料商；四是对没有再利用价值的剩余部分进行废弃处理，如焚烧、填埋等,电子电器产品在经过翻新、拆卸零部件、提取贵金属之后,其剩余废弃物中含有大量有毒有害物质,不能作为普通垃圾处理,需要经过无害化处理后再填埋。

(二) 生产企业主导的逆向物流模式

由于生产商了解其产品的构成原理和性能,能使拆卸后完好的零部件直接进入新产品组装线,或送到供应商处进行再利用。所以,电子电器产品逆向物流系统通常是由产品生产商主导。生产商通过集中式逆向物流中心,实现对废旧产品逆向物流全过程管理。其逆向物流模式如图9-9所示,虚线表示逆向物流,实线表示正向物流。

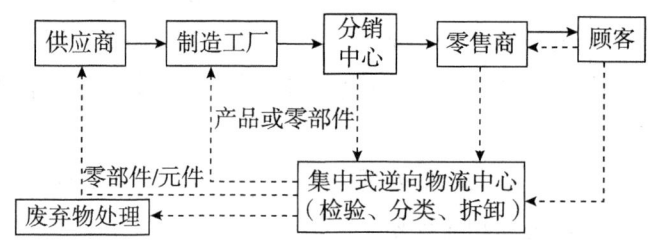

图9-9 生产商主导的电子电器产品逆向物流模式

经检验适合再制造的产品以及可装配的零部件直接送制造厂,功能损坏的零部件送供应商处理,其余残余物送专业的废弃物处理场所进行处理。这种模式可以保证最终废弃量的最少化。

三、电子电器产品逆向物流实例

IBM(国际商业机器公司)公司较早地认识到了废旧电子电器产品的价值。下面介绍IBM公司计算机设备价值恢复的逆向物流实践。

(一) GARS——全球资产回收服务机构

IBM在世界许多国家(地区)实施产品回收计划,以免费或少量付费的方式来回收企业用户的退回品。对于个体消费者手中的电子电器产品,如果每个生产商单独进行收集,则效率低、成本高,而产业范围内的合作解决方案则是更有效的选择。因此,IBM在整个产业范围内开展广泛合作,通过战略联盟的方式寻求构建逆向物流的价值优势。例如,在荷兰,IBM利用由荷兰信息技术企业联合会组建的网络系统来执行产品的回收。这样,IBM的客户就可以在购买新的PC机(个人计算机)时获得回收服务,可以通过UPS将用过的二手设备退回至回收中心,从而使这些客户与IBM结成共同体,成为IBM的忠实客户。

在美国,IBM实施的是另一种面向消费者的回收体系,顾客购买新的PC产品的同时也购买了再循环的服务,即允许消费者以后将设备退回给由 UPS 负责的回收中心,这些回收的设备用于捐赠给慈善机构或分解成可循环的原料。

1998 年,IBM 成立了全球资产续用服务(Global Asset Recovery Services,GARS)机构负责全球范围的产品回收,管理回收品的处理过程,使整个价值恢复最大化。GARS 主要面向企业市场,核心的供应源是租赁期满的设备,以及准备"以旧换新"的旧设备和供应链伙伴的商业退货,来自消费者的回收量只占很少一部分,且主要是基于法律上的考虑。GARS 在全球建设有 25 个回收中心,在这些回收中心进行产品的收集、检验及相应的资源恢复选择。

(二)逆向物流过程

由于 IBM 的回收对象主要是租赁期满的产品,因此,产品回收量可以根据租赁部门的信息进行预测。然而,当合同期满时,有些顾客会要求延长合同期,还有些客户会要求买下产品,因此,实际的回收量有时会偏离预期数据。

图 9-10 是 IBM 废旧产品逆向物流过程示意。顾客负责将租赁期满的设备送到 IBM 的回收中心,然后,GARS 就负责进行更进一步的处理。

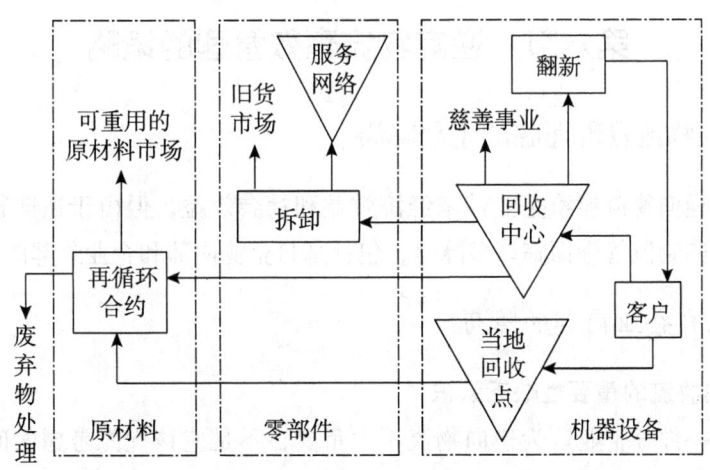

图 9-10　IBM 废旧产品逆向物流过程示意

1. 回收中心的活动

在回收中心,GARS 先将回收品依据类型和型号进行分类,然后,选择适合再利用的类型和型号,其选择准则根据市场发展而动态调整。选择出来的产品被进一步送到恢复处理中心进行详细检验,以评估哪些适合直接再销售、哪些适合通过翻新后再销售。

2. 设备整体的再利用

适合直接再销售的回收品需要进行翻新改造,实现设备整体的再利用。IBM 在全球经营着9个翻新加工中心，每个加工中心负责一种具体的产品类型。高中档产品通常根据客户订单要求重新进行配置，再通过常规销售渠道进行销售；另一种渠道是对产品进行检验后，将其大批量拍卖给中间商，由中间商将这些产品销售到特殊市场。还有一部分产品被捐赠给学校和慈善机构。总的来看，来自企业市场的回收PC机中，约80%是能够再销售的。

3. 零部件的再利用

对于不能直接再销售的废旧设备，GARS会从剩余设备中拆卸、提取有价值的零部件，主要有硬盘、主板、印刷电路板（插件板）、转插板等，这些零部件将作为备用件提供给IBM的售后服务公司。拆解下来的零部件要求能服役2~3年以上，至少要能持续一个租赁合约期。还有一部分拆卸出的零部件被销售给外部中间商，随后进入旧货市场。

4. 原材料再循环

经过上述拆卸后，产品的剩余部分将被分解，变成约50种不同的原材料，再销售给不同的资源循环企业，有些贵重金属能带来额外的收益，其他的原材料则以成本价售出。

第六节 逆向物流有效管理的策略

一、逆向物流管理面临的主要障碍

尽管实施逆向物流能给企业带来经济效益和社会效益，但由于逆向物流的特殊性和复杂性，逆向物流管理面临许多障碍，包括来自企业内部和企业外部的障碍。

（一）来自企业内部的障碍

1. 对逆向物流的重要性缺乏认识

仍有很大一部分企业认为逆向物流不太重要，不是应该优先考虑的问题。这是企业实施有效的逆向物流管理的最大障碍。另外，由于认知上的偏差，许多企业担心自己的"废品"会阻碍优质产品的销售，从而削弱第一销售渠道，因此，常常制定一些对退货处理不利的政策，限制了对退货产品的二次价值的获得，也限制了逆向物流战略的实施。

2. 逆向物流信息的不确定

由于逆向物流具有不确定性和复杂性，因此，在实施逆向物流管理时，有关产品回收的信息和再处理的信息也具有不确定性。例如，关于产品成分构成及产品回收数量的信息、再制造零部件及物料的市场需求信息、产品回收处理作业的信息等，都是不确定的。信息的不确定制约了逆向物流管理的效率和功效。

3. 逆向物流过程与正向物流流程的冲突

回收品或退货品的逆向物流流程也包括了运输、储存、加工等过程，这些业务有时会同常规的产品正向物流业务流程重叠，尤其是在储存、运输等环节可能相互冲突。一般来说，企业为了确保常规产品的物流业务正常运作，不得不放弃回收品物流业务。为此，许多企业采取两种产品业务流程分离的办法，以提高回收品物流运作的效率。

4. 缺乏有效的逆向物流管理监测体系

在对产品召回的管理方面，有些问题是值得注意的：召回产品的召回时间短于产品报废周期、仓库里存有大量召回产品、召回处理周期过长、召回过程总成本未知等。为解决这些症状，缩短召回过程处理时间是十分重要的。但是，企业如何监控他们的召回处理过程并测度其逆向物流活动的效果，是一个有待理论研究的课题。如果缺乏有效的监测体系，就不可能做到很好地管理。目前有效的逆向物流管理系统非常缺乏，这是影响逆向物流管理有效推进的另一个较为严重的问题。

（二）来自企业外部的障碍

从整个供应链的角度进行分析，供应链的风险和成员之间的冲突是逆向物流管理面临的主要外部障碍。

1. 风险逐级放大效应的加大

逆向物流虽然能使下游客户减少或规避经营风险，但采取宽松的回收策略会加大自身的风险，即风险由下游往上游转移；另外，逆向供应链也存在需求信息逐级放大的特点，即"牛鞭"效应，致使上游所获信息严重失真。上述两方面因素共同作用，导致供应链的风险逐级放大的效应更加明显。为解决这一问题，可通过信息共享、压缩提前期、零部件标准化等方法来削弱"牛鞭"效应，也可通过建立契约式合作的战略伙伴关系，确定逆向物流成本、风险损失及收益分配比例，实现风险共担、利益共享。

2. 零售商与制造商之间的冲突

由于零售商与制造商在产品召回目的上的差异，可能会在对召回产品的状态、价格、以及召回响应时间等方面的要求产生冲突。从零售商的角度看，每件产品都可以以产品本来状态返回，产品的损坏必定是出现在物流过程或生产过程中的，因而要求全额赔偿；而制造商可能会怀疑召回的产品是被零售商损坏的，可能会给出许多不应该由它们全额赔偿的理由。另外，即使这些都能达成一致，由于赔偿金不可能尽快送达零售商手中，也会导致零售商的不满意，进而影响合作的长久性。为解决此问题，需要双方达成共识：良好的伙伴关系对于双方共同获益来说非常重要，离开了其中一方，另一方就无法生存；要通过携手努力来减少召回数量、缩短处理时间，使双方都获利。

二、逆向物流管理的实施策略

逆向物流是一个复杂的系统,有效地实施逆向物流是一项巨大的系统工程。企业需要从战略层面和运作层面进行系统的规划与管理,具体策略如下。

(一) 制定分层次的逆向物流目标

以循环经济的基本原则为指导,按照"资源缩减→重复利用→再循环→废弃处理"的原则顺序,分层次规划逆向物流目标。首先是产品全生命周期的资源缩减,这也是顶层目标。为此,需要在产品设计阶段就考虑产品的回收、拆卸、再利用等逆向物流相关的问题。通过应用环境友好的产品设计理念、优化结构、减少原料消耗,使产品便于拆卸、再循环。其次是重复利用,即尽量使产品、零部件以原材料本身的形态被多次重复使用。然后是尽可能大范围的原材料再循环,在产品设计阶段简化选材,减少原材料种类,在产品生产阶段,对同种原材料打上标记,均有利于产品拆卸后的再循环。最后是"废弃处理",要以减少废弃处理量为目标。

(二) 从供应链范围构建逆向物流系统

逆向物流并不等于废品回收,它涉及原材料供应、生产、销售、售后服务等环节,因而不能作为一个孤立的过程考虑。另外,企业采取宽松的退货策略,将使下游客户的风险转向企业自身,由于供应链存在"牛鞭效应",上游企业所获信息将严重失真。为了实现风险共担、利益共享,企业需要与供应链上的企业共享信息,建立战略合作伙伴关系。因此,为便于与供应链成员的协作,必须从整个供应链的范围来构建企业逆向物流系统。

(三) 建立集中式回收处理中心

集中式回收处理中心是逆向物流系统网络中最重要的设施,具有检验/分类、处理、调节库存、决策等功能。通过对回收产品的统一处理,便于采用专业化的技术手段,提高处理速度,发挥规模效应,降低处理成本。

此外,回收中心能够有效消化零售商无法销售的库存产品,结合制造商的生产计划和市场需要,对多余的季节性库存进行重新调配和销售,并结合厂商的生产计划,降低整个供应链的成本。

专业化的回收处理中心可由供应链中的优势企业来运营,也可由第三方专业公司代为运营。

(四) 建立逆向物流信息系统

利用物联网、人工智能、大数据等现代信息技术，建立从收集到最后处理的全过程的逆向物流信息管理与决策系统。该系统应具备如下 3 个功能：一是要利用 POS（销售终端）、EDI（电子数据交换）和射频识别技术自动采集回收物品的信息、自动归类，跟踪产品回流过程，对逆向物流过程进行实时跟踪和评估；二是要应用大数据、人工智能等技术，对商品退货率、废旧产品回收率、库存周转率、再生利用率、再制造产品定价等进行统计、预测及决策分析；三是要通过信息系统实现制造商、销售商及再制造商之间的退货品信息的共享，包括产品生命周期的相关信息，以减少逆向物流过程中的不确定性。

例如，全球知名的化妆品品牌雅诗兰黛在建立了逆向物流信息系统之后，对每一箱到达仓库的退货产品都要进行扫描，数据库会立即显示出该产品的失效期。然后，系统会从该产品在其他市场销售、在雅诗兰黛员工店销售或捐给慈善机构几个选项间做出判断。

建立完善的逆向物流信息管理及决策系统，实现逆向供应链各成员之间的退货信息共享，能降低逆向物流过程中的不确定性，显著缩短逆向物流处理周期。

(五) 利用第三方逆向物流服务

逆向物流过程既包括运输、包装、仓储、配送等物流活动，也包括翻新、改制、整修等加工环节，既涉及废旧产品的物流，又涉及再制造品、再循环产品的物流。充分利用第三方逆向物流服务提供商，不仅能够提供针对退货品的仓储服务，还能根据客户需要对退货品进行简单处理或退回制造商。借助第三方物流企业丰富的网络资源和物流能力，可以提高退货处理效率，并通过规模经济降低退货处理成本。因此，企业利用第三方逆向物流可增加客户满意度，从而提高企业竞争优势。

目前，许多著名的物流企业都提供逆向物流服务。例如，UPS 提供的逆向物流服务包括信息化服务、回收管理决策、无故障退货品的库存管理、产品的快速翻新/再包装/再循环、技术性的维修服务等。2004 年，东芝（美国）公司将电脑产品维修售后服务外包给 UPS，东芝公司希望将维修退货处理时间缩短到 4 天以内，并希望获得更好的库存透明度以降低成本。在将退货处理业务外包给 UPS 之后，售后维修时间很快就缩短至 2~3 天，大幅度降低了售后服务成本，提高了客户忠诚度。

 **案例** 联合包裹服务公司为 MBS 提供的图书退货逆向物流服务

MBS 是一家规模庞大的教材交易公司，旗下有一家经营网上虚拟书店的分公司，该书店向附近地区的培训机构、高校及中学供应教材及课辅资料。为支持其日益增长的业务，该公司利用 UPS 的专业服务来增强客户服务管理和退货管理水平。

（一）来自客户的挑战

MBS 直销在线书店供学生购买所需的某门课程的新书、旧书或其他相关资料；一旦该课程学习结束，学生们还可以将这些书再卖给 MBS 直销书店。因此，其退货业务与销售业务同样频繁。

该公司创立于 1992 年，现已发展壮大成为一家涵盖 250000 门课程，服务对象超过 130 万名学生，业务范围遍布美国、加拿大的大型企业。面对仍在继续发展的业务，MBS 面临着更大的挑战，即如何进行图书跟踪管理、退货管理和资产管理，如何处理跨国图书及相关资料的双向物流。为此，MBS 将其整个物流服务外包给 UPS，利用 UPS 的专业化服务来提高客户服务水平，降低退货处理成本，进行更有效的资产管理。

（二）UPS 的解决方案

为提高图书退货处理的效率，UPS 开发了一套基于 Web（万维网）的 UPS 回收管理系统，为准备退书的学生提供了一个网络入口。在课程即将结束的前几周，MBS 直销店给那些购买该课程书籍的学生发邮件，将 UPS 服务入口的链接提供给这些学生。学生们可以点击链接，浏览 MBS 的退书报价。如果决定接受报价，只需再点击就可创建一个 UPS 退货标签，学生们可将该标签贴在他们的退货包裹上。另外，学生还可根据网上的说明，安排 UPS 的收货计划。

贴有标签的包裹可以送交 UPS 的任何一个司机或 UPS 的任一服务网点。这使得学生退货非常方便。打印的标签含有 MBS 编制的条码，其中包含了报价、客户服务项目、国内账号、目录清单等信息。MBS 一旦收到 UPS 送来的退货，通过扫描标签，系统将自动通知 MBS 的会计部门处理支票兑付问题，学生也会很快收到通知，如"退书已经收到""书款已付"等。

（三）成效

UPS 的专业服务帮助 MBS 直销书店大大提高了客户服务满意度和退货管理水平。

项目实施仅 4 个月时,新的系统就处理了 110000 个退货标签,比上一年同期水平增加了 300%。另外,MBS 直销书店预测,新的系统将帮助企业每年取得年 15% 的业务增长率。

【问题讨论】

1. 结合案例分析说明 MBS 开展图书及相关资料的退货服务的原因是什么?
2. MBS 为什么要使用 UPS 提供的逆向物流服务?为什么不由 MBS 公司自己经营这项业务?
3. 以 UPS 的解决方案为例,分析现代信息技术在逆向物流中的作用。

思考题

一、判断题

1. 逆向物流的流动对象是消费者使用过的产品。( )
2. 企业回收寿命终结的产品完全是由于法律法规的要求。( )
3. 逆向物流主要是为了废品回收,因此,逆向物流的价值主要体现在环境方面。( )
4. 商业退货品是指有缺陷的、需要返修的产品。( )
5. 逆向物流处理的都是废旧产品,不利于提高企业的形象。( )
6. 实施逆向物流能为改进产品质量提供参考。( )
7. 电子元器件中含有有毒材料,因此,废旧电子电器产品没有再利用价值。( )

二、简答题

1. 解释逆向物流的概念及内涵。
2. 从企业层面分析,逆向回流的产品一般可分为哪几类?
3. 逆向物流的不确定性体现在哪些方面?
4. 企业实施逆向物流的目的有哪些?
5. 实施逆向物流为什么能提升企业形象?
6. 为什么实施逆向物流能促进产品质量的提高?
7. 原料再循环逆向物流网络包括哪些主要节点?有何特点?
8. 商业退货逆向物流网络中,退货产品有哪几种流出渠道?
9. 结合 IBM 逆向物流实例,分析电子电器产品逆向物流的流程。
10. 直接再利用逆向物流网络适合于什么场合?有何特点?

 **实训项目**

手机在我国的保有量巨大,废弃量同样巨大。请设计调查方案,统计分析我国废旧手机的淘汰量、居民对废旧手机的处理方式以及我国废旧手机回收及再利用现状等,最后分析实施废旧手机逆向物流的重要性。

第十章 城市物流的绿色化

引导案例 欧洲城市物流绿色配送方案

自 2010 年以来，面对大中型城市日益增长的交通拥堵和严重的空气污染，面对城市物流配送需求的爆发性增长，为了节能降耗，缓解城市交通拥堵和环境污染问题，解决城市物流配送难题，欧盟组织顶级物流研究与咨询机构的专家实施了 CIVITAS（城市—活力—可持续性）行动计划。其中，城市物流配送 CityLog 项目是 CIVITAS 的重要资助项目，其目的是进行绿色配送模式创新，解决城市物流配送与城市环境问题之间的矛盾。该项目结果已在里昂、柏林和意大利皮埃蒙特大区等大城市组织实施，实际效果显著。

一、绿色配送车辆的创新

城市物流配送 CityLog 项目倡导绿色配送。其中一个重要途径就是倡导绿色配送车辆创新，包括 CNG（压缩天然气）卡车、电动货车等。荷兰、德国、奥地利、丹麦等国家的一些城市在物流配送中采用清洁车辆的占比超过了 50%。欧洲很多城市在人口密集的中心城区划定了低排放区，只允许清洁车辆进出该区。例如，西班牙的圣赛巴斯蒂安市（San Sebastian）在"最后一公里"配送中全部采用清洁车辆；丹麦的奥尔堡市（Aalborg）、荷兰乌特勒支市（Utrecht）均在市中心设立了低排放区，只允许符合欧Ⅳ标准的货车或清洁能源货车进出该区域。

另外，迷你型货车列车也在欧洲城市物流中得到应用。例如，荷兰乌特勒支市引入了一种电动迷你小火车 Cargo hopper，负责从城市配送中心到中心城区的配送，小火车带有多节车厢，长 16 米，宽只有 1.25 米，很适合市中心的狭窄街道。监测指标表明，与普通货车配送相比，采用 Cargo hopper 使该市的二氧化碳排放量减少了 73%，氮氧化物排放量减少了 27%，可吸入颗粒物排放量降低了 56%。荷兰阿姆斯特丹市也引入了类似的货车列车，车辆由清洁能源驱动，当配送到客户点时，可以很快卸下装满商品的车厢，减少卸货等待时间；如果车厢空载，还可以在行驶途中实现二次装运。

二、配送车辆公交化

配送车辆的公交化已在一些欧洲城市实施，这一举措既能满足城市居民对商品配送的需求，又提高了车辆的利用率，减少了车辆出动的次数；既缓解了城市道路拥堵状况，改善了城市环境，又降低了配送成本。

城市物流配送 CityLog 项目中的公交化配送系统主要由 Bento（便当）配送箱系统、小型集装箱系统、货运巴士、终端配送小车等组成。其中，Bento 配送箱系统是公交化配送系统的核心。Bento 配送箱系统由 6 个可以移动的小型集装箱连成一体，个人用户投递便利，整个组合式集装箱可实现快速搬运与装卸，大大减少了车辆停靠时间。Bento 配送箱可以放在城市的任何角落，只要该地区有投递和收货需求并提供方便消费者和物流服务商取货的电源系统即可。

公交系统中的货运巴士能快速装卸配送箱及集装箱，车厢标准与配送箱尺寸模数一致，装载效率高，消费者和物流服务商取货、送货操作方便。

经实际运行测试该配送系统具有可靠的功能，可减少物流配送终端 85% 的汽车运输量，大幅度降低了城市道路车辆压力；此外，配送服务的准确性高，终端配送员的配送距离大大缩短。可见，该公交化配送系统不仅能显著减少车辆出行次数，改善城市环境，还为居民取货提供了方便，提高了城市居民的满意度。

案例解析

由上述案例可以看出，城市物流与城市经济的发展、城市环境的改善、居民生活质量的提高等有着密切关系。城市物流是实现城市可持续发展和宜居目标的关键。为实现城市物流的绿色化发展，既要求配送车辆的绿色创新，又需要城市配送组织方式的创新。

本章将论述城市物流的基本概念、构成及特殊性，探讨物流发展带来的城市环境问题，分析城市物流的绿色化发展策略，并对城市共同配送、城市废弃物物流进行介绍。

第一节　城市物流的概念、构成及特殊性

一、城市物流的概念

（一）城市物流的定义

从地理范围划分，物流可以分为国际物流、区域物流、企业物流、部门物流等。

城市物流是在一般的物流概念基础上，加上了地理边界限制的区域物流。简单地讲，城市物流（City Logistics）就是指城市范围的物流，是满足城市内部生产、生活所必需的物流活动。

城市物流是城市发展的产物。随着城市规模与城市经济的发展，城市的货运需求量大幅度增加。尤其是电子商务的发展，使城市货物运输呈现出小批量、多品种、高频次的特点，由此引发一系列的城市问题，如城市道路交通拥挤、停车困难、"最后一公里"的配送效率低下、城市空气污染等。城市物流产生的动因就是为了解决城市内货物运输带来的一系列问题，包括严重的交通阻塞、消极的环境影响和能量高消耗等问题。

下面两个问题凸显了城市物流发展的重要性。

一是城市环境污染和交通问题。随着人们越来越关注全球性及本地区的环境问题，例如，空气污染、噪声污染、交通事故等。实现经济发展与环境保护和安全的平衡，对于保证城市居民美好生活质量是至关重要的。一般情况下，城市内的货物收集和运送由货车完成，货车运输产生的空气污染、交通事故和视觉侵扰严重影响环境，影响了社区居民的生活质量。因此，要通过合理的规划和管理城市物流，改善城市环境污染和交通拥堵问题。

二是满足居民生活需求的问题。电子商务已成为一种新的商业模式。城市居民网上购物规模巨大，消费者希望在家中的指定时间段快速接收商品。要想满足城市居民的这种购物需求，就需要更有效和更环保的城市配送系统。电子商务环境下的城市配送具有末端节点不确定、接收货时间不确定、包裹规格不统一等特殊性。作为供应链的最后一环，在拥挤的城市道路网络中以及在消费者指定的时间窗口内交付货物，成为城市物流配送的重要目标之一。

因此，城市物流是实现城市可持续发展和宜居目标的关键。2014年，国务院印发了《物流业发展中长期规划（2014—2020年）》，将城乡物流配送工程列为九大重点工程之一，强调要推进城市绿色货运配送体系建设。这意味着城市物流的发展上升到了国家战略层面。

综合以上分析，城市物流概念包含了更丰富的内涵。本书给出城市物流的定义如下：城市物流就是考虑城市交通环境、交通安全和节能要求，对城市内的物流活动进行全面优化和控制的过程。城市物流的中心思想是在考虑环境、拥堵、安全和能耗的基础上进行整体优化。从物流的范围看，城市物流是在企业微观物流的基础上发展起来的更高层次的物流范畴，它是介于社会宏观物流与企业微观物流之间的中观尺度的物流，可以称为中观物流。城市物流与区域物流相似，但是边界限制更明确，城市物流旨在解决一个城市内部的物流优化问题。

(二) 城市物流的内涵

城市物流涉及的问题很多,不仅包括城市发展规划的问题,如道路网络、车站、码头、机场、物流基地、仓库等物流设施的布局规划,还包括如何满足工商企业、机关、医院、学校以及社区所需物资的流入和流出需要,另外,还要考虑城市废弃物物流的管理等。下面从以下两个方面进一步分析城市物流的内涵。

1. 城市物流的服务范围和功能范围

城市物流的服务范围涵盖以下几个类别。

(1) 城市内所有的工商企业,如制造业、流通业、运输业、仓储业、零售业等,这些企业存在着对原材料、零部件、产成品的流入或流出的物流需求以及废弃物处理的需求。

(2) 城市内的机关、医院、学校、酒店、餐馆、金融机构等事业单位或服务型企业,这一类企业存在着对各种产品的购入需求以及废弃物的处理需求。

(3) 社区居民,遍布城市各小区的居民存在巨大的购物需求,尤其是网上购物需求,另外还有废弃物的收集处理需求。

总结以上几种服务的对象和物流需求,可以看出,城市物流的功能就是为处在一个城市内的企业及组织和家庭,以城市可以承受的方式,低成本高效地进行物资供应和废弃物清理,以减轻城市的交通和环境负担。另外,当一个城市处在现代化进程中的时候,基础设施建设任务很重,这时还需要进行建筑物物流的规划。

2. 城市物流的目标是城市可持续发展

从城市物流的服务范围和功能范围看,城市物流既要满足城市内所有企业及居民的物流需求,又要保障城市交通畅通及生活环境质量;既要为城市经济的发展提供支撑,又要为民生工程提供保障。因此,城市物流的目标是经济效益、环境效益和社会效益的平衡,即城市可持续发展。

可见,城市物流也是城市规划和管理的重要内容,城市物流的规划应纳入城市整体规划中,有效管理城市物流系统也是政府的一项基本职能。

二、城市物流系统的构成

城市物流是特殊地理范围限制下的物流,同样包括了运输、仓储、装卸搬运、包装、流通加工等基本过程,但涉及不同的利益相关者。下面先分析城市物流的利益相关者,再介绍其子系统构成。

(一) 城市物流的利益相关者

城市物流的利益相关者构成如图10-1所示,主要包括托运人(包括制造商、批发商、零售商）、货运公司（运输商、仓储公司）、公共管理部门（国家层次、省级和市级部门）、居民（消费者），以及一些非营利组织（Non-Profit Organization, NPO）。

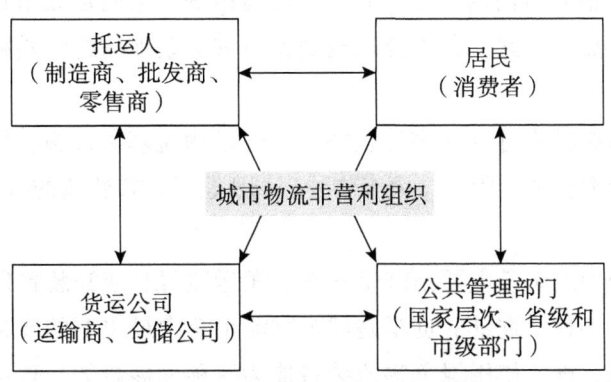

图 10-1　城市物流的利益相关者构成

每个利益相关者都有不同的期望和目标。托运人希望在指定的时间窗将其产品以更高的可靠性和更低的成本发送给接收方；货运公司的目标是通过最低的成本来满足托运人的需求，从而最大限度地提高利润；国家及省市各级管理部门的目标是通过城市物流使城市货物运输更合理，从而推动城市经济发展并改善城市环境。居民则希望周边社区既能方便地收货或寄送商品，又能拥有更安静、更安全和更清洁的生活环境。

城市物流的另一利益相关者是非营利组织，包括专业性的环保组织、消费者权益保护协会、教育机构、学术研究团体等，他们可以协调利益相关者之间的冲突。例如，研究机构开发的先进信息系统对于收集数据、实现利益相关者之间的数据共享具有重要作用；教育机构能提供专业的物流人才，有助于提高物流从业人员专业知识及管理水平。

（二）物流基础设施与设备子系统

1. 物流基础设施

城市物流的基础设施主要包括运输路线、物流基地、物流转接点以及废弃物处理场所等。城市物流系统的运输路线最主要的是城市道路。对于一些大型企业或重要的物资仓库来说，也有少量路段的铁路。特殊的物资（如煤气、天然气）还可能涉及管道运输；在极少数城市内，还可能出现内河运输（客运或货运）的情况；但是，基本不涉及航空运输。

城市物流基地包括物流园区、物流中心、配送中心、配送站等，这些是从事城市物流活动的场所。大规模的物流园区、分拨中心、物流中心一般位于城市外围的城郊接合部，布局在货运枢纽区域；配送中心围绕中心城市而设立，为城市内的末端配送站点提供配送服务。由不同规模、不同类型的物流基地构成的配送网络是实现城市物流功能最核心的要素。

物流转接点包括城市内的车站、码头、转运站等，它们是城市物流系统与城市外的物流系统的对接点，因此，必须合理规划城市物流基地与物流转接点，尽量做到无缝对接。

一般的物流系统没有将废弃物处理场所看作是物流基础设施，但是，废弃物物流也是城市物流的重要任务。因此，废弃物处理场所也是城市物流的基础设施之一。

2. 物流装备

城市物流系统中的装备主要是载货汽车、搬运装置、装卸装置以及货运站内的铁路货车等，其中，各种载重量的货车是城市物流系统中最主要的装备。随着对城市环境问题越来越重视，推广使用绿色物流装备成为一种发展趋势，包括电动货车、节能型车辆、清洁能源车辆、可替代燃料车辆等各种新型的环保车辆。

（三）城市物流信息子系统

信息是现代物流的灵魂。城市物流信息是指与城市物流系统运行密切相关的各种信息，主要包括货物信息、客户信息、道路交通信息、配送网点信息、车辆供求信息、位置信息等，各类信息的采集、处理、传输与控制等构成了城市物流系统的神经中枢。

随着互联网、移动电子商务的发展，与客户、商品、供应商等相关的信息呈现爆发式增长。城市物流运营过程中，各种物流设施和装备的调度以及配送网络的运转、协调、组织等都需要这些物流信息的支持。如何有效管理海量的城市物流信息，对实现城市物流系统整体优化目标是至关重要的。因此，城市物流信息也是城市物流系统的重要构成。

三、城市物流的特殊性

（一）城市物流与企业物流的区别

两者之间的最大区别在于所配置的资源不同以及资源的整合程度不同。企业物流所能配置的资源仅限于企业内部及上、下游企业的部分相关资源，例如，企业内部的设备资源、人力资源、技术资源，上、下游企业的信息资源，等等。因此，企业物流所能实现的优化配置更有限。而对于城市物流而言，需要配置的资源范围很广，包括整个城市范围的供应资源、设施及设备资源、技术资源、客户资源、物流企业资源、信息资源、配套服务资源，等等。

对企业而言，其物流系统只能在现有的道路、城市用地规划及客户分布的基础上进行优化；而城市物流系统则是在综合考虑多种运输方式、调整城市整体用地规划、调整城市路网规划的基础上，使物流资源得到最大限度的集成和最优配置。

另外，从物流活动的输出结果看，企业物流往往只重视物流服务带来的企业利润和客户的满意度；而城市物流的结果，必须综合考虑城市内各企业的既得利益，不仅强调一方的物流活动不得对城市其他企业或居民造成危害，更要强调物流活动对节约资源、保护城市环境、改善交通拥挤状况所产生的贡献。

（二）城市物流与区域物流的区别

城市物流是特定地理范围限制的区域物流。简单地讲，区域物流就是区域层面的物流，但是，"区域"是一个相对概念，一般是指省、市或者某个有相对稳定政治经济特征的地区范围，如我国的长江三角洲地区、珠江三角洲地区等；也可以是指国际上的地区范围。区域物流考察的范围更广。

区域物流必须考虑区域内的自然资源特征、产业结构特点以及交通运输条件。另外，区域物流的主要运输方式是干线运输，包括公路运输、铁路运输、水路运输、航空运输等，是大批量、少品种的运输；区域物流网络设施点以大型分拨中心、货运场站为主要节点。

但是，城市物流的考虑范围是城市内的各类企事业单位及居民，其物流线路是城市道路、街道，物流网络设施点包括配送中心以及遍布街道、社区点的配送站点。因此，城市物流的主要运输方式是中小型货车运输，在面向居民的末端配送中，甚至包括了客车、面包车、电动三轮车、摩托车等运输工具。

（三）城市物流的主要特点

除了上述与企业物流、区域物流的差异外，城市物流还具有以下特点。

1. 功能广泛、综合性强

从城市物流服务的对象和任务看，既包括为企业的生产经营提供物流服务，也包括为政府、学校、医院等机构的正常运行提供所需的物流服务，还包括针对城市居民购物需求提供的快速配送服务，同时还要考虑城市废弃物物流，因此，城市物流的功能广泛、综合性强。

2. 物流节点多而分散

城市物流属于供应链末端的物流配送，尤其是面向城市居民购物需求的配送服务。随着电子商务和网购的不断发展，城市物流量急剧增加，退货物流量也随着增加。电子商务环境下，居民对快速配送服务的要求越来越高，需求量也越来越大。每一个居民需求点，就是一个末端的配送节点。因此，城市物流配送具有节点多而分散的特点。在大多数城市，大量的末端配送还面临着行车难、停车难、卸货难的问题，导致城市物流配送网络规划和路径规划问题的复杂化。因此,城市物流配送系统更强调末端配送网络及配送组织模式的创新。

3. 更强调可持续发展

从城市物流的目标看,既包括了为促进城市发展而产生的经济效益,也包括了为满足居民生活需要所产生的社会效益,还包括通过合理的城市物流规划减少交通流量、降低对环境的污染所产生的环境效益。因此,城市物流的重要目标是城市的可持续发展,即经济效益、社会效益与环境效益的统一。

第二节 物流发展与城市环境问题

城市经济以及人口规模的快速增长,推动了城市物流量的快速增长;另外,城市的交通状况越来越复杂,居民对城市环境的要求越来越高,城市对车辆运营管理的要求越来越严格,这就导致城市物流发展与城市环保要求之间的矛盾越来越突出。

一、城市发展与物流的关系

我们知道,物流是一种派生需求。物流系统的规模、服务内容及服务模式受到地区经济产业发展状况的影响,同时也受到社会其他因素的制约。从物流与经济发展的关系来看,物流的发展可以分为数量增长和质量提高两个阶段。

一般来说,在经济发展的初期,由于保持着较高的发展速度,产业结构的主要特征表现为重工业、化工业的大力发展,而这些行业对物流的需求特别旺盛,货物周转量很大。因此,在这一时期,物流量同国内生产总值保持着同步增长,提高物流的供给能力就成为物流发展的主要任务。在各种运输方式中,能为企业提供送货到门的末端物流都是通过货车运输实现的。因此,物流量急剧增加必然导致城市货车流量的大量增加,进而导致城市的空气污染和噪声污染;另外,当车流量的增加超过路网承受能力时,就会出现交通拥挤,既影响运输效率,又增加了城市环境的负担。

当经济发展到一定程度时,发展速度逐渐放慢;这一时期产业结构主要特征是加工组装工业、电子工业、高新技术产业以及第三产业的比重逐步加大。这些产业的物流对象一般具有轻、薄、短、小且价值高的特点,因此,不适宜用"货物周转量"来衡量物流量。这一时期的另一特点是买方市场的形成,消费需求呈现多样化、个性化等特征,企业的经营理念由成本效益观转向客户服务质量与成本效益的并重。

互联网时代,随着电子商务的发展,物流需求具有个性化、随机、多样化、小件化等特点,对城市物流配送的时效性、服务质量和可追溯性提出了更高要求。配送工具多样、配送线路错综复杂等情况加剧了道路交通拥挤状况,增加了城市交通管理的难度。

二、城市物流中的环境问题

城市物流发展带来的环境问题主要是由于大量的货车运输导致的空气污染、噪声污染、交通拥挤等问题。空气污染和噪声污染已在本文第二章中讨论了,下面主要讨论城市交通拥挤问题及其负面影响。

(一) 交通拥挤的原因

随着城市物流配送量的增加,道路上车流量超过了道路允许的车辆通行能力,经常发生道路堵塞、车辆拥挤、停车困难、交通事故等问题。城市交通拥挤已成为一个世界性的问题,交通拥挤对城市居民生活质量、城市环境和城市经济的发展都有严重影响。

城市交通拥挤最根本的原因是道路上的车流量超出了城市路网的承载能力。道路上车流量的增加有三个方面的原因:一是人口的增加和私人小轿车拥有量的快速增加,使用于满足居民出行需求的车辆激增;二是商业模式的改变和物流方式的变革,导致车辆行驶里程、出行次数增加;三是城市配送网络不完善、网点分布不合理,导致人为的交通流的汇聚。

仅从货物运输来看,虽然货运周转量一直在增加,但是,不合理的物流决策也是城市交通拥挤的重要原因,具体包括以下几种情况。

(1) 企业自营运输,自己拥有运输车队,更容易出现车辆单程载货、单程空载行驶的情况。

(2) 为实现及时配送服务,车辆非满载行驶。

(3) 因运输线路缺乏科学的规划,选择的运输路径不是最短路径,存在大量的路径迂回。

(4) 物流结点布局不合理,没有综合考虑城市交通流量问题,将货运站设置在城市中心甚至交通繁忙的地段,人为地增加了车流量。

(5) 物流服务的准确性不高,出现送错货、送错地点、产品质量受损、产品数量不符合或时间延误等现象,导致大量的无效运输,也人为地增加了道路上的车辆数。

上述5种情况明显增加了城市道路上的货车数量,应该通过合理规划城市物流系统加以控制。

(二) 交通拥挤的危害

交通拥挤的直接后果是,完成一次几乎相同的出行需花费更长的时间。交通拥挤意味着更高的费用，因为在低速情况下行车，发动机油耗加大，完成同样的运输量需要更多的车辆或车次；另外，拥挤的交通状况使出行者不得不为每次出行预留更多的时间，以应付中途的意外事件，使时间损耗增加。交通拥挤给其他出行者所带来的出行费用和代价远远高于对出行者本人所造成的损失。机动车使用者之所以选择在拥挤路段上行驶，就在于他们仅仅支付了直接费用，如果由拥挤带来的外部费用也由拥挤造成者承担，那么，许多人或企业可能就会转向其他价廉的运输方式。

交通拥挤的负面影响主要体现在以下3个方面。

1. 增加了企业运营成本

交通拥挤的直接危害是增加了企业的运营成本。拥挤使行车速度降低，延误运输，从而加大时间损失。低速行驶会增加耗油量，导致燃料费用增加；而运输时间的延长，又增加了人工费用；另外，服务时间的延迟，还会降低客户服务水平，影响客户满意度。

此外，交通拥挤使交通事故增多，而交通事故的发生反过来又使交通拥挤加剧，形成恶性循环，交通事故也增加了企业的车辆维修费用、保险费用。美国得克萨斯州交通运输研究所对美国39个城市进行了调查研究，结果表明，这些城市每年因交通堵塞而造成的经济损失约410亿美元，其中12个较大的城市每年的损失均超过10亿美元。

2. 加重了环境污染

以汽油、柴油为动力的机动车，本来就是城市空气污染的根源，交通拥挤更是加剧了空气污染和噪声污染。一方面，车速降低，车辆处于停停走走的行驶状态，不断地起动、刹车、鸣喇叭，增加了燃料消耗，从而引起更严重的空气污染和噪声污染；另一方面，汽车发动机长时间怠速运转，很容易产生燃料不完全燃烧的现象，排放物中的一氧化碳等温室气体的含量更高（详见第二章的分析），增加了车辆单位行驶里程的排放量，加剧了城市空气污染。

3. 影响城市的投资环境

交通拥挤降低了城市物流配送速度，因此会影响企业投资场所选址结果，也影响了居民对城市物流服务的满意度；另外，混乱的交通状况会影响居民出行，影响城市的宜居功能。

总之，交通拥挤使货物配送时间延长，配送效率降低，增加了人工成本和燃料成本，最终导致配送生产率的降低和成本的上升，因而会影响城市的投资环境和城市宜居性。

第三节　城市物流的绿色化发展策略

城市物流的绿色化主要是从物流与城市可持续发展的关系的角度来定义的。所谓城市物流的绿色化，主要是为实现城市可持续发展以及为达到绿色状态而进行的规划、控制和管理过程。城市物流绿色化的重要目标是在满足城市经济发展对物流的需求的前提下，降低物流过程中的资源消耗和污染物排放、缓解交通拥挤，最终实现城市经济效益与城市环境和社会效益的平衡。为此，可采取如下几种策略。

一、城市物流与城市建设的统筹规划

城市物流配送过程中出现的路径迂回、交通拥挤以及停车难、装卸货难等问题，与城市物流系统布局不合理有很大关系，且这些问题还涉及城市交通管理、住房建设、邮政等多个部门，因此，城市物流的规划及管理应纳入城市整体规划及管理过程中。

（一）统筹规划城市物流网络节点布局

城市物流网络节点包括物流园区、分拨中心、物流中心、配送中心、转运站、货场、批发市场等，这些设施点的布局应该作为城市整体规划的一部分统筹进行。

从国内外城市物流发展实践看，物流节点设施的过于分散且功能单一是造成城市内车流量过于密集与车辆交叉运输、迂回运输的重要原因。要解决城市交通环境恶化、运输效率低下的问题，有效措施之一就是使物流系统的节点布局更加合理、更加科学，将城市物流网络规划作为城市整体规划的一部分进行统筹考虑。

首先，在规划城市用地、公路及铁路枢纽站建设时，应同时考虑大型物流园区、分拨中心、物流中心的布局问题。当物流设施处于离城市公路网和铁路场站都比较近的位置时，该物流设施点就具有良好的货物集散作用和转运功能，更有可能利用铁路进行大运量运输，减少公路运输在整个运输量中的比重；这样的设施选址也为今后的运输模式创新和物流服务创新提供了条件。其次，根据城市内的交通特点及城市功能的划分，在中心城市周边确定适当的地区作为公共物流配送中心的建设用地。公共配送中心是城市物流绿色化发展的基础平台，一般需要较大的建设用地和资金投资，因而需要政府进行统筹规划，并通过制定政策引导企业利用公共配送中心，实现配送共同化。

（二）完善末端配送网点建设

在社区、学校、商务区，合理布局物流快递公共取送点，并配套货车停车泊位；

在新建商业项目或居民区时,统筹规划城市配送站点、车辆停靠点、装卸站等。例如,上海市为满足商业网点、商务楼宇及社区居民等对快速配送的需求,按照服务半径1000米的标准,在社区、学校、商务区等人口密集、物流需求稳定的区域合理布局快递公共取送点,逐步实现城市全覆盖。

但是,要进行城市物流系统网络的布局规划,还必须以现代优化技术和运筹学方法为基础,通过物流网络设计优化模型得出最佳布局方案。

二、城市配送组织模式的创新

大量分散进行的自营物流更容易发生车辆非满载行驶的情况,导致车辆运载效率低,增加了道路上车辆数。基于集约化的思想实施城市配送组织模式的创新,有利于从根本上改变这种分散的、粗放的配送模式,使城市物流资源得到最大化利用。共同配送、公交化配送是集约化配送的典型模式。本章引导案例中介绍了欧盟城市物流项目中的公交化配送系统,下面介绍共同配送模式及其对环境的改善。

共同配送被认为是城市物流最为有效的配送模式。企业之间进行共同配送,可以把个别的、零碎的、分散而同质的生产组织形式集中成规模的、便于现代化大生产的组织形式。通过协调城市物流资源,规避配送中心等基础设施的重复建设,有效提高车辆的装载率,减少城市配送车辆的使用量和行驶里程,从而节约设施设备的投入,节约燃料消耗,减少排放,有利于城市可持续发展目标的实现。

共同配送需要公共配送中心、信息平台的支撑,更需要物流及电商企业之间的联合,尤其是物流企业之间的联合,有利于改善城市环境。例如,将相同目的地的货物进行合并运输,就能降低车辆使用量。下面介绍出现在德国一些城市的一种新型的物流企业联盟形式。

以德国的弗莱堡市(Freiburg)为例,由12家物流企业形成的合作联盟体,分3个小组进行分工协作。第一组由4家企业组成,其中3家负责从远城区向中心城区的第4家企业送货,第4家企业负责市中心范围的货物配送;第二组由6家企业组成,其中5家负责将货物运送到靠近城市中心的一个仓库,再由第6家企业将货物运送到中心城区的顾客手中;第三组由2家冷链物流企业组成,专门负责城市的冷链配送。这12家物流企业形成了一条不可破裂的相互依赖的链条,一个伙伴企业接收来自其他伙伴企业的货物,再运送到城市中心。

这种分工合作的配送模式可称为分层联合配送模式(见图10-2),即根据城区位置的不同,将物流配送范围划分为三个层:处于最中心范围的配送,由1~2家企业负责,以清洁车辆为运输工具;处于城市郊区与中心城区之间范围的配送,由几家企业联合向中心城区的配送企业送货,而不是向城区居民直接送货,运输工具是效率高的大型货车；城市以外的物流服务则通过铁路运输、水路运输或公路运输的形式实现。通过这种联合与分工协作，避免了大型货车进入市区中心，显著降低了车辆行驶里程和卡车出行次数，改善了城市环境。实践表明，在同样物流量和服务水平的情况下，车辆在市区的行驶时间几乎降低了一半。

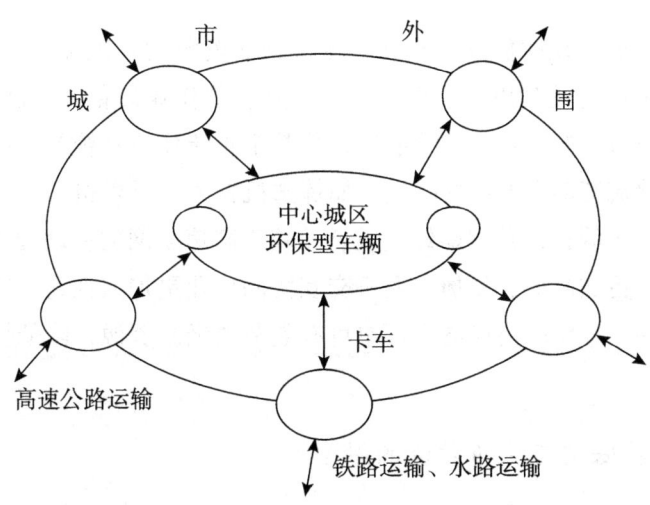

图 10-2 城市物流配送分层联合配送模式

三、加强城市绿色配送车辆管理

以汽油、柴油为动力的机动车是造成城市空气污染的重要源头，因此，加快新能源和清洁能源车在城市配送中的应用，逐步淘汰掉高污染、高排放的城市物流车，是解决普通车辆运输带来的环境污染问题的有效途径。

绿色物流车包括 CNG 卡车、电动货车等。为进一步推广绿色车辆在城市物流中的使用，政府可根据城市配送需求，制定新能源城市配送车辆便利通行政策，改善车辆通行条件；或制定新能源配送车辆的补贴机制，降低其使用成本。在人口密集的中心城区划定出低排放区，只允许清洁车辆进出该区，可以强制物流企业使用绿色车辆。

为促进电动物流车的推广使用，应将公共充电桩、换电桩的建设纳入城市基础设施规划建设范围，在物流园区、工业园区、大型商业购物中心、农贸批发市场等货流密集区域，集中规划建设专用充电站和快速充电桩，完善配套设施，为电动货车的使用提供保障。

四、采用"互联网+"城市智慧物流新模式

智慧物流是指将物联网技术、大数据挖掘及分析技术等有效地集成应用于物流活

动的各个环节和主体，实现物流信息化、自动化、智能化的现代物流新模式。通过实现"互联网+"城市物流的智慧物流新模式，不仅可以提高物流效率、降低物流成本，对合理配置城市资源、降低能源消耗、减少废气排放也具有重要意义。

（一）在基础设备层面实现智能化

在基础设备层面实现智能化，有助于城市物流资源的合理配置，优化物流环节，提高物流效率。具体应用到以下两个方面：一是智能作业设备，通过自主控制技术，进行智能抓取、码放、搬运及自主导航等，使整个物流作业系统具有高度的柔性和扩展性，缓解城市物流劳动力不足的问题，如拣选机器人、码垛机器人、自动导引运输车、无人机、无人车等；二是智能终端设备，基于高速联网的移动智能终端设备，物流作业人员的操作更加高效、便捷，人机交互协同作业更加人性化，物流用户通过手机在线下单寄快递，且使用快递电子订单可有效节约纸质资源，降低快递物流对城市环境的污染程度。

（二）加强物联网与城市物流的融合

在现代城市物流中，加强RFID（射频识别技术）、GPS（全球定位系统）等物联网技术的运用，可有效实现对货物的识别、定位、追踪、计数、分类、拣选等信息化操作，提高城市物流过程的透明度。

1. RFID技术在城市物流中的应用

无线射频识别是一种通信技术，通过无线电讯号在识别特定目标的同时读写相关数据。将RFID技术应用到城市物流的仓储环节，可以实现存货、取货操作的自动化，降低物流成本，节省库存空间，同时也能减少物流过程中由于货品错置、送错和出货错误造成的损耗，提高作业的准确性和服务水平。将RFID技术应用到配送环节，如在途运输的货物和车辆上贴上RFID标签，通过RFID技术与传感技术的结合，可对运输车辆及货物进行识别、定位、跟踪及状态感知，实现在途货物管理的可视化，实现精准配送和一次性配送，降低错漏比例，从而减少车辆的使用次数，缓解城市交通压力。

2. GIS、GPS技术在城市配送活动中的应用

基于GIS（地理信息系统）技术的物流分析软件可以将车辆路线模型、网络模型、设施定位模型集成于一体，解决物流网点布局、车辆数量确定及最短路径确定等问题。将GIS技术应用于城市配送系统，能帮助物流企业优化车辆与人员的调度，减少车辆闲置及等待，提高车辆利用率，优化配送线路，减少车辆数及行驶里程。

GPS技术可实现对城市配送车辆的导航和跟踪，能提供准确的车辆位置及运行状态。这样有利于配送中心根据送货车辆的装载量、客户分布及交通状况等因素,优化配送线路,节约车辆行驶里程。

车辆数及行驶里程的降低可以减少耗油量和废气排放量,减少城市环境污染。

(三) 将城市物流数据融入城市大数据

物流过程产生了大量的数据,将城市物流数据融入城市大数据,实现数据的互通互联,可有效提高城市物流资源的利用率。城市物流数据的应用主要如下。

(1) 车货匹配。通过对物流大数据的分析,了解消费者的消费偏好,预测消费者的消费需求和城市货运量;预测城市配送运力需求,从而制定个性化、精准化的车货匹配方案,以降低城市物流货运车的空返率,提高物流资源利用率。

(2) 路径规划。结合城市交通路况等数据,合理规划城市物流配送路线,提高城市物流运输效率,缓解城市交通拥挤情况。

(3) 库存优化。在多级物流网络中科学部署库存,智能预测补货,实现库存协同,加快库存周转,消除库存积压和库存浪费,提升整个供应链的效率。

总之,互联网+、物联网技术在城市物流配送中的应用,提高了城市物流配送效率,减少了配送车辆使用次数和行驶里程,对于降低城市物流成本、缓解城市环境污染和交通拥挤情况均具有积极的意义。

第四节 城市共同配送

一、共同配送概述

(一) 共同配送的概念

共同配送 (Joint Distribution/ Common Delivery) 又称协同配送、联合配送,按照日本运输省流通对策本部《协同运输系统导入推进纲要》的定义,共同配送是指"在城市里,为使物流合理化,在几个有定期运货需求的货主的合作下,由一个卡车运输业者,使用一个运输系统进行的配送"。我国国家标准 GB/T 18354—2006《物流术语》将共同配送定义为由多个企业联合组织实施的配送活动。

随着配送形式和服务方式的多样化,配送的内涵不断拓展,共同配送的内容和形式也不断多样化,并不仅局限于城市内一台车辆集中运送多个货主的不同商品。从广义上,可将共同配送定义为:为提高物流效率,商贸企业、制造企业与物流企业通过合作,针对某一地区内多个客户的物流需求,多个物流配送企业通过合作联合起来,统筹制订配送计划并实施配送活动的新型方式。城市共同配送指的是针对城市某一地区的需求实施的共同配送。

共同配送的本质是在配送中心对作业活动统一安排、统一调度，共用仓库或运输车辆，形成规模化效应来降低物流作业成本，提高资源的利用率，是一种追求整个地区的物流配送效果最佳化的组织管理策略。

（二）共同配送对城市环境的改善效果

共同配送实质上是由相同或不同类型的多家企业联合组织实施的配送活动。从城市范围看，物流由各企业分散经营，受客户位置、货物数量、仓储和运输资源的限制，往往存在仓库地理位置分布不均衡、仓库利用率不均衡、往返装载率不均衡等现象，因此，不可避免地会出现运输线路迂回、车辆非满载行驶等问题。通过城市物流共同配送的形式，这些企业共同利用仓库、车辆等物流资源，对货物实行集中储存、统一规划装载方式和运输路线，从城市整体层面优化物流配送系统，既降低了物流成本，又节约了社会资源，显著改善了城市环境。

1. 缓解城市交通压力

城市共同配送集中了城市区域内多家企业的货物，实现了车辆的高装载率，减少了城市配送车辆运行次数，消除了车辆空驶、迂回运输、交叉运输，减少了道路资源的占用，解决了由于车辆运输的无序化造成的城市交通混乱、堵塞等问题，缓解了城市交通压力。

2. 减少污染物排放

城市共同配送车辆运输效率的提高，可以减少车辆使用次数和行驶里程，从而减少能源消耗，减少废气污染排放量、降低噪声污染等，有利于城市环境的保护和改善。

3. 优化城市用地

城市共同配送促使物流用地布局更为合理，因而减少了城市土地资源的滥用，缓解了城市用地的紧张问题。

可见，积极开展城市共同配送是促进城市物流发展、改善城市环境的一条有效途径。

二、共同配送的产生及发展历程

共同配送活动最初就是为了解决物流成本高以及物流活动导致的交通拥挤、大气污染等环境问题而产生的，其产生和发展历程包括萌芽、成长、成熟三个阶段。

（一）萌芽阶段

日本是共同配送思想的发源地。20世纪50年代末到60年代中期是日本经济飞速发展时期，物流量急速膨胀，物流呈现大批量运输、直达运输的趋势，但同时也出现了单程运输效率低、返程运输空驶或非满载行驶等问题，导致城市交通拥挤、滞船压港、空气污染、噪声公害的问题日益严重。另外，严格的交通法规限制了车辆的超载和超高，环保法规对货车的废气排放要求也越来越高，导致配送成本增加。尽管企业不断扩大设备投资，增加生产量，降低生产成本，但仍然难以物畅其流，流通效率低下。正是为了解决以上问题，共同配送这种新的配送模式应运而生。早期的共同配送形式单一，活动范围很小，规模也不大，主要是把多家企业的日用食品杂货订单整合成一个整车运输发往同一个销售商，当时被简单地称为"库存整合"或"运输整合"。

美国的共同配送始于"共享第三方物流服务"。1961年，美国哈灵顿仓储服务公司将Quaker（桂格）公司、General Mills（通用磨坊）公司、Pillsbury（品食乐）公司以及其他公司的日用食品杂货订单整合，通过整车运输发往同一个销售商，大大降低了运输成本。

（二）成长阶段

20世纪70年代到80年代，在一些发达国家，随着配送商品种类的日渐增多和商品市场竞争的日趋激烈，共同配送得到了进一步的发展。在这个时期，美、日等发达国家的企业相继调整了仓库结构，纷纷组建或设立配送中心。

（三）成熟阶段

20世纪90年代以后，面对消费者需求的日益精细化和个性化，产生了大量的多品种、小批量、高频次的配送需求，运输车辆经常非满载行驶，导致物流资源的浪费，增加了配送费用。在这种背景下，与城市共同配送相关的研究与应用越来越受重视。在这一时期，共同配送模式得到广泛应用，进入成熟阶段，尤其是借助信息系统和新技术手段后，进一步提高了配送效率。

三、共同配送的模式

（一）共同配送模式分类

共同配送的运行模式从不同角度进行划分，就会得出不同的模式类型。常见的分类标准及类型划分如表10-1所示。

共同配送的实质是若干企业建立一种配送联盟，共享配送车辆、路线、配送中心等物流资源。各种共同配送模式的差别主要在于参与配送联盟的企业归属于不同的行业，联盟的主导者归属于不同的行业；但联盟的目的都是为了节约物流资源、提高配送效率、降低配送成本。共同配送的一般模式如图10-3所示。

表 10 – 1　　　　　　　　　　共同配送模式分类

分类标准	类型	类型细分
按供应链上、下游关系划分	横向共同配送	同产业间的共同配送
		异产业间的共同配送
	纵向共同配送	批发商与厂商间的共同配送
		零售商与批发商间的共同配送
按物流服务的供求主体划分	以货主为主体的共同配送	发货货主主导型
		进货货主主导型
	以物流企业为主体的共同配送	单一物流企业主导型
		合作企业主导型
按资源整合方式划分	运力合并型共同配送	搭载配送、回程运输、"一对多"配送
	节点合并型共同配送	交换配送、设置公共物流基地中心、集中配送

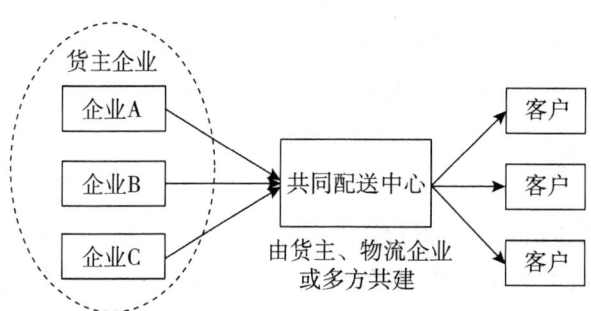

图 10 – 3　共同配送的一般模式

下面详细介绍按资源整合方式划分的共同配送模式。

（二）运力合并型共同配送模式

运力合并是指根据车辆的运输能力进行统筹安派，使不同来源或运往不同目的地的货物装载于同一辆车进行配送，并在配送时间、数量、次数、路线等方面做出最优的安排。这种整合方式大大提高了车辆装载率，减少了车辆使用次数，因而，不但降低了物流成本，还能缓解交通拥挤、环境污染等城市问题。运力合并型共同配送有以下 3 种具体的运作模式。

1. 搭载配送

搭载配送是指将本企业配送数量较少的商品委托给其他企业搭载运输，而本企业只配送数量较多的商品，同时接受其他企业委托的搭载运输。这种模式可以最大限度地保证车辆的实载率。

2. 回程运输

回程运输是指两家不在同一区域但相互之间有业务往来的企业，通过协议彼此利用返程车辆为对方运送货物的配送模式。这种模式可以有效防止车辆返途中空载，但参与的企业要能掌握彼此的客户资讯。

3. "一对多"配送

"一对多"配送是指当一个发货点对多个客户进行物流配送时，综合各客户的具体要求，统筹安排，联合配送。对多个客户共同集货的情形也可以采用这种模式，还可以集货、配货同时进行，配送车辆既装货又卸货，实行混合共同集配。这种模式适合需求的商品趋于一致、要求的时间和地点也接近的客户群体，如便利店、小型零售店，他们的需求批量都比较小，用一辆车既可完成多客户的配送任务，又可以同时处理客户退货、包装物回收等任务。

（三）节点合并型共同配送

节点合并是指将不同来源的货物运送至某物流中心或配送中心，再依据货物目的地的不同进行分类，将同一目的地的各种货物装载于同一车辆进行配送。此类资源整合方式可以使各企业共同利用物流配送中心、装卸机械等资源，货物合并装车也减少了对车辆的需求，因而能降低物流成本，缓解城市物流用地紧张、交通拥挤等问题。节点合并型共同配送也有3种具体运作模式。

1. 交换配送

交换配送是指当企业各自拥有运输工具和物流配送中心的情况下，根据各自运量大小、与客户的距离等因素，协商划分配送区域或地段进行配送。企业可以选择向离客户最近的配送中心供货，该物流配送中心可能并非隶属于本企业，而是属于共同配送联盟体内的其他企业，交换配送模式如图10-4所示。在此配送模式中，企业相互利用配送中心，可缩短与客户的距离，降低配送成本，提高配送效率。

2. 设置公共物流基地

设置公共物流基地是指在客户相对集中的地区，建立一些公共物流基地，当需要向客户配送货物的时候，先将众多客户所属商品共同配载并集中送往公共物流基地，然后由客户自行取货。这种模式不但解决了场地紧张、交通拥挤等问题，而且大大提高了接货响应水平，加快了配送车辆的运转速度。

3. 集中配送

集中配送是指参与共同配送的企业共同建立配送中心，集中处理企业的配送任务，

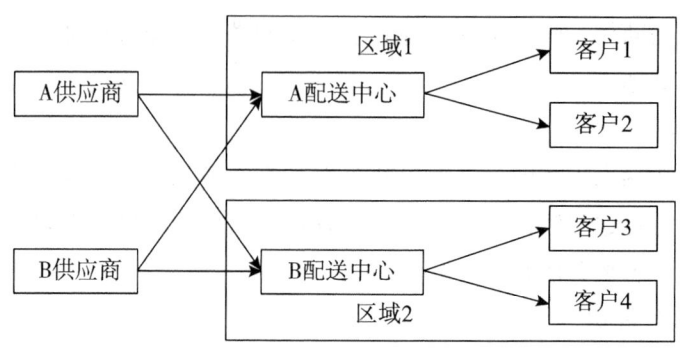

图 10-4 交换配送模式

使物流配送规模化。这种模式能够满足那些配送频率高、配送量小且时间要求紧迫的生产企业的需要。该模式能防止企业信息的外泄，但参与企业要充分了解各自的物流特性，并建立高效的物流信息系统。

第五节 城市废弃物物流概述

城市废弃物物流是城市物流的重要构成，因此，废弃物物流的合理化也是城市物流绿色化的重要任务。本节简要介绍城市废弃物物流的基本概念和流程。

一、城市废弃物物流的特殊性

废弃物物流是指根据实际需要，对生活和经济活动中失去原有使用价值的物品进行收集、分类、加工、包装、搬运、储存等，并分送到专门的处理场所时所形成的物品实体流动。废弃物物流系统和其他物流系统一样具有运输、储存、信息处理等基本功能要素，但由于其特殊的自然属性和社会属性，与企业物流系统相比具有明显的特殊性，主要表现在以下几个方面。

1. 废弃物具有品质和数量上的不确定性

城市废弃物的产生主要有3个来源：居民生活废弃物、街道保洁废弃物和企事业单位废弃物。废弃物的组成成分因生产活动、生活方式、消费习惯的不同而变化，即使是同一个城市，不同季节、不同时期产生的废弃物数量和质量也有较大差异。另外，废弃物经过分类、收集、处理后，所面向的终端市场也不是很明确。这给城市废弃物物流系统的规划带来了很大困难。

2. 城市废弃物的组成复杂

一般物流系统中，流体的物态或是固体或是液体，物态相对稳定，但是城市废弃物一般是固、液、气的混合体。因此，在废弃物的搬运和运输途中通常会产生一些散状物、粉尘和渗漏液，造成街道和垃圾转运站附近的二次污染。还有一些废弃物具有较强的腐蚀性，对废弃物的收集、转运、装卸、运输等物流作业工艺及装备提出了特殊的要求。

3. 城市废弃物物流网络规划的特殊性

废弃物物流网络是一个收敛的结构，也就是从多个源点到少数汇点的结构，即"多对一"或"多对少"的网络结构。正向物流网络通常是发散的网络结构，从少数源点到达众多的汇点。这一差异导致了废弃物物流网络规划方法的特殊性。

4. 城市废弃物物流的目标首先是社会价值，其次才是经济价值

虽然废弃物中一些成分可以回收再利用，但是其整体经济价值较低。同一般物流系统相比，城市废弃物物流的首要目标是满足城市环境保护及可持续发展的需要，追求环境效益及社会效益的最大化，其次才兼顾经济效益。但是，如果能制定相关的法律和政策，如明确废弃物处理的责任、主张废弃物排放者负责制或收取更高的废弃物处理费等，那么，废弃物物流也具有显著的经济价值。例如，日本一家从事散装水泥运输的公司FUCOX，将其物流业务延伸到塑料废弃物物流、垃圾焚烧后的灰烬运输、废弃榻榻米物流等领域，就是因为看到了日本废弃物处理法规所蕴含的环保商机。

总之，随着人们对自然环境的日益关注，政府将制定更严格的废弃物处理法规，废弃物物流问题也将受到越来越多的关注。虽然废弃物物流与一般物流系统存在着许多共同点和相似点，但是，废弃物物流在物流对象、目标和处理过程方面的特殊性，决定了废弃物物流系统规划和管理的特殊性。

二、城市废弃物物流流程

城市废弃物物流主要包括4个过程，即废弃物的收集和分类、废弃物的清运、废弃物再资源化处理和废弃物最终处理，如图10-5所示。

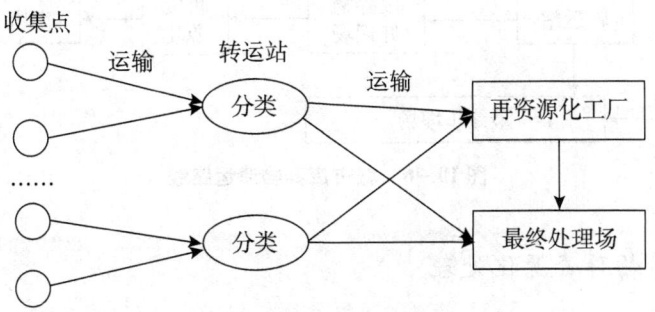

图10-5　城市废弃物物流流程

(一)废弃物的收集与分类

从废弃物产生的源头进行废弃物收集,按收集成分的不同,分为混合收集与分类收集;按照包装方式的不同,分为散装收集与袋装化收集。

1. 混合收集与分类收集

混合收集是指直接收集未经任何处理的原生垃圾。它的优点是简单易行,收集费用低。但是在混合收集过程中,各种生活垃圾相互混杂、黏结,降低了垃圾中有用物质的纯度和再利用价值,后续处理复杂,反而会增加总的处理费用。

分类收集是指按照废弃物的可再利用价值,由居民分类后分别收集。这种方法可提高废弃物中可回收物料的纯度和数量,有利于再利用,减少最终垃圾处理量,降低垃圾运输处理费用,还能降低危险废弃物对环境的危害。

2. 散装收集与袋装化收集

不管是混合收集还是分类收集,都需要通过不同的包装方式来运输。按照废弃物包装方式的不同,又可分为散装收集和袋装化收集。散装收集过程会产生灰尘等污染,因此,袋装化收集成为一种趋势。

(二)废弃物的清运

由图10-5可知,废弃物清运包括废弃物从分散的来源点到转运站的运输以及从转运站到下一步处理场所的运输。城市废弃物清运路线如图10-6所示。根据废弃物产生地、转运站距处理场所的距离以及废弃物的特性进行运输方式和处理方法的决策,包括选择收运车辆的类型和数量、收运时间和收运线路等,以实现各种资源的最佳配置。

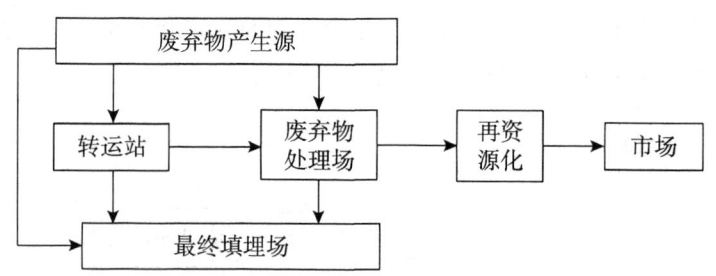

图10-6 城市废弃物清运路线

(三)废弃物再资源化处理

废弃物再资源化主要有3种途径:废弃物回收利用、废弃物转换利用、废弃物转化能源。

1. **废弃物回收利用**

这是指将已丢弃的废弃物重新加以利用，也称为再利用。在这种再利用过程中，废弃物的物理形态没有发生改变，例如，玻璃或塑料瓶（罐）经清洗后重新成为容器。在资源化利用的诸多方法中，这是最为简便有效的一种途径。

2. **废弃物转换利用**

这是指通过技术手段，利用废弃物中的某些成分制成新形态的物质，如垃圾堆肥、废塑料油化等。在这种利用途径下，废弃物被转换成有用原料后重新进入工业生产中。

3. **废弃物转化能源**

这是指通过化学或生物转换，释放废弃物中蕴藏的能量并加以利用的方式。典型的应用就是通过废弃物焚烧提取热能，收集填埋场甲烷气体进行发电或供热。

（四）废弃物最终处理

根据处理技术的不同，废弃物最终处理主要有 3 三种方式：堆肥处理、焚烧处理、填埋处理。

1. **堆肥处理**

堆肥处理是在人工控制条件下，把废弃物保温至 70℃储存、发酵，借助废弃物中微生物分解的能力，将有机物分解成无机养分。堆肥处理工艺简单，适用于易腐有机质含量较高的废弃物处理。

2. **焚烧处理**

焚烧处理是将废弃物置于高温炉中，使废弃物中碳水化合物转换成 CO_2 和 H_2O，同时在高温下杀灭病毒、细菌，将焚烧过程中所产生的热能加以合理利用。

焚烧处理的主要优点是：垃圾焚烧产生的热能可应用于多种场合；废弃物焚烧后的残余物体积大大减小，毒害性也大大降低，因此，减少了对填埋场地的占用和污染。但是，废弃物焚烧处理也存在一定局限：垃圾燃烧过程中产生的有毒有害气体和烟尘需要经过特殊的无害化处理再排出，否则，会严重污染空气，影响周围居民生活环境；另外，垃圾焚烧需要较高的设施投入，运营维护费用也很高。开发废热用途、提高焚烧发电效率，是解决该问题的关键途径。

3. **填埋处理**

填埋处理是大量消纳城市废弃物的有效方法，也是所有废弃物处理方法中的终极处理方法，分为直接填埋和卫生填埋。

直接填埋是将废弃物填入已预备好的坑中盖上压实，使其发生生物、物理、化学变化，分解有机物，达到减量化和无害化的目的。该方法费用低，方法简单，但容易造成地下水体污染和有害气体污染。

卫生填埋是将废弃物倒入具有一定地形特征的场地中，通过采取防渗、覆土和气体导排设施，消除直接填埋带来的各种安全、卫生和环境污染问题，是一种操作简单、投资少、效果好、适合各种类型废弃物的终极处理技术。

案例　德国不来梅市物流中心对城市环境的改善

德国城市物流中心的实践经验说明，建立城市物流中心对降低企业成本、改善城市环境具有十分重要的功效。

一、优越的地理位置

德国的城市物流业非常发达，出现很多成功的城市物流中心，其中最著名的要数不来梅（Bremen）物流中心。

不来梅物流中心临近不来梅港，建立于1985年，是在不来梅市政府和所在州政府的支持下建立的德国第一个真正意义上的"物流园区"，不来梅物流中心距不来梅内河港口约20千米，靠近不来梅铁路编组站。中心内有公铁联运装卸站，周围高速公路网发达，紧临联邦27号高速公路，距不来梅市5千米，位于不来梅市水路与陆路运输交汇点，交通十分便利，火车、卡车从这里出发，可在24小时之内将货物送到德国境内任何一个重要的经济中心。流经不来梅市的威悉河两岸有242家物流企业，不来梅新港至不来梅市的沿途有1400多家相关的物流企业，包括从事水路运输、公路运输、铁路运输、配送等业务的各类物流企业。可见，物流中心的地理位置十分优越。

二、卓越的环境改善功效

不来梅物流中心分为5个区域，有9条铁路线，中心内铁路线长约8千米。从物流中心的用地布局和经营结果来看，整个物流园区范围内大约有59%的面积用于商业出售和出租，基础设施面积占到了10%左右，集装箱转运服务面积占到了7%，生态绿化补偿面积达到了21%，其他为办公区域。据有关资料介绍，通过建立城市物流配送中心，不来梅市的车流量减少了约60%，运输效率提高了约90%。

物流配送一般有3种形式：第一种形式是整个城市的物流由几家物流企业承担；第二种形式是整个城市的物流由若干个物流企业组成的配送联盟来承担；第三种形式是在城市的中心附近建一分拨站，按需将商品送到分拨站，再由分拨站运送到商店货架上。

不来梅市的物流原先是由若干家物流企业负责的。由于配送车辆很多，增加了城市的交通拥挤程度，城市空气污染也很严重。后来，不来梅市政府委托运输与物流研究所对不来梅市的城市物流系统进行研究，市政府提供了课题经费的26%，其余费用由参加物流服务的企业负担。运输与物流研究所通过对不来梅市的调查，收集了4家零售商共计16个种类、9万多个品种的商品，共计540万个数据。通过计算机对数据进行处理，得出了不来梅市的物流分布情况，并研究提出了统一组织配送的新方案。新方案建议由不来梅物流中心发展公司牵头，由14家物流企业共同组成城市物流配送有限公司，将分散的配送变为集中统一的配送，车辆实行统一调度，并在每辆车上安装GPS装置。

实施这个方案后，每天只需12辆车向市区送货，每天能减少约400车次，节省运力约80%。由此可见，通过物流配送方案的创新，城市内的货车行驶次数大大减少，不仅节约了运输成本，而且，由此带来的对交通拥挤状况、空气污染程度、交通事故率的改善效果都是非常显著的。

如果按照第三种配送形式，在城市中心附近建一分拨站，再由分拨站将商品运送到商店货架上，那么，从物流中心到分拨站的运输可以用中型货车完成，从分拨站到各商店的运输只需1~2辆货车连续运输就能满足要求。这种形式进一步减少了运输车辆的使用次数，能进一步降低物流成本，进而改善城市交通拥挤状况。

不来梅运输与物流研究所在完成不来梅市城市配送物流研究后，又为纽伦堡市进行城市物流规划的研究。他们提出在纽伦堡市区附近建一分拨中心。纽伦堡的城市物流方案实施后，效果比不来梅市的物流方案更好。由此可知，配送物流的第三种形式要优于第二种形式。

【问题讨论】
1. 结合实例分析为什么建立物流中心能改善城市环境？
2. 分析并归纳出不来梅市配送模式的特点。

思考题

一、名词解释
城市物流；共同配送；废弃物物流
二、判断题
1. 城市物流发展对城市环境的影响主要是空气污染。　　　　　　　　　　（　　）
2. 城市物流合理化是物流企业的责任，与城市规划无关。　　　　　　　　（　　）
3. GIS/GPS技术的应用，提高了城市配送效率，但对改善城市环境并无作用。（　　）

4. 物流企业之间的联合更有利于改善城市环境。（   ）
5. 城市共同配送需要建设共同配送中心，增加了城市用地的紧张程度。（   ）
6. 共同配送集中了城市内多家企业的货物，因此，增加了运输路径迂回情况。
（   ）
7. 城市物流的最终目标是追求整个城市的经济效益、社会效益和环境效益的统一。
（   ）
8. 从运输路线及运输工具看，城市物流与企业物流没有区别。（   ）
9. 批发商与厂商间的共同配送属于横向共同配送模式。（   ）
10. 城市废弃物物流的首要目标是追求环境效益及社会效益，其次才是经济效益。
（   ）

三、简答题

1. 城市物流的利益相关者有哪些？其在城市物流系统中的主要作用是什么？
2. 从城市物流角度分析城市交通拥挤的主要原因。
3. 为什么说城市物流的节点多且分散？
4. 城市物流基地包括？
5. 如何在城市规划时统筹考虑城市物流节点的布局？
6. 实施共同配送的效果有哪些？
7. 城市物流与企业物流的主要区别是什么？
8. 城市废弃物物流主要包括哪4个过程？
9. 城市发展中的物流需求主要有哪些？
10. 结合本章开头的引导案例，分析实施公交化配送系统有何重要意义？

实训项目

调查你所在社区的快递取货网点分布情况，了解末端配送的运输工具类型、送货时间特点以及配送企业之间资源共享等的情况。分析末端配送存在的问题及对环境的影响。

第十一章 绿色物流系统的评价指标体系

引导案例 夏普产品环境绩效评价

夏普公司为了掌握公司产品对环境造成的影响,从产品研发、产品生产、物流、产品使用,直至回收、废弃物处理等各个阶段,进行资源消耗和污染排放的分析,并构建相关的评价指标;收集产品各阶段的消耗和排放数据,对公司的环境绩效进行评价;并根据评价指标分值高低,调整企业战略和运营策略,降低对资源环境的影响,提高企业产品绿色度。

一、环境绩效评价指标

夏普公司根据产品生命周期的消耗和排放,从研发、生产、物流及回收再处理这几个阶段进行分析,从消耗、回收、排放三个方面建立一级指标;再根据产品不同阶段的消耗或排放情况建立二级指标;结合不同阶段的特点,并考虑指标数据的可获得性,进一步确定三级指标。夏普产品环境绩效指标及相应说明如表11-1所示。

表11-1　　　　　　　　　夏普产品环境绩效指标及相应说明

一级	二级	三级	指标说明
资源消耗情况	生产阶段消耗量	能量消耗量	根据日本《节约能源法》进行计算
		水资源消耗量	消耗或循环使用的工业用水、自来水和地下水
		PFCs等物质的消耗量	指 HFCs、PFCs、SF_6 和 NF_3 的量
		PRTR物质消耗量	日本化学物质排放量管理促进法(PRTR法)所涵盖的化学物质
		VOCs物质消耗量	日本4个协会指定的20种挥发性有机化合物
		物料消耗量	13类产品的总重量等
	物流阶段消耗量	能量消耗量	按吨公里的方法进行修正
	使用阶段消耗量	能量消耗量	13类产品能耗,根据每种产品年能耗率进行估算

续 表

一级	二级	三级	指标说明
回收情况	回收量	家用电器回收量	电视机、空调、冰箱、洗衣机 4 种家电的回收量
		复印机/打印机回收量	复印机和 MFP 的回收量
		电脑回收量	废旧电脑回收量
		塑料回收再循环量	回收再循环生产的再生塑料量
排放情况	生产阶段排放量	温室气体排放量	按照温室气体排放量计算报告手册进行估算
		排水量	每年排入公共水域和下水道系统的排水量
		PRTR 物质排放量	—
		VOCs 物质排放量	—
		NO_x 排放量	年排放量
		SO_x 排放量	年排放量
		COD	排入公共水域的量
		氮污染物负荷	排入公共水域的量
		磷污染负荷	排入公共水域的量
		产品运量	13 类产品总重量（含包装材料）
		废弃物排放量	工业废弃物、办公室废弃物、可回收利用的废料
		最终垃圾填埋量	工业废弃物及一般废弃物的最终填埋处理量
	物流阶段排放量	二氧化碳排放量	按修正的吨公里方法进行估算
	使用阶段排放量	二氧化碳排放量	根据 13 类产品的能耗估算二氧化碳排放量
	回收阶段排放量	再循环后的处理量	主要产品的回收总量减去再循环利用的量

注：1. 13 类产品指公司生产销售的主要产品类别，包括电视机、空调、冰箱、洗衣机、空气净化器、微波炉、LED 灯、蓝光刻录机、传真机、手机、液晶显示器、复印机/打印机一体机、太阳能电池。

2. PRTR 物质是指 PRTR 法所涵盖的化学物质；VOCs 物质是指由日本 4 家协会指定的 20 种挥发性有机化合物；MFP 是指多功能数码复合一体机。

3. 温室气体排放量的计算根据其产生源的不同采用不同的标准：电力消耗产生的二氧化碳排放量的计算采用日本环境省和经济产业省发布的电力公司二氧化碳排放系数或者 GHG Protocol 中的系数；燃料消耗产生的二氧化碳排放量根据日本环境省温室气体排放量计算报告手册中发布的排放系数进行估算；其他温室气体则根据政府间气候变化专门委员会的相关标准进行估算。

二、产品生命周期阶段的消耗及排放数据

以夏普公司 2018 财年为例，企业生产经营活动中的物料、能源消耗及排放数据如下。

(一) 产品研发及生产阶段的消耗及排放数据

1. 产品研发及生产阶段消耗的资源种类及消耗量

(1) 能源总消耗量 17973 兆焦耳。

(2) PFCs 等相关物质的购买量为 1177 吨。

(3) 消耗的水资源共 2360 万立方米,其中,回用水 1510 万立方米。

(4) PRTR 物质消耗 6724 吨,VOCs 物质消耗 2958 吨。

(5) 物料消耗 705000 吨,其中再生塑料 1000 吨。

2. 产品研发及制造阶段的排放

(1) 温室气体排放共计 107.7 万吨碳当量,其中,CO_2 排放 98.4 万吨,HFCs、PFCs、SF_6、NF_3 的排放是 9.3 万吨碳当量。

(2) 废水排放 600 万立方米。

(3) PRTR 物质排放 386 吨,VOCs 物质排放 69 吨,其中,排入大气的氮氧化物排放量 45 吨,CO_2 排放量 2 吨;排入水域的 COD 5 吨,氮污染物 35 吨,磷污染物 1 吨。

(4) 产品运量 63 万吨。

(5) 废弃物 7.5 万吨,最终垃圾填埋量 0.5 万吨。

(二) 物流阶段的消耗和排放

物流阶段的消耗和排放主要是运输车辆的能量消耗及相应的碳排放。一年的车辆燃料消耗为 272 兆焦耳,碳排放量 1.9 万吨。

(三) 使用阶段的消耗及排放

公司 13 类产品都是电器电子类产品,使用过程中的资源消耗主要是电能,总消耗能量是 642810 兆焦耳。电能消耗产生的碳排放是 275.6 万吨碳当量。

(四) 回收阶段

4 种家用电器的回收量是 5.9 万吨,复印机/打印机 2.9 万吨,电脑回收量 11 吨。回收再利用的塑料是 1000 吨,回收后的处理量是 9000 吨(排放量)。

📍 案例解析

环境绩效是可持续发展的重要测度。夏普公司为把握企业可持续发展状态,对产品系统产生的环境影响进行了定量评估，目的是根据指标评估结果调整经营策略，提高企业可持续性。建立评价指标体系是评估环境绩效的关键，夏普公司以资源消耗、排放及回收量为一级指标，再从产品生产、物流、使用、回收4个阶段的消耗或排放情况分析，建立二级指标和三级指标。从案例可知，该指标体系遵循了可操作、可比较等基本原则，充分考虑了产品特点和行业特点。这说明指标体系具有较强的主观性和动态性。

在推进物流绿色化发展的过程中，评价企业物流可持续性状态有助于我们把握物流绿色化发展的轨迹，为制定物流可持续发展战略和策略提供指导。可持续性评价的主要过程是根据评价目的及其范围，确定评价指标体系，然后获取评价对象的相关信息，最后，运用一定的方法计算评价结果。其中，最关键的任务是确定评价指标体系。因此，本章主要介绍绿色物流系统评价指标体系的建立过程和方法。

第一节　物流业可持续发展评价思想概述

一、物流业可持续发展评价的基本思想

物流业的可持续发展，就是指其服务于经济社会发展的能力与保护生态环境的能力之间的一种平衡。判断物流业是否可持续发展，其中一个有效的方法就是建立一套可持续发展的测量指数，这个指数可以作为是否可持续的信号，以避免形成不可持续的发展模式。同所有的评价指标研究一样，在进行物流业可持续发展评价时，首先要确定评价对象以及评价标准。由于物流业可持续发展是可持续发展思想在物流业的延伸，是可持续发展思想的具体化，因此，对物流业可持续发展的评价既要体现可持续发展的基本思想，又要考虑物流业发展的特殊性。

可持续发展思想的核心在于正确规范两大基本关系准则：一是人与自然之间的关系准则；二是人与人之间的关系准则。人与自然之间的相互适应和协调进化是人类文明得以发展的必要条件；而人与人之间的互信、互利、互助、互律等是人类文明得以延续的充分条件。只有将这种必要条件与充分条件完整地组合起来，才能使人们达成可持续发展的基本共识。根据这种分析，物流业可持续发展的评价必须体现发展、协调及持续的基本思想。

（1）体现发展的思想。没有发展，就没有社会的进步和人们生活水平的提高；可持续发展同样强调经济增长、社会进步和财富积累。因此，物流业可持续发展评价必须能够反映一个国家（地区）物流业的发展度，即能够判别一个国家（地区）的物流业是否真正地在发展。这里侧重的是"数量"的概念，即财富的积累。

（2）体现协调的思想。可持续发展强调"自然—社会—经济"这一复合体系的协同进化。因此，物流业可持续发展评价必须能够反映一个国家（地区）物流业发展的协调度，即能够判别一个国家（地区）的物流业发展与生态环境之间是否平衡、物流业发展与其他相关产业是否平衡、市场发育与政府调控之间是否平衡，等等。这里侧重的是"质量"的概念和内在效率的提高，强调人们在物流业发展中的行为规范。

（3）体现持续的思想。可持续发展强调发展的长期合理性。因此，物流业可持续发展评价必须能够反映一个国家（地区）物流业发展的持续度，即能够判别一个国家（地区）的物流业发展的长期合理性。这里侧重的是"时间"的概念，强调从时间维上去把握物流业的发展度和协调度。

从数量、质量、时间三个维度来表征物流业可持续发展，为评价物流业可持续发展提供了基本思路和指导原则，也为物流业可持续发展评价指标的信息获取提供了方法论指导。同时，这也意味着物流业可持续发展的时空耦合特征，决定着评价物流业可持续发展的复杂性和挑战性。从静态的观点看，物流业可持续发展涉及区域物流业规模、结构形式、要素关系、配置格局等空间性质；从动态的观点看，物流业可持续发展涉及区域物流业沿革、系统演替、过程预测、趋势判断等时间性质。

基于上述思想，作为测度的载体和基本的信息单元，物流业可持续发展评价指标必须具备以下功能。

（1）反映功能。物流业可持续发展评价指标要能够描述和反映一个国家（地区）在某一时点的物流发展现状和水平，要能够评价物流业发展的优劣。

（2）监测功能。物流业可持续发展评价指标要能够描述和反映物流业可持续发展的变化趋势，为政府和部门的决策提供依据。

（3）比较功能。物流业可持续发展评价指标要能够在同一时点上对不同考察对象进行比较，这样比较有利于认识考察对象的特点和位置；同时也能够对同一考察对象在不同时点的发展状况进行比较，这样比较有助于认识考察对象的状况和发展趋势。

二、物流业可持续发展评价系统分析

从系统的观点看，世界上任何事物都是一个系统，或是某个系统的组成部分。物流业可持续发展涉及自然、社会、经济等众多要素。正如前面章节所阐述的，绿色物流本身就是一个复杂的、开放的大系统，并且具有跨区域、跨时域、多行为主体等特征，是由多个环节构成的、具有多个层次的复杂系统。

将物流业可持续发展视为一个系统,它既要合理解析系统与环境间以及系统内部要素间的相互作用、相互制约的本质特征,并抽象出具有普遍意义的机制和规律,同时,又必须考虑时间效应和空间效应对系统结构和功能的影响。物流系统的可持续性就在于系统与外界环境进行物质与信息交换的过程中,能够以良好的状态存在并且能够得到进一步的协调发展。

因此,物流业可持续发展评价指标的主要任务就是要准确地捕捉到系统内部以及系统与其所处环境相互作用的主要信息,以达到对物流业可持续发展系统的外部特征和内在本质的综合认识。

物流业可持续发展系统分析的基本思路如图 11-1 所示。

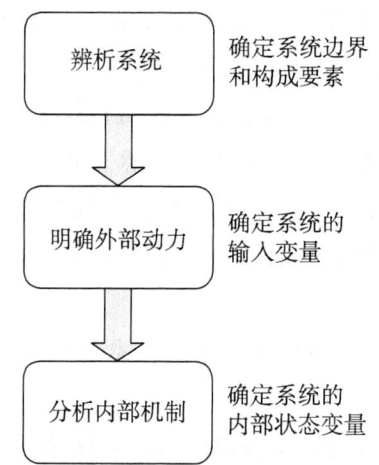

图 11-1 物流业可持续发展系统分析的基本思路

(一) 确定系统边界和构成要素

在确立物流业可持续发展评价指标时,首先必须辨析系统,即确定系统的边界和系统的构成要素,以便清晰地辨识系统与环境的关系。凡边界外的为外部环境,边界内的为系统。

按照系统的层次性原则,物流可持续发展系统是由若干个子系统(要素)组成的,这些子系统分别在某个具体方面决定着物流系统的可持续性。相应地,这些子系统又可以进一步分解为若干子系统,这也反映了系统的复杂性。

(二) 确定系统的输入变量

输入变量通常是系统行为动态演化的外部动力来源,也是系统控制的关键因素之一。物流系统的输入变量通常包括市场需求、资源、人力、资金、技术等方面的变量。

（三）确定系统的内部状态变量

研究系统状态变量的基本目的在于认识系统内部的动态机制，揭示系统的功能及其行为表现，从而在本质上把握系统的运行规律，达到预测和控制的目的。

物流业可持续发展评价的研究，必须以厘清上述环节的基本内容为前提。只有如此，物流业可持续发展系统的建立和解析才具有实际操作的可能性。

第二节　物流业可持续发展评价原则及框架

建立评价指标体系是评价工作开展的先决条件。然而，评价活动是一种目标驱动的活动，无论哪种评价，必然以存在一定的目标或目标体系为前提。在建立物流业可持续发展评价指标体系之前，必须先确立指标体系建立的原则以及总体评价框架。

一、物流业可持续发展评价原则

由于物流系统涉及的范围十分广泛，物流业可持续发展所反映的信息量非常庞大且十分复杂，涉及的领域非常广泛。物流业可持续发展评价指标的确定是一项相当困难的工作。指标既要具有信息可获得性，又要对决策者、物流业的可持续发展有现实指导意义。

物流业可持续发展评价指标体系，是指评价一个国家（地区）的物流业能够继续发展的可能性大小的判别要素体系或可持续发展潜力的评价要素体系。它是检验物流业能否稳定发展和能否持续发展的标志，可以为政府或管理部门的宏观物流决策提供依据。

物流业可持续评价指标体系的设计应该遵循一定的指导思想和原则，既要表述可持续发展的内涵，又要能反映物流业的特征。学者安德森认为，一个好的评价指标应该满足以下7个条件（或标准）：①指标或计算出该指标的信息应当是现成可得的；②指标应该容易理解；③指标必须是能够测量的；④指标计量的内容应当是重要的或者在指标的权限范围内是很有意义的；⑤指标描述的事件的状态与指标的获取时间间隔应当比较短；⑥指标所依赖的信息应当可以用来比较不同的地理区域；⑦指标应当能够进行国际比较。

这些标准对构建物流业可持续发展评价指标体系无疑具有重要的意义。但是，构建既能体现可持续发展思想,又能满足上述标准的指标体系是很困难的。例如,要想满足上述第①、⑥、⑦条标准,就需要大量信息,而很多信息是难以获取的。这实际上体现出了物流业可持续发展评价指标在数据支持、实证分析、操作性把握等方面的困境。

综合上面的分析,考虑物流业可持续发展评价的基本思想,建立物流业可持续发展评价指标体系应该遵循以下 6 项基本原则。

1. 科学性原则

物流业可持续发展评价指标体系要建立在科学、合理的基础上,能充分反映现代物流业可持续发展的内在机制,指标的含义必须简单、明了,测算方法、标准和统计计算方法规范,能全面、综合地反映物流业可持续发展的含义和管理目标的实现程度。

2. 可操作性原则

物流业可持续发展评价指标体系最终要被决策者所使用,要反映物流发展的现状和趋势,为政策制定和科学管理服务,因此指标体系的建立要考虑可操作性原则。每一个指标要有明确的定义、明确的对象、明确的边界,不能太抽象、太概念化;各个指标之间要有明确界面,内涵不可相互重复或彼此重叠;另外,指标要易于量化,数据要易于收集,结果要具有可评价性。

3. 可比性原则

物流系统是一个复杂的、具有层次结构的大系统,它由若干子系统组成。因此,描述与评价物流业可持续发展程度和发展状况,应在不同层次上采用不同的指标。指标尽可能采用通用的名称、概念与计算方法,以利于进行横向比较和纵向比较。

4. 动态性原则

考虑到物流系统的跨时域特点,物流业可持续发展评价也需要通过一定的时间尺度才能得到反映,因而指标的选择要求充分考虑动态变化的特点,要能较好地描述、刻画与度量未来的发展趋势;部分指标必须要有时间概念,即代表什么时间的数据。

5. 区域性原则

物流系统的区域特性表现在两个方面:一是物流系统的跨地区性;二是物流价值主要是由空间转移价值构成的。因此,制定物流可持续发展评价指标必须要考虑区域性,即指标要有空间定位,要有明确的空间位置。

6. 定性指标与定量指标相结合原则

物流业可持续发展评价指标体系应尽可能量化,但对于一些难以量化、其意义又很重大的指标，也可以用定性指标来描述。定性的指标也应该有量的概念，至少可以用"权重"来定量化，可以输入数据，进行运算和分析。

总的来说，上述原则可以归纳为物流业可持续发展评价指标的综合性、时空性、可控制性3大原则。综合性即要考虑物流系统的多环节、多要素、多主体的特点；时空性即要考虑物流系统的跨时域、跨地域的特点；可控制性即指标的确定要具有可操作性、可比较性、定量性、科学性等要求。

二、物流业可持续发展总体评价框架

系统评价是以特定的目标或目标体系为前提的，评价目标对整个评价过程起导向作用。也就是说，评价指标体系是根据评价目标体系而建立的，为此，必须先分析物流业可持续发展评价的目标。

根据本章第一节的分析，物流业可持续发展评价的总体目标就是评估地区或社会物流业可持续发展能力及水平，判断物流业是否能够可持续发展。这一目标具有高度的综合性，原因在于两个方面：一是物流业的发展涉及经济条件、社会基础设施、技术水平、政策等方面；二是可持续发展必须考虑经济效益、社会效益与环境效益的统一。因此，上述总目标需要应用层次化原理分解成更具体的子目标。

从方法论角度看，人类在观察和认识复杂问题时，通常难以一次性地洞悉问题的全部细节，而是通过将问题或对象分解为多个层次，并且按照由高层到底层、从全局到局部、由抽象到具体的分层递阶方法逐步深入的。根据这种层次划分的原理，物流业可持续发展评价可以划分成外界对物流业支撑水平评价、物流业可持续发展现状评价、物流业可持续发展趋势评价、物流与经济社会协调性评价4个子评价任务，即4个子评价目标。在此基础上，可进一步分析针对每个子评价目标的评价准则和指标体系。这样可建立如图11-2所示的物流业可持续发展总体评价框架。

物流业是经济系统的子系统，其发展离不开社会经济水平、技术水平、基础设施水平、政策环境等方面的支撑，外界对物流业支撑水平评价就是对维持物流业运行和发展的外部环境条件进行评价。物流业可持续发展现状评价既要评估物流业当前的状况，又要衡量物流业发展对资源环境的影响情况。物流业可持续发展趋势评价则是对物流业未来的发展态势进行评估，该项评价有助于预测物流业的发展变化状态。物流业与经济社会协调性评价是对物流业发展质量的评估，目的是衡量物流发展与社会经济发展相互促进的程度。

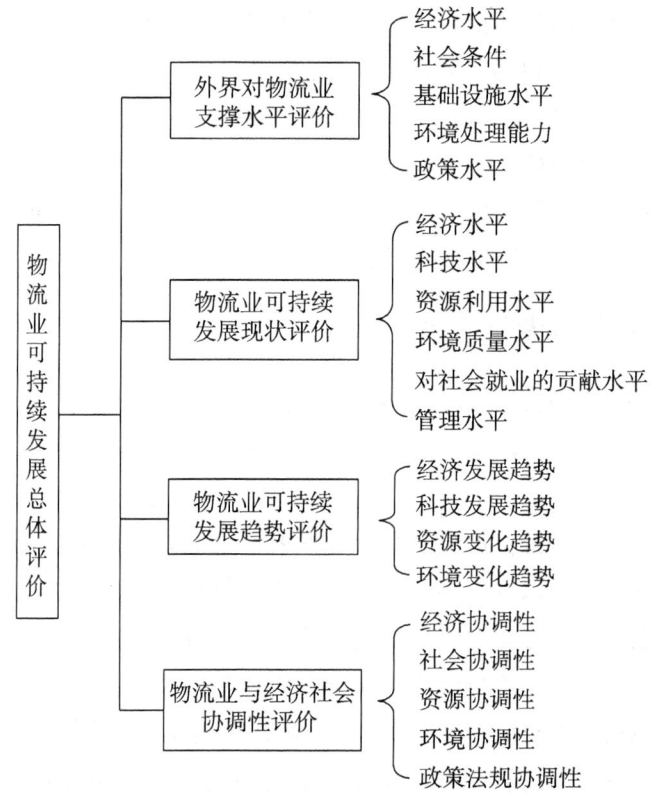

图 11-2 物流业可持续发展总体评价框架

第三节 物流业可持续发展评价指标体系

根据拟定的系统评价目标,分析影响评价目标的关键因素;然后,依照评价指标体系建立的原则,从影响因素中提炼出评价指标体系。评价指标体系具有很强的主观性和场景依赖性,评价人员的关注重点不一样,指标体系也不相同。下面根据图 11-2 的总体评价框架,按照 4 个评价子目标(一级指标)分别介绍评价指标体系。

一、外界对物流业支撑水平评价指标体系

国内外物流业发展实践表明,物流业的发展规模与一个国家(地区)的经济总量呈高度正相关关系,因此,国家(地区)的经济发展水平是影响物流业发展水平的重要因素。公众受教育水平、消费意识、公共卫生与安全等社会发展状况也是物流业能够顺利发展的支撑条件;道路交通条件、网络通信等公共基础设施水平为物流业的运行和发展提供了基本保证;此外,健全完善的政策法规也是物流业能够健康发展的根本保证。

因此，可以用经济水平、社会条件、基础设施水平、环境处理能力和政策水平这5个二级指标来评估物流系统所处的外部环境对物流业可持续发展的支撑能力。通过进一步分析，可建立5个二级指标下的三级指标，如表11-2所示。

表11-2 外界对物流业支撑水平评价指标体系

二级指标	三级指标
经济水平	人均GDP
	GDP环比增长率
	第三产业增加值占GDP的比重
	地方财政环比增长率
社会条件	居民消费价格指数
	社会安全指数
	居民平均受教育程度
	公众环保意识
基础设施水平	交通运输能力
	货运场站规模
	城市人均拥有铺路面积
	信息基础设施水平
	公共服务设施水平
环境处理能力	固体废弃物处理率
	环境污染治理投入占GDP的比重
	废气排放达标率
	废水排放达标率
	城市垃圾无害化处理率
	城市绿化覆盖率
政策水平	非营利组织建设水平
	法制完善度
	宏观调控能力
	宣传培训力度

二、物流业可持续发展现状评价指标体系

物流业可持续发展现状是物流业可持续发展的直接体现，参照可持续发展最常见

的评估指标，可以从经济水平、科技水平、资源利用水平、环境质量水平、对社会就业的贡献水平、管理水平6个侧面来评价物流业可持续发展现状，同样，通过进一步分析可建立三级指标体系，如表11-3所示。该指标体系是反映物流业可持续发展竞争力的重要指标。

表 11-3　　　　　　　　　物流业可持续发展现状评价指标体系

二级指标	三级指标
经济水平	物流总产值
	社会物流总费用
	货物运输周转量
	物流业利润率
	物流业固定资产投资额
科技水平	物流专项研究经费投入量
	物流专业人才教育水平
	物流科技成果奖励水平
	物流科技产出能力
资源利用水平	物流设施对土地资源的占用率
	单位产品公路运输的能耗量
	可替代资源的利用率
	物流包装的循环利用率
环境质量水平	物流过程废气排放量
	物流过程水污染事故发生频次
	物流废弃物循环利用率
	物流过程噪声等级
对社会就业的贡献水平	物流业从业人数占区域就业总人数的比重
	物流业从业人员平均收入水平
管理水平	物流管理流程标准化程度
	物流各环节协调度
	物流管理成本占物流总成本的比重

三、物流业可持续发展趋势评价指标体系

为揭示物流业可持续发展的变化规律，便于对物流业未来的发展趋势进行预测，

可以从物流业的经济发展趋势、科技发展趋势、资源变化趋势、环境变化趋势4个侧面评价物流业可持续发展趋势。同理,通过进一步分析可建立其三级指标体系,如表11-4所示。

表11-4　　　　　　　　物流业可持续发展趋势评价指标体系

二级指标	三级指标
经济发展趋势	物流收入环比增长率
	物流成本占GDP比重的变化率
	物流投资环比增长率
	物流需求量环比增长率
科技发展趋势	研究投入的环比增长率
	物流专业人才数量的环比增长率
	物流科技成果数量的环比增长率
资源变化趋势	土地资源供给能力的环比增长率
	单位能源消耗量的环比增长率
	资源循环利用率的增长速度
环境变化趋势	车辆碳排放环比变化率
	噪声水平环比变化率
	污染物排放增长率与GDP增长率的比率
	废弃物填埋量的变化率

四、物流业与经济社会协调性评价指标体系

为衡量物流发展与经济社会发展的相互促进、相互制约关系,可以从经济协调性、社会协调性、资源协调性、环境协调性、政策法规协调性等方面来评价物流与经济社会协调程度(见表11-5)。

表11-5　　　　　　　　物流业与经济社会协调性评价指标体系

二级指标	三级指标
经济协调性	社会物流总值与GDP比率的变化率
	物流业利润增长速度与GDP增长速度的比率

续 表

二级指标	三级指标
社会协调性	物流从业人数占区域从业总人数比重的增长率
	物流教育投资与社会教育总投资的比率
	当地对物流基础设施投资的比率
资源协调性	可再生资源的变化率
	不可再生资源的消耗率
环境协调性	污染物处理能力的增长与污染物生产量增长的比率
	物流环保资金投入量与需求量的比率
政策法规协调性	环境影响评价制度的完善度
	法规的制定及执行情况
	对物流业可持续发展变化的监控能力

第四节　物流系统的绿色度评价

一、物流系统绿色度概念及评价框架

(一) 物流系统绿色度的概念

绿色是生命的原色，它象征着健康和活力，绿色可作为环境保护、无污染和无公害的代名词。在介绍物流系统绿色度的概念之前，我们先介绍绿色度以及产品绿色度的概念。

我国学者胡鞍钢认为，绿色发展是一条生态、社会和经济三位一体的新型发展道路，因此，可通过衡量环境效益、资源节约水平和经济发展水平来衡量绿色发展水平。绿色度的概念就是为了对绿色发展状况进行测度而提出的。从字面上看，绿色度就是指绿色程度或环境友好的程度，是对绿色进行的量化和评价，但是，根据绿色发展的内涵要求，绿色度是对生态、社会和经济效益的综合度量。产品绿色度是对产品的环境协调性、经济性和技术先进性的综合评价。产品绿色度是一个动态的概念，随着时间的推移和不断地更新改进，产品的技术先进性、经济性及环境协调性会不断提高，相应地，作为技术、经济和环境三者综合体现的产品绿色度也会发生变化。

物流系统有不同的层次，例如，区域物流系统、城市物流系统、企业物流系统、配送系统等。与产品系统类似，不同层次的物流系统具有不同的经济性能和技术性能，也有不同的环境表现和资源表现。为了对不同物流系统的资源、环境绩效进行评价，这里,仿照产品绿色度的概念,提出物流系统绿色度的概念,以此来评价物流系统对经济、资源、环境以及技术的综合影响程度,其定义如下。

所谓物流系统的绿色度就是物流系统对资源、环境的友好程度,是物流系统的资源性能、环境性能、经济性和技术性的综合度量。

(二) 物流系统绿色度评价内容

由上一节的分析可知,物流的可持续发展表现为"发展"和"可持续性"双重含义。从物流的发展目标以及绿色物流系统的最终目标分析,一个物流系统如果没有经济效益,没有对社会发展的促进作用,这样的物流系统是没有存在的价值的。因此,物流系统的绿色度应该是"发展"与"环境友好"的综合体现,也就是说,评价物流系统的资源、环境影响的时候还必须要考虑物流系统的经济因素和技术因素。

综合起来,物流系统绿色度评价就是对待考查的物流系统所表现出来的环境性能、资源性能、经济性能和技术性能进行综合度量。物流系统绿色度评价框架如图11-3所示。

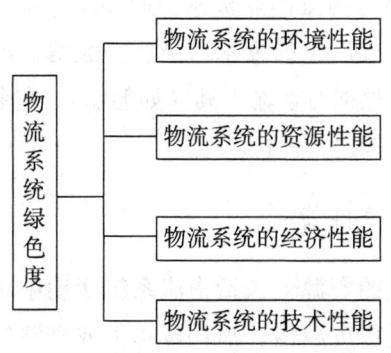

图11-3 物流系统绿色度评价框架

二、物流系统绿色度的影响因素分析

要对物流系统绿色度进行评价,必须先对影响物流系统绿色度的主要因素进行分析,以此确定物流系统绿色度的评价目标及评价指标体系。

(一) 物流系统环境性能

物流系统的环境性能或环境表现,指的是物流系统各组成要素对环境的影响程度,包括物流系统规划、建设和物流系统运作过程中对环境的影响程度。物流活动中(如包装环节、运输环节、流通加工环节或配送环节)产生的大气污染物、固体废弃物、废水污染物、噪声污染对环境的影响程度都可以作为评价环境污染的指标。另外,物流网络基础设施建设也会导致环境污染和破坏生态环境。

1. 大气污染程度

物流系统中的大气污染物主要为：运输环节产生的废气；运输、装卸作业中的颗粒物（烟尘、飞尘）；废弃物焚烧处理时的有毒气体等。大气污染物一般用污染物的浓度值作为评价参数，即将实际排放浓度值与评价标准的浓度值进行比较，来评价物流过程对大气环境的影响。

2. 固体废弃物污染程度

从物流活动看，产生固体废弃物的最主要环节是包装废弃物，其次是流通加工过程中产生的边角余料及物流过程中的破损商品。从产品的寿命周期看，缺乏可重用性导致产品报废后的大部分零部件被废弃，也产生了大量的固体废弃物。

3. 噪声污染程度

公路运输尤其是城市配送过程中的噪声较高；此外，物流设施建设过程中及物流节点处作业过程中，均会产生较大的噪声。噪声污染程度可用噪声级来反映。

4. 废水污染程度

物流过程中的废水主要为物流作业机械的冷却水、洗涤水等；另外，船舶运输事故或危险品运输事故也会造成严重的废水污染。一般地，水体污染物的评价指标有几十种。物流作业过程中，可根据对运输工具（如船舶）、包装、流通加工及装卸作业设备的冷却水的检测和分析结果进行评价。

（二）物流系统的资源性能

物流系统的资源是广义的资源，包括物流系统活动中对原材料、设施设备和能源等资源的利用率。资源消耗速度越慢、消耗量越少或资源的重复利用率越高，就说明物流系统的资源性能越好。

1. 原材料消耗

包装是物流系统占用原材料资源较多的环节，包装材料的回收再利用、重复使用有助于降低产品包装的原材料消耗量。流通加工过程中对资源的利用率不高，会加速原材料消耗。废弃物的回收再利用也是节约原材料消耗的有利途径。

2. 设施设备利用率

这里所指的设施设备包括物流活动所依赖的设施、设备、机械工具等资源，设备的利用率、环保设备的配置是设备资源属性的主要指标。

3. 能源消耗

物流系统中的能源消耗主要是运输环节及装卸搬运环节的能耗。有些能源是不可再生的，有的能源可以再生。因此，衡量能源特性，不能仅凭能源消耗量的绝对数据来衡量，还要考虑能源类型、再生能源利用率、能源回收等。

(三) 物流系统的经济性能

物流系统的经济性能是指面向物流系统整体以及供应链物流的经济效益。进行物流系统经济性能的评价，不仅要考虑企业内部的物流成本和效益，还要考虑供应链上的物流成本和效益。另外，还要考虑物流系统的社会成本和社会效益。传统的物流成本计算方法没有考虑物流活动对环境造成的影响，实际上物流的社会成本还必须包括环境污染治理成本、交通拥挤的经济损失等。因此，可以从企业物流成本、供应链物流绩效、社会物流成本三个方面评价物流系统的经济性能。

1. 企业物流成本

按照日本早稻田大学西泽修教授的"物流冰山"理论，物流成本是没有被完全揭示出来的。因此，物流成本有一个逐渐被揭示清楚的过程。可以按照物流系统功能进行成本分析，例如，物流作业成本、物流信息服务成本、物流管理成本等。

2. 供应链物流绩效

供应链物流的一体化，要求从供应链总体来分析物流系统的绩效，衡量供应链的竞争能力，而不是仅从某一个成员的角度考察。供应链物流系统的绩效主要从顾客响应时间、供应链总成本等方面进行评价。

3. 社会物流成本

主要是指物流活动造成的环境污染而导致的污染治理成本、交通拥挤成本、废弃物处理成本。如果按照"污染者付费"的原则，环境要列入成本，污染者要对污染治理付费，即收"排污费"，这时，污染治理费用就变成了企业的内部成本了。

(四) 物流系统的技术性能

技术性能主要是评价物流系统的技术先进性。传统的物流业是劳动密集型的，被认为是科技含量低的产业。而现代物流业是基于信息技术、网络技术和智能技术的新兴产业。物流系统经济效益的取得要依托于物流科技，降低物流过程中的环境影响和资源消耗也要依靠科学技术。因此，进行物流系统绿色度的评价也要考虑物流系统的技术先进性。技术先进性的评价可以从物流装备的先进性、物流管理的信息化水平、物流系统决策的科学性等方面进行。

1. 物流装备的先进性

物流装备的先进性体现在装备的自动化程度、作业效率、能源利用率以及操作过程中的安全性和环境友好性等。

2. 物流管理的信息化水平

基于 GIS（地理信息系统）、GPS（全球定位系统）、RFID（射频识别）等技术的物流管理信息系统有助于提高物流系统运作过程中的效率；基于 EDI（电子数据交换）技术的物流管理信息系统能提高供应链物流的信息共享程度，有利于物流资源的共享，有利于消除物流过程中的空载、非满载、无效物流等现象。

3. 物流系统决策的科学性

科学的决策是基于数量分析的。因此，衡量物流系统决策的科学性，可以从决策模型的科学性、决策方法的智能性等方面进行定性评价。

三、物流系统绿色度评价指标体系

由于物流系统的复杂性，物流系统的功能、服务目标、系统要素及外界环境都有很大差别，因此，在评价物流系统绿色度时，应该根据不同物流系统的具体目标，制定环境性能、资源性能、经济性能、技术性能等方面的具体指标。

根据上述影响因素的分析，建立如表 11-6 所示的物流系统绿色度评价指标体系。

表 11-6　　　　　　　　物流系统绿色度评价指标体系

一级指标	二级指标	三级指标
物流系统的环境性能	大气污染程度	温室气体排放量
		颗粒物排放量
		有毒气体排放量
	固体废弃物污染程度	包装废弃物排放量
		物流作业中的废弃物排放量
		最终废弃物排放量
	噪声污染程度	运输中的噪声水平
		物流节点运营噪声水平
		物流设施建筑噪声水平
	废水污染程度	物流设备冷却水排放量
		船舶废水排放量
物流系统的资源性能	原材料消耗	包装材料回收率
		再生资源利用率
		非环保材料利用率
	设施设备利用率	物流设施设备利用率
		物流环保设施设备利用率
	能源消耗	能源类型多样性
		再生能源利用率
		能源消耗率
		能源回收率

续　表

一级指标	二级指标	三级指标
物流系统的经济性能	企业物流成本	物流作业成本
		物流信息服务成本
		物流管理成本
	供应链物流绩效	顾客响应时间
		供应链总成本
		供应链资产
	社会物流成本	污染治理成本
		废弃物处理成本
物流系统的技术性能	物流装备的先进性	物流装备自动化程度
		物流装备能源利用率
		物流装备安全性
	物流管理的信息化水平	信息技术利用率
		信息共享程度
		信息系统使用范围
	物流系统决策的科学性	决策模型的科学性
		决策方法的智能性

上文对物流系统绿色度评价的指标体系进行了探讨。具体评价时，还需要确定各层指标间的权重、评价标准和评价方法。评价标准及指标的权重一般根据专家的调查、打分，然后再使用层次分析法确定；而评价方法可按照模糊多层次评价方法进行，因为指标体系中的很多属性具有模糊性，不容易精确测量。

思考题

一、名词解释

产品绿色度；物流系统绿色度

二、简答题

1. 系统评价的主要过程是什么？其中最关键的过程是什么？
2. 物流业可持续发展评价指标必须具备哪些功能？
3. 物流业可持续发展评价指标体系的可操作性原则指的是什么？
4. 为什么物流业可持续发展评价指标体系要满足可比性原则？
5. 物流系统绿色度评价的主要内容是什么？

6. 评价物流系统的资源性能通常用哪些指标？

7. 评价物流系统的环境性能通常用哪些指标？

8. 为什么进行物流系统绿色度的评价要考虑物流系统的技术先进性？

选择国内人口规模相当的 2~3 个城市，根据可获得的数据情况，对表 11-6 的指标体系进行精简，选择环境性能或资源性能进行子项评价分析。

第十二章 绿色物流发展与制度创新

引导案例　我国促进绿色物流发展的政策分析

物流高质量发展是实现物流业自身转型升级的必由之路,也是降低实体经济,特别是制造企业物流成本水平的必然选择,更是推动区域经济快速增长的重要途径。而物流绿色化发展是物流高质量发展的重要任务。近几年,我国政府颁布了多部促进物流发展的法规或政策,其中都涉及促进绿色物流发展的意见。下面主要介绍《关于推动物流高质量发展促进形成强大国内市场的意见》和《关于加快建立绿色生产和消费法规政策体系的意见》两部政策文件中有关绿色物流发展的内容。

一、绿色供应链发展的相关意见

(一) 绿色设计与绿色采购要求

首先,对于推行绿色设计,要求健全推行绿色设计的政策机制,建立再生资源分级质控和标识制度,推广资源再生产品和原料,并完善优先控制化学品名录,引导企业在生产过程中使用无毒无害、低毒低害和环境友好的原料。

其次,要求国有企业率先执行《企业绿色采购指南》,积极推行绿色产品政府采购制度。

(二) 延伸生产者责任与回收再循环要求

全面推行污染物排放许可制度,强化工业企业污染防治法定责任。明确制定生产者责任延伸制度,要求以电子电器产品、汽车产品、动力蓄电池、铅酸蓄电池、饮料纸基复合包装物为重点,加快落实生产者责任延伸制度,适时将实施范围拓展至轮胎等品种,强化生产者废弃产品回收处理责任。支持建立发动机、变速箱等汽车旧件回收、再制造加工体系,完善机动车报废更新政策。

另外,要求健全再生资源分类回收利用等环节的管理和技术规范,建立再生资源分级质控和标识制度，推广资源再生产品和原料。

（三）绿色包装政策

完善绿色物流建设支持政策，加快建立健全快递、电子商务等领域绿色包装的法律、标准、政策体系；减少过度包装和一次性包装使用，鼓励使用可降解、可循环利用的包装材料与物流器具。

要求以绿色物流为突破口，带动上、下游企业发展绿色供应链，使用绿色包装材料，推广循环包装，减少二次包装，推行实施货物包装和物流器具绿色化、减量化。

二、绿色运输发展相关意见

（一）推进多式联运发展

要求完善有关多式联运转运、装卸场站等物流设施相关的标准；加快建设多式联运公共信息平台，促进货源与公铁水空等运力资源有效匹配，降低车船等载运工具空驶率。要求发挥政府投资的示范带动作用，引导各类社会资本加大对公铁、铁水等不同运输方式的转运场站和"不落地"装卸设施等的支持力度，提高一体化转运衔接能力和货物快速换装便捷性，打通公铁水联运，衔接"最后一公里"，实现各种运输方式的无缝衔接。

（二）加快绿色物流运输装备研制和推广

首先，研制与推广绿色物流运输装备。具体包括：研究推广清洁能源（LNG）运输装备、无轨双源电动货车、新能源（纯电动）车辆和船舶；加快岸电设施建设，推进靠港船舶使用岸电。

其次，建设完善配套设施。具体包括：加快车用LNG加气站和内河船舶LNG加注站的布局；在批发市场、快递转运中心、物流园区等节点建设充电基础设施。

最后，建立激励机制。具体包括：鼓励企业使用符合标准的低碳环保配送车型；落实新能源货车差别化通行管理政策，提供通行便利，扩大通行范围；对纯电动轻型货车少限行甚至不限行。

三、城市配送发展的相关政策意见

首先，发挥政府职能，鼓励地方政府在城市中心区建设一批公共物流配送中心，通过租赁等方式为服务居民生活的物流企业提供必要经营场所；完善城市物流配送装卸、停靠作业设施；将末端配送设施纳入社区统一管理，推进设施共用。

其次，鼓励和支持云仓等共享物流模式以及共同配送、集中配送、夜间配送、分时配送等先进物流组织方式的发展，同时，发展无人机配送等创新模式。

再次，促进绿色仓储，鼓励和支持在物流园区、大型仓储设施应用绿色建筑材料、节能技术与装备以及能源合同管理等节能管理模式。

最后，鼓励和引导城市共同配送公共信息服务平台加强与国家交通运输物流公共信息平台有效衔接，促进相关部门、大型市场主体的物流公共数据互联互通和开放共享。

四、健全物流标准规范体系

完善物流标准体系，对不适应国民经济运行和行业发展需要的标准进行修订、转化或废止。深入推进物流标准化试点示范和供应链体系建设试点等工作，提高物流标准化水平。

促进标准化、单元化物流设施设备的应用。包括精简货运车型；推动城市配送车辆结构升级；支持集装箱、托盘、周转箱等单元化装载器具循环共用以及推进托盘服务运营体系建设。鼓励和支持公共"挂车池""运力池""托盘池"等共享模式和甩挂运输等新型运输方式发展。加快物流信息、物流设施、物流装备等标准的对接。

案例解析

绿色物流对社会经济高质量的持续发展具有重要的意义。从该案例可以看出，绿色物流的发展除了依赖前面各章的策略和方法之外，同进受政府所制定的有效的政策、法规、激励措施等的引导和推动。从该案例可知，政府的政策几乎涉及绿色物流发展的各个方面，是绿色物流战略成功实施不可缺少的推动力量。本章将从政府的政策、制度、法规、环境教育等方面探讨促进绿色物流发展的宏观策略。

第一节 "市场失灵"与物流政策制度

一、"市场失灵"与政府干预

市场与计划是两种不同的资源配置形式。市场是一种客观的资源组织形式，而计划是一种主观的资源组织形式。在市场经济条件下，资源的基础配置功能是通过"市场调节"完成的，也就是说市场经济主要是依靠市场价格机制对资源进行配置的。如果市场能够满足一些严格的前提条件，例如，"信息的完全和对称""完全竞争的市场""规模报酬不变或递减""经济活动不存在外部性"等，那么，市场机制就可以使资源配置达到最优，即"帕累托最优"。所谓"帕累托最优"，是指在不损害别人经济福利的前提下,如果已不可能再找到使用资源的其他方法来增进任何一个人的经济福利,此时资源配置的效率最高。

如果市场机制总是能够有效地进行资源的最优配置,政府就没有必要对经济活动进行干预。然而,现实的经济社会中,"帕累托最优"的这些前提条件是很难同时满足的,也就是说,仅靠市场机制无法实现资源的最优配置,因此就不可避免地出现了"市场失灵"。

"市场失灵"在市场经济发达的国家和发展中国家都存在着。事实上,实现资源最优配置的有些前提条件在现实生活中是根本不可能存在的,例如,经济活动不存在外部性的假设,这反映了市场机制固有的功能局限。因此,对于"市场失灵"的克服和矫正只能主要通过政府调节来完成,政府通过制定各种形式的法规、政策和制度,保证市场机制有效地发挥作用。这也正是政府制定产业政策、制度的依据。但是政府的政策制度作为对市场机制配置资源过程的干预,应以"市场失灵"为限,除非有明确的理由证明"市场失灵",并且有纠正"市场失灵"的合理有效的对策,否则政府不应对产业进行过多的干预,产业发展应由企业间的自由活动来决定。这实质上是为了避免"政府失灵"。

二、物流活动的外部性及政府制度

(一)物流活动的外部性

物流活动具有典型的外部性特征。所谓外部性是指一个人或一个企业的活动对其他人或其他企业的外部影响,或称"溢出效应",这种效应是在有关各方不发生交换的意义上产生的。也就是说,在没有管制的情况下,某主体的生产或消费行为对其他主体的福利造成了影响,但又无须进行补偿,这就产生了外部性问题。在这种情况下,商品的价格没有反映出社会为了获得这种商品而必须放弃的价值。

外部性可分为负外部性和正外部性:负外部性是指私人成本小于社会成本,私人收益大于社会收益的情形,如环境污染;正外部性是指私人成本大于社会成本,私人收益小于社会收益的情形,如教育、发明创造。负外部性的存在往往强化了对不良行为的激励,而正外部性的存在则会导致对良好行为的激励不足,这两者都会使资源配置偏离帕累托最优点,从而导致资源配置的低效率。外部性起源于经济行为者对自身利益最大化的关注,其中负外部性是经济行为者最大化自身利益的极端形式。

物流活动具有负的外部性,主要表现为污染的外部性(尾气、固体废弃物、噪声)和交通拥挤的外部性。具体分析如下。

1. 尾气的外部性

物流过程中车辆尾气的排放是城市对流层臭氧的主要来源,对流层臭氧的积聚对人类健康造成了严重威胁，并且导致周边地区农业减产。但是，如果没有政府的干预，排放者无须为其尾气排放行为付费。

2. 固体废弃物的外部性

固体废弃物会导致很多的外部性。例如，随地倾倒或焚烧处理固体废弃物，会释放有害物质到地下水系统或向空气中排放有害气体，典型的如甲烷气体以及微量的苯、硫化氢等。垃圾填埋场有可能引发地下水污染、甲烷气体的聚集和爆炸等危险，使邻近地区的环境受影响（如恶臭、噪声、交通拥挤、路面损坏等）。如果企业或个人承担的固体废弃物处理价格很低，则产生的固体废弃物更多；研究表明，随着固体废弃物抛弃者承担的处理费用的上升，固体废弃物的数量会下降。

3. 噪声的外部性

噪声污染对于处于噪声源附近（如机场、码头、物流中心、货运场站）居民的健康和福利有不同程度的影响，例如，会影响人们的交流和睡眠等活动，引发心理和生理上的不适，还会引起心血管疾病、造成听力减退。噪声污染严重的区域，房地产价格也会受到影响。如果没有关于噪声污染的法规限制，企业可能不会主动针对降低噪声进行投资。

4. 交通拥挤的外部性

交通拥挤也具有明显的外部性，当行驶在道路上的货运汽车由于基础设施容量有限而开始妨碍其他的道路使用者时，拥挤的外部性就产生了，拥挤使得人或货物的出行要花费更长的时间和代价。政府通过制定最优的道路价格水平，可以在一定程度上抑制拥挤的程度，虽然道路价格会增加运输成本，但是，由于降低了运输时间，也会大大降低与城市配送有关的成本。

由此可见，物流的外部性特征不能在自由放任的市场经济里靠"看不见的手"（市场机制）来完全解决，必须依靠政府的政策制度来干预。

（二）政府制度

制度（人们习惯称为规则）约束着人际交往中可能出现的任意行为和机会主义行为，人类的经济活动也依赖于各种制度。很多学者从不同侧面对制度进行了界定，其中有影响的、具有代表性的是舒尔茨（T. W. Schultz）和诺斯（D. C. North）。舒尔茨认为制度是管束人们行为的一系列规则，这些规则涉及社会、政治及经济行为。诺斯认为制度是人为设计的各种约束，它构建了人类的交往行为。制度是由正式规则（如法律）和非正式规则（如行为规范、社会惯例、施加于己的行为规则）以及它们的实施特征构成的。

一般而言，制度包括正式规则和非正式规则。正式规则是指人们发现并加以规范化的一系列规则，它是确定生产、交换和分配的基础的一整套政治、社会和法律的基本规则，包括政治规则、经济规则和契约；非正式规则是指人们在长期交往中无意识形成的规则，包含价值观、伦理道德、风俗习惯、意识形态等。正式规则具有强制性、法律性，对人类行为更有约束力，而且一些具有国际惯例的正式规则（如市场规则、经济规则等）可以从一个国家移植到另一个国家，从而降低制度变迁的成本；而非正式规则一般取决于人们的自律性，自律性差，则约束力就弱，可移植性较差。正式规则也只有与非正式规则相容时，才能发挥应有的作用。制度的有效性，既与规则的完善程度有关，又与制度的实施机制有关。

物流系统的功能要素多，不同功能环节涉及的政府管理部门不同，如运输、包装、仓储、信息等就涉及多个不同的政府部门。由于各部门之间分工有交叉，因此物流系统存在要素管理分散化，部门分割、重复等种种问题，导致物流系统综合效益下降，物流成本增加。为此，应该按照物流系统化的要求，进行物流管理制度的改革，加强政府对物流各环节的协调监督职能，通过宏观政策规划指导，制定出符合市场要求的、相互配套和具有可操作性的政策，以促进物流系统合理化和绿色化发展。

目前，我国物流业面临向高质量发展升级的挑战，发展绿色物流是其中的重要任务。因此，必须通过制度创新，为物流业绿色化发展提供保证。这种制度创新具有双重作用，一方面要引导、激励企业的绿色物流行为；另一方面要约束企业粗放的物流行为。

企业作为经济主体，其追求利润最大化的动机与可持续发展的宗旨并非始终保持一致，也就是说物流业的绿色化并非企业自身的自觉行为，而是其在一定的制度环境下的理性选择。因此政府的绿色政策工具是推进绿色物流发展的关键。政府在市场竞争中起着引导、培育、管理和调控的作用，规范物流行为主体的市场行为，营造公平的市场环境，从而推进绿色物流的有序发展。

第二节　绿色物流发展的政府规制

"规制"一词源于英文"Regulation"或"Regulatory Constraint"。日本学者植草益认为，政府规制是指政府依据一定的规则对构成特定社会的个人和构成特定经济的经济主体的活动进行限制的行为。政府规制存在的合理性在于"市场失灵"的广泛存在。政府规制一般可分为社会性规制和经济性规制。社会性规制是以保障劳动者和消费者的安全、健康、环境保护和防止灾害为目的，对产品和服务的质量以及伴随着提供产品和服务而产生的各种活动制定一定的标准以及制止和限定特定行为的准则。社会性规制一般可分为3种类型：保障健康、卫生的规制；保障安全的规制；防止公害、保护环境的规制。社会性规制对特定行为和营业活动进行禁止或限制，例如，依据资格制度、审查检验制度、标准认证制度等禁止特定行为和限制营业活动。经济性规制是指在自然垄断和存在信息偏差的领域，主要为了防止发生资源配置低下和保障利用者的公平利用，政府机关利用法律权限，通过许可和认可等手段，对企业的进入和退出、产品或服务的价格、产品或服务的数量和质量、投资等行为加以规制。

促进绿色物流发展的政府规制的目的是通过政府对物流企业或制造企业的物流行为予以限制或禁止，对企业物流活动外部不经济性进行约束与干预。政府规制具有目标明确、执行力度强以及效果直接的优点，它可以弥补激励机制约束力不足的缺陷。绿色物流发展的政府规制主要包括：环境立法、排污收费制度、许可证制度、绿色物流标准。

一、环境立法

环境立法就是通过制定明确的环境控制标准和方法条款来约束企业或个人的行为。与其他绿色运动一样，绿色物流虽然是顺应环保要求而产生的，但物流绿色化不可能完全依靠市场而实现，因此，需要通过法律手段进行调控。根据物流活动的外部性，与物流绿色化相关的环境立法主要与固体废弃物处理、产品回收再循环、空气污染控制以及噪声控制4个方面有关。

（一）固体废弃物处理

随着城市固体废弃物的不断增加，以及公众环境意识的增强，新建的垃圾填埋场和垃圾焚化处理厂的难度越来越大，这就导致废弃物的处理问题日益严重。针对废弃物处理问题，很多国家制定了一系列的相关法律法规，禁止某些产品的废弃填埋，鼓励或强制要求进行废弃物的循环利用，以此来减少废弃物的产生，降低废弃物对环境的污染。

统计表明，在城市固体废弃物中，包装废弃物约占1/3以上，因此，很多国家针对包装废弃物的处理制定了严格的法规。例如，德国早在1991年颁布了《包装废弃物处理》法令，规定了包装容器的回收再利用率，还对一些难以降解的包装材料收取环境税；美国佛罗里达州政府制定了《废弃物处理预收费法》，规定只要达到一定的回收再利用率就可申请免除相应的税收。这些法律法规的存在促使企业不得不实施绿色包装策略，通过技术创新和管理模式创新来提高包装容器的循环利用率。由此可见，与包装有关的废弃物处理法律法规对于绿色物流的发展具有重要的促进作用。

废弃物处理法的另一个方面就是对产品报废后的废弃处理进行限制，其中最典型的就是电子电器产品废弃物的处理法令。电子电器产品不同于一般的城市垃圾，如不经妥善处理就直接填埋或焚烧，会造成空气、土壤和水体的严重污染，因而不能简单处理；汽车电池、轮胎等也属于禁止直接填埋或焚烧处理的产品。因此，许多国家通过立法规定，这些产品废弃后，由产品生产商或销售商负责对其进行回收并进行正确处理。相应地，这些产品的生产商或经销商必须考虑搭建产品废弃后的回收物流系统，尽量实现对废旧产品、零部件或材料的循环再利用。

（二）产品回收再循环

产品回收再循环不仅可解决废弃物增长过快的问题，而且能缓解资源紧缺的问题。从世界各国的立法情况看，欧洲具有强烈的产品回收倾向，欧洲许多国家都通过法律法规促使产品生产商承担起产品寿命终结后的回收处理责任。目前欧盟各国有关回收的法律法规要求回收的产品涉及家用电器、IT（信息技术）产品、汽车及其零部件、电池等多种产品。

这类法律法规不仅推动了逆向物流、循环物流的发展，也催生了面向回收、面向拆卸的产品设计方法，促进了"资源缩减"目标的实现。产品回收再利用的法律法规要求越发严厉，涉及的产品范围越来越广，这对于逆向物流、循环物流的发展将产生巨大的推动作用。

（三）空气污染控制

空气污染古已有之，且与居民生活环境质量直接相关。空气污染事件的频频发生，促成了相关法律法规的出台。1955年，美国诞生了第一部联邦环保法《空气污染控制法案》，联邦政府首次步入了污染控制的领域。在后来的几十年中，该法案不断被拓展和修正，1963年通过了《清洁空气法案》。1990年修订的《清洁空气法案》规定，各州政府可以根据污染源的不同，制定不同的废气排放标准。

1979年，在联合国欧洲经济委员会支持下，欧洲各国签署了《关于远距离跨境空气污染的日内瓦条约》，对区域空气污染控制做出了规定。1999年，欧洲国家以及美国和加拿大共同签署了《哥德堡协议》，协议制定了二氧化硫、氮氧化物、氨和挥发性有机化合物等空气污染物的排放减少目标。各国根据减排目标，对大型工业企业进行约束，制定排放标准。

机动车燃料燃烧是3大空气污染物（一氧化碳、碳氢化合物、氮氧化物）的主要来源，也是其他有害排放物，如铅、二氧化碳的重要来源。机动车属于流动的污染源，对其进行控制的难度比固定点源更大，因为污染损害程度与污染源的位置和排放时间有关，在人口密集的城区的上下班时段，污染物的排放更多、危害性更大。

目前，大多数国家的空气污染控制法律法规都是针对车辆本身而不是针对车辆运行过程的控制；即便如此，其效果也是非常显著的。美国从1960年开始控制机动车污染，强制进行通风、燃烧和点火系统的改进，通过加装尾气再循环系统、采用混合动力和燃料电池技术等，使碳氢化合物、一氧化碳的排放量下降了约96%，氮氧化物的排放量下降了约90%；德国对于空气污染的控制首先也是从法律层面把关，严格的法律不仅改善了空气质量，还促进了德国环保技术的创新，为企业创造了新的市场；除了执行统一的欧盟排放标准，德国还在城市内设立环保区，不符合排放标准的车辆不允许驶入环保区；另外，德国制定能源转型政策，进一步提高了能源的利用效率，减少了排放。我国于2018年修正的《大气污染防治法》规定在不影响正常通行的情况下，可以通过遥感监测等技术手段对道路上行驶的机动车的大气污染物排放状况进行监督抽测。

物流活动中的空气污染主要是由货车运输造成的。为减少运输车辆的污染排放，通过立法与经济手段的结合，如收取排污费、燃油税等，鼓励车主使用更清洁的燃料、安装催化转换器、购买清洁能源车、减少行驶里程或改变驾驶习惯，这对于缓解空气污染有非常明显的作用。法律法规的约束还将促进物流企业进行物流组织方式的变革，发展共同配送、联合配送等新模式，并促进企业绿色运输技术的创新。

（四）噪声控制

声音不同于自然环境必不可少的水、空气、土壤，但人类活动产生的环境噪声给人类健康带来了不可低估的影响。环境噪声是指工业生产、建筑施工、运输、社会生活中所产生的干扰周围环境的声音。为维护舒适、宁静的生活环境和工作环境，政府一般会规定环境噪声排放标准，以此控制工业活动中过高的噪声排放。由此看来，"噪声"也需要通过立法加以控制。

1968年日本国会基于《公害对策基本法》的相关规定，制定了《噪声基本法》，对以下几种来源的噪声进行了限制：飞机噪声污染；铁路、新干线噪声污染；国道、高速公路噪声污染；运输工具内的噪声污染；服务行业的噪声污染；制造业方面的噪声污染。

我国的《环境噪声污染防治法》于1996年颁布，于2018年进行了修正。法规对工业生产、建筑施工、交通运输和社会生活中所产生的干扰周围环境的声音进行了明确规定和控制，其中，交通运输噪声包括机动车辆、铁路机车、机动船舶、航空器等交通运输工具在运行时所产生的干扰周围生活环境的声音。根据该法规，在物流系统设施（如物流中心、配送中心）的施工建设中，应该遵循建筑施工噪声污染防治的规定；而在物流系统运营过程中，则要遵守交通运输噪声污染防治的规定。

二、排污收费制度

（一）排污收费及其特点

根据厂商或污染源产生的排污量征税或收费，其宗旨在于收取的费用能反映每单位排放物对人类健康或生态系统造成的损害。排污收费属于一种经济刺激的手段。对污染物的排放征税一直是经济学家所倡导的用来实现污染控制目标的手段。排污税的宗旨在于消除由污染损害造成的私人价格与社会有效价格之间差别,通过税的调整使私人价格接近社会价格。在没有排污税的情况下,企业没有任何削减污染的经济激励,利润最大化的行为驱使企业必然采取零削减,污染排放水平高;但是,如果对污染排放征税,就产生了对企业污染削减的经济刺激,因为企业可能因削减污染而减少交税或获得某种补贴。管理部门并不要求每一厂商应该减少多少排污量,而是让厂商依据费用标准来决定自己的行动。如果厂商减少污染的成本低于排污费,就会产生削减排污量的动力。厂商的理性选择是将污染削减到边际控制成本等于税收这一水平上。由于各厂商的污染控制程度不同,因此控制成本高的企业将削减较少的排污量,而控制成本低的企业将大规模削减污染。排污收费的难点是税率的确定,理想情况是排污税率等于污染削减的边际收益,但是政策制定者更多的是考虑所要达到的清洁水平。

排污税的特点是针对排放收费,而不是针对产品收费,因而,会鼓励一些有利的替代行为。以运输为例,假设两种燃料的单位售价相同,但其中一种燃料在使用时产生的污染物更多,则征收的排污税更高,也就是说污染较重的燃料的相对价格会上升,这样,运输提供者会自动地采用清洁燃料。

(二) 国内外排污收费制度概况

排污收费制度最早开始于德国,该国污染最严重的鲁尔工业区于1904年率先实行排污收费制度,1976年9月德国制定了世界上第一部征收排污费的法律《向水源排放废水征税法》,后来进行了多次修订,规定所有的工业点源废污水必须经处理后排入水体,并按排放量和处理程度缴纳排污费。

在此之后,美国、英国、意大利等国也相继建立了这项制度,但各国对排污费的收取范围、标准、方法和收费的使用等方面有比较大的差别。美国环境保护局规定电厂、冶炼厂、水泥厂、焚化厂和化工厂产生的二氧化硫、氮氧化物等空气污染物,要按其产生的数量向各州政府缴纳排污费,水费中也包括了应缴纳的排污费。英国政府的"污染者付费原则"规定,对于防治污染和减轻因污染造成的环境损害所产生费用应由造成污染的企业承担。我国以《水污染防治法》《排污费征收标准管理办法》等一系列法律为基础,构筑了以总量控制为原则、以环境标准为法律界限的新的收费政策框架体系,内容包括征收管理、使用管理等。

上述排污收费制度大多针对生产企业,对于机动车、火车、船舶等移动污染源的排污收费还缺乏明确的规定。物流过程中运输工具的排污情况比较复杂,与运输工具本身性能、行驶状况、运输量等因素有关。一些国家开始针对运输车辆收取大气污染费,其主要操作方式是在城市内设立低排放区,对进入该区的尾气排放不达标的车辆收取排污费。例如,意大利米兰市于2008年1月开始实行的"生态通行证"车辆进城收费制度,规定,在工作日7:30—19:30进入米兰市中心8平方千米范围内的机动车,要按照其尾气排放的污染程度缴纳2~10欧元不等的费用,符合欧盟最新排放标准的新车则可免缴这笔费用。缴费以购买"生态通行证"的方式进行。2008年2月,伦敦市启动了"低排放区"计划,凡进入该区域的12吨以上、尾气排放未能达到标准的卡车,其驾驶员要缴纳200英镑的排污费,违者将收到高达1000英镑的罚单。

(三) 废弃物收费和押金返还制度

根据物流活动的环境污染排放情况,除了征收运输环节的燃料排污费外,排污收费还包括废弃物收费和押金返还制度。根据污染物产生的数量来收取废弃物处理费,能促使企业主动降低生产过程和物流过程中的废弃物排放量,主动实施废弃物循环再利用策略。例如,很多国家通过收取高额处理费用对包装废弃物进行控制,促进企业进行包装材料的循环利用。

有些废弃物会对健康或生态系统造成巨大影响,阻止对这类废弃物的非法处理就显得特别重要。对污染物制造者收取首端—末端税费(押金)是一个较好的手段,因为这样的税费能激励制造商去寻找更安全的替代物并且回收和循环使用被征税的原材料。当废弃物有可能被不恰当的处理并产生严重后果时,押金返还制度的作用是很明显的:首先,它能将政府无法实施的监督阻止行为转换为可操作的,旨在归还产品后就可赎回押金的自觉行动;其次,该制度能激励厂商减少生产过程中的原材料消耗;最后,这种制度能促使厂商寻找对环境损害更小的替代原材料,以摆脱押金返还制度的监管并降低损失。

如果生产企业面向的是全国、甚至全球的市场,这样的制度将要求生产厂家与专业物流企业联合,以降低废弃物回收再利用的成本。

20世纪70年代,美国、德国等国就开始了针对塑料和玻璃容器的押金返还制度,对减少废弃物、降低垃圾填埋场的固体废弃物流起了很大的作用。美国一些州针对含铅蓄电池实行押金返还制度,以消除含铅物质进入垃圾填埋场。

押金返还制度的盛行,推动了逆向物流的广泛开展。

三、许可证制度

自戴尔斯提出在满足环境标准的前提下,将允许的污染物排放量作为许可份额,准予排污者之间相互有偿交易之后,可交易的许可证制度就被有些国家应用于环境保护领域。其基本思路是环境管理部门首先确定符合环境标准的总排污量,然后确定单

个单位的排放许可份额,各单位排放许可份额之和即为允许的排污总量。政府在进行许可份额初始分配后,各排污单位可以将所分配的许可份额留存自用,也可以在市场上进行自由交易。排污总量的确定是独立于市场的,其确定的依据是环境资源对经济发展的承载力。

排污许可证制度能够尽可能使实现污染控制目标的成本最低。如果污染制造者减少污染所花费的成本低于排污许可证的价格,就会采取污染控制措施;如果减少污染所产生的成本过大,就会购买排污许可证。因此,在市场机制的调节下,减少污染将以尽可能低的成本完成。同样,那些购买了排污许可证的企业也更有动力去减少污染控制成本。

瑞士是世界上最早实行排污许可证制度的国家,其1969年颁布、1995年修订的《环境保护法》中,对许可证的申请、审查等进行了详细规定。此后,许多国家陆续通过立法确定了行政许可证制度。1986年,美国环境保护局正式颁布排污许可贸易政策,许可证可由国家环保局或州环保机构颁发。由于排污许可证制度的功能和排污收费制度基本相似,但在实践中更容易操作,所以,排污许可证制度得到了大力推广。

排污许可证制度所采取的策略是总量管制,但它又不同于一般的指令性控制,因为它并不干预企业的微观经营。也就说,政府并不去管哪个企业排放多少,而是交给市场来调节。企业通过绿色化生产经营,减少污染物排放,以提高经济效益。

挪威的排污许可证制度以"健全"而著称,它的法律基础是挪威的《污染控制法》,该法规定,可能造成严重污染的活动必须申请排污许可证,排污许可证有效期为10年。遇到特殊情况时,相关部门可在没有申请许可证的情况下发放排污许可证,强制污染者执行保护、清除、回收措施,并规定该排污许可证的有效期。

我国在20世纪80年代便在环境相关政策中明确了排污许可证制度的重要性,并在一些地区开展了这一制度的试点工作。2016年国务院办公厅颁布了《控制污染物排放许可制实施方案》,通过实施排污许可证制度,落实企事业单位污染物排放总量控制要求;根据污染物排放标准、总量控制指标、环境影响评价文件及批复要求等,依法合理确定许可排放的污染物种类、浓度及排放量。排污许可证制度管理的主要是大气污染物和水污染物,控制的主要是固定污染源,如火力发电、造纸行业的固定污染源,不适用于机动车、铁路机车、船舶、航空器等移动源的排污。

四、绿色物流标准

绿色产品需要标准,绿色物流同样需要标准。由于物流系统的功能环节涉及不同的行业、不同的管理部门,如果没有各环节统一的技术标准,很难保证各环节的有效衔接,也很难实现一贯到底的物流模式。如果各环节之间不匹配,就必须增加一些中间环节,这样一来,既增加了货物损失的概率,又增加了能量消耗和资源占用,使物流费用上升、效率下降,环境负面影响增加。

为了使整个物流过程的节约资源、能耗缩减和污染削减的可持续发展目标顺利实现,由政府制定有关的绿色物流标准是十分必要的。绿色物流标准包括下面几个内容。

1. 最低排放标准

主要包括运输车辆的废气排放标准和噪声标准,其中,尾气排放最低标准必须针对不同的污染物制定;噪声标准包括运输车辆的噪声标准和装卸机械的噪声标准。

2. 车辆技术标准

包括车速、使用的燃料的标准等。例如,美国加利福尼亚州规定新汽车必须安装催化转换器。

3. 装载工具标准

装卸搬运工具的标准化有利于物流作业效率的提高;也为仓储、运输、包装各环节的协调提供了便利条件,尤其是与包装标准要协调、匹配。

4. 包装标准

可以说,包装标准对物流系统的效率和环境性能的改善作用是最显著的。因为,物流系统中的仓储、装卸搬运、运输作业一般都是以一个包装体为单位进行操作的。包装模数标准与物流设施标准之间的协调统一,为各环节的无缝衔接提供了保证,有利于物流过程的能源节约和效率提高。而且,物流包装的标准化为包装容器的直接重用提供了便利,有利于节约资源、减少废弃物,因而能促进绿色物流的发展。

上述各类标准中,对绿色物流发展影响最大的是车辆尾气排放标准。这方面最具代表性的就是欧盟制定的汽车尾气排放标准。欧洲从 1992 年起开始实施欧 I 型式认证排放限值(以下简称"欧 I 标准"),2000 年开始实施欧 III 标准,2005 年开始实施欧 IV 标准,2008 年 10 月开始实施欧 V 标准。2008 年欧洲通过了欧 VI 汽车排放标准,这一标准于 2013 年开始执行,其核心是对汽车尾气中排放的 CO(一氧化碳)、$HC + NO_x$(碳氢化合物和氮氧化物)等制定了不同的限值。标准越新,限定的排放物种类及其排放限值越苛刻。欧 IV、欧 V、欧 VI 标准对重型卡车和公共汽车的尾气排放提出了更高的要求,特别是关于氮氧化物和粉尘颗粒物的排放限制。

目前,世界汽车排放标准主要分为欧洲、美国、日本标准体系,我国大体上采用欧洲标准体系。例如,我国制定的《轻型汽车污染物排放限值及测量方法》(国 I)等效于欧 I 标准,国 II 标准等效于欧 II 标准,等等。目前,国 VI 标准(等效于欧 VI 标准)已经于 2019 年 7 月 1 日起开始实施。实施车辆尾气排放标准的节能减排效果非常显著。

第三节　绿色物流发展的政策激励

政府规制虽然具有严肃性、可操作性等优点，但缺乏刺激企业自觉控制污染、实行绿色化经营的动力，对已达到环保标准的企业的作用减弱，甚至失去作用。因此，为了促进绿色物流的发展，政府还必须建立有效的绿色激励政策，要通过经济杠杆来激励和引导物流主体的行为，使其在经营活动中向绿色化方向发展。下面介绍几种有效的激励政策。

一、绿色补贴政策

（一）发达国家的绿色补贴政策

绿色补贴也称污染削减补贴，是指通过补贴的形式来调整某种环保投资的相对价格。绿色补贴政策是对企业污染削减行为的一种鼓励和经济刺激，因为企业可能因减少了污染而少交税或获得补贴。

美国从20世纪90年代就开始进行农业绿色补贴试点，该政策同时设置了一些强制性条件，如要求受补贴农民必须检查自己的行为是否环保，定期对自己农场所属区域的野生资源、森林、植被的情况进行调查，对土壤、水、空气进行检验和测试，并定期向有关部门提交报告。政府根据农民的实际环保检查结果，来决定是否对其给予补贴以及补贴多少。

很多国家同时使用征税和补贴的手段来鼓励企业采用污染削减技术。例如，法国征收大气污染排放税，但如果企业采用推荐的控制技术，其所交的税可以以投资补贴的形式返还给企业；瑞典通过使轿车和重型车适用差别的税率和补贴，鼓励消费者购买低污染的发动机和采用催化转换器。

英国政府通过税费减免和基金互助方式鼓励企业削减污染，具体有3种手段：一是调整气候变化税。如果企业达到了与政府签署的减排标准，可以减征最高达80%的气候变化税。二是设立碳基金和减排基金。碳基金主要面对中小企业，用于咨询节能技术和购买节能设备，帮助中小企业实现减排既定目标；减排基金主要是为各类企业实行减排技术的推广、环保项目的实验、减排项目的执行提供服务，其目的是强化企业减排意识，增强企业减排主动性。三是建立"碳信贷"的排放交易制度。"碳信贷"是指企业可以把自己的减排量拿到市场上出售给其他企业，卖出减排量的一方可以获得经济利益，买入减排量的企业则可避免因无法完成减排量遭到处罚，充分体现了"谁环保、谁受益"的原则。

德国通过调整税收来削减污染。从2001年11月开始，德国对每升每千克含硫量超过50毫克的汽油和柴油再加收1.53欧分生态税,后来含硫量阈值调整为每千克10毫克,超过该标准的汽油和柴油每升加收的生态税为16.88欧分,此举使得德国的一次能源消耗量不断下降。除此之外,德国对无硫燃料征收更低的燃料税。在该税收政策激励下,德国企业已经放弃使用含硫燃料。

日本通过增加补贴来达到削减污染的目的。从20世纪90年代开始,日本政府部门对购买电动汽车的企业和团体给予车辆差价50%的购车补贴,对研究高效燃料电池汽车应用技术的企业给予资助。

(二)绿色物流补贴政策的构成

从社会公平和经济公平的角度来看,实施绿色物流的企业对资源环境的维护为地区、国家的可持续发展做出了贡献。相应地,企业也因此付出了代价与成本,但这种代价和成本在市场条件下是难以得到补偿的。因此,政府必须建立一种补偿机制,对这种具有公共物品性质的产品的正外部性予以补偿。一种行之有效的办法就是对积极采用先进环保设备、清洁能源以及积极推进资源循环利用的企业实施绿色补贴政策。补贴的方式包括物价补贴、企业亏损补贴、财政贴息、对无污染或减少污染的设备实行加速折旧等。

为了鼓励和刺激企业的绿色物流行为,政府应制定企业绿色物流补贴政策,主要包括以下几方面。

(1)对绿色运输方式的补贴。铁路运输和水路运输是污染较小、能源利用率较高的运输方式,应给予补贴,鼓励企业选择。

(2)对削减空气污染物(一氧化碳、碳氢化合物、氮氧化物、含铅化合物、二氧化碳等)行为的补贴。其原因是企业必须花费一定的投资,如改用清洁燃料、使用环保车辆,才能取得削减污染物排放的效果。

(3)对绿色废弃物处理替代方式的补贴。采用循环利用和堆肥处理,比地下填埋的成本更高,故可享受一定的补贴。

二、税收政策

对污染排放行为征税、对绿色环保行为给予税收优惠,通过这种税收政策可以起到激励企业绿色经营行为的作用。政府应根据企业物流绿色化过程中的投入与收益进行税收减免,例如,对环境表现出色的企业实行低增值税率,或者对满足绿色生产/服务要求的企业,返还部分所得税,以鼓励其绿色经营行为。企业进行的绿色投资具有很强的外部效应,其绿色投资除享受国家企业所得税的有关规定外,还可享受更有力的税收优惠政策。

针对物流系统的资源能源消耗、各种污染、交通拥挤等负的外部性，可以制定相应的征税或税收优惠政策，相应的可选税收政策如下。

（一）对不可再生资源征收重税

不可再生资源包括岩石中的能源，如石油、天然气、煤炭，以及非能源矿物质，如铜、镍矿等，这些资源的形成需要长达数百万年的地质演变过程，一朝开采，便无法再生。虽然不是对污染征税，但对这些资源和能源收取重税，在客观上，起到了鼓励节约能源和提高能源效率的作用，符合可持续发展的要求。

（二）对使用原生材料征税

该税收增加了产品生产成本，使得产品价格提高，产品需求因此减少，从而减少了废弃物的产生。该方法同时还会导致对可循环材料需求的增加，从而减少了对废弃物填埋处理的需求，另外还将导致逆向物流需求的增加。

（三）征收道路税

道路税可以在一定程度上使公路运输的外部成本内部化。征收道路税可以起到鼓励企业选择铁路运输和水路运输的作用。对城区交通繁忙地带加收道路税，可以调节交通流、缓解交通拥挤程度，也减少了空气污染。

（四）对回收再循环给予税收优惠

该税收优惠政策旨在鼓励企业回收产品或包装物，并进行循环再利用。例如，美国佛罗里达州的《废弃物处理预收费法》规定，只要达到一定的回收再利用率，就可申请免除包装废弃物的税收。该政策还鼓励在新产品生产中使用再生资源或再生零部件。这将促进逆向物流的快速发展，有利于资源节约和废弃物减少。

（五）对清洁车辆和清洁燃料的使用予以税收优惠

该政策鼓励运输承运人对运输车辆进行更新换代，早日淘汰旧的污染严重的车辆，或对车辆进行改造，使之适应新的清洁能源。通过该优惠政策，可促进低排放车辆的普及。

（六）对采用铁路运输和水路运输的企业给予税收优惠

与（三）相对应，鼓励企业优先选择铁路运输和水路运输方式。为更充分利用铁路运输或水路运输能力，企业可以进行合伙运输或共同运输，以便进一步降低运输成本，凸显这两种运输方式的优越性。

三、政府采购

政府不仅是环境保护的调节者和推进器，也是环境保护产品和服务的购买者。政府也是产品和服务的最大买主，他们可以行使自己的权力，购买绿色产品和绿色服务，从而对实行绿色行动的企业起到经济刺激的作用。

政府采购规模庞大，在各国经济中占重要的地位，政府采购制度管理的职能已从具体采购活动发展到多个经济领域，例如，对国产产品标准的认定、对供应商资格进行市场准入管理等。因此，政府采购制度已经由单纯的财政支出管理手段发展为政府用于管理国家经济、宏观调控经济运行的有效手段。

利用政府采购的规模优势和导向作用，能够对实现社会、经济发展目标起到调节和控制作用。以我国为例，针对环境保护问题、欠发达地区和少数民族地区及中小企业的发展问题，政府通过采购机会的倾斜，实现对资源的合理配置，促进环境保护，支持不发达地区的发展。

政府是一个特殊的买主，政府采购不仅仅是采购产品和服务，还必须考虑产品的社会价值。政府采购可以采取以下几方面采购倾斜策略来促进物流绿色化发展。

（1）优先购买具有绿色标志的产品和包装，促进绿色包装和资源缩减目标的实现。

（2）优先选择通过 ISO 14000 体系认证的物流企业提供的服务，促进物流企业环境管理水平的全面提高。

（3）采购再生资源产品，鼓励资源的回收和循环再利用，促进逆向物流的发展。

（4）优先选择绿色运输方式，如铁路运输、水路运输和清洁车辆的运输等，促进运输绿色化发展。

通过上述采购倾斜策略，政府采购不仅能够对绿色物流的发展起到拉动作用，而且对物流产业的发展具有重要的导向和示范作用。

四、产业引导政策

为促进社会物流、企业物流的绿色化发展，政府还应该对物流业的发展提供支持，引导和推动物流业的社会化发展。

（一）统一规划社会性的物流网络，促进物流社会化

物流社会化对于节约社会资源、改善环境、降低物流成本具有十分重要的意义。物流社会化就是指利用第三方物流为企业提供物流服务，其优势体现在以下 3 个方面。一是有利于共同配送的发展，而共同配送能降低物流成本；二是能有效减少车辆空载

或非满载行驶的现象，有利于节约社会能源；三是有利于城市环境改善，因为物流效率的提高使完成同样的物流量所需的车辆数、行驶里程和燃料消耗都减少了，从而对降低城市空气污染和交通拥挤程度具有积极作用。因此，物流社会化对于物流的绿色化具有特别重要的意义。

为促进物流社会化发展，政府应该从总体上规划社会性的物流网络和物流基础设施，避免各部门的重复建设和资源浪费，并对区域性物流中心、公共配送中心等大型基础设施建设提供财政支持和政策支持。先进的物流基础设施能够为物流社会化发展提供硬件支撑。

另外，政府对物流信息网络的建设和物流信息化研究提供经费支持，有利于社会物流信息化水平的提高。物流信息化对物流需求信息发布、资源共享和资源最优利用等都具有重要作用，因而对环境保护具有积极的作用。

（二）对流动污染源实施强化管理

货车运输是一种流动的污染源，污染的危害性不仅与车辆技术性能和环境性能有关，还与污染源的位置和排放的时间有关系，在交通极度拥挤的情况下，燃料燃烧的废气排放程度是最严重的。这种情况下，前面介绍的税收调节或收取排污费的方法是无效的，必须实施行政控制和强化管理。

1. 限制行驶路线和行驶时间

根据货车夜间行驶造成的污染危害较小、人口稠密地区的污染严重的事实，政府应该通过采取一定的手段，限制货车在白天的行驶路线和行驶时间，鼓励夜间货运。

2. 限制城区运行货车的种类

一般来说，载重量大的货车排污量也大，以石油制品为动力的车辆污染大。国际上有些大都市，在特定区域内强制推行排污标准较低的货车才允许行驶的规则，对车辆噪声进行限制；另外，通过优惠政策鼓励城区内电动汽车、清洁能源汽车的使用来推进物流绿色化。

3. 限制空载行驶

在特定的区域或特定的时间段限制货车空载行驶或非满载行驶，有利于推进物流社会化、共同化，有利于促进中小企业使用社会物流资源，提高物流效率。

总之，除了制定相关的法律法规之外，政府还可以通过使用各种政策工具进行引导，限制物流过程中的环境污染，通过一定的激励机制和约束机制促进物流业的可持续发展。

第四节　绿色理念的教育与传播

保护环境是一项关系到公众切身利益和子孙后代长远利益的事业。推进绿色物流发展，除了加强政府政策法规的约束和激励，还需要广大公众的积极参与。因此，必须重视对消费者和企业的绿色理念的宣传教育。发展应该是可持续的，可持续发展是最根本的伦理观，强调当代人必须对未来的子孙后代负有道德义务。为促进绿色物流的发展，以可持续发展的伦理观为基础进行绿色理念教育是非常必要的。

一、绿色理念教育

（一）可持续消费观

绿色理念教育包括生态道德、生态价值观以及资源价值观教育等，教育的对象包括各类企业、广大公众及政府领导人。公众及企业的环保意识淡薄，会成为绿色物流发展的外在障碍力量。

对广大公众开展绿色理念教育，使公众了解环境问题的严重性，了解有关的环保法规，增强生态环境意识，树立可持续的消费理念；通过自己的绿色行动鼓励和监督企业的行为。教育和宣传能够鼓励社会利益群体主动改变其行为方式，从而避免代价更高的政府干预。教育和宣传的形式是多样的，可以是政府通过国民素质教育提高国民的环保意识，也可以通过向企业和广大公众进行有导向性的宣传，提供有益的信息，使企业及消费者都认识到从可持续发展中获得的利益。

消费分为生产消费和生活消费，生产消费者一般是企业，而生活消费者则是广大公众。物流既为生产消费提供快速、准时的服务，也为生活消费提供满意的服务；消费需求是最根本的需求，物流需求只是派生的需求；生产消费也是由生活消费需求引发的。因此，可持续发展的消费观念对绿色物流的发展具有积极的作用。

可持续消费是一种既符合代际公平又符合代内公平的消费。根据联合国环境规划署《可持续消费的政策因素》中的定义，可持续消费是指提供服务以及相关产品以满足人类基本需求、提高生活质量，同时，使自然资源和有毒材料的使用量最少，使服务或产品生命周期的废弃物和污染物最少，从而不危及后代的需求。可持续消费强调公平的原则，因为人类生存的物质基础——生态环境和自然资源是全人类所共有的，因而消费和有限资源的分配必须实现本代人之间的公平、代际公平和国际间公平。可持续消费从消费的角度建立了一种人与自然协调和谐的关系；可持续消费涉及产品及服务的组合，这种组合几乎遍及全社会，包括生产产品和服务的过程、使用产品或服务的附加过程。

(二) 可持续消费观教育的内容

绿色消费行动能刺激企业的绿色经营行动。促进物流绿色化发展,应以可持续消费观为依据,进行如下内容的绿色消费教育。

1. 选择绿色产品

绿色产品指产品及其包装在全生命周期都对环境无害,产品废弃后能回收、再循环。消费者对绿色产品的青睐,能够促使企业积极实施全面的环境管理,包括:绿色供应商选择,产品包装、储存及运输环节的绿色化,绿色产品设计与清洁生产,企业逆向物流行动等。

2. 支持回收活动

消费者是最终的产品需求者和使用者,如果没有消费者对企业回收行为的支持,尽管有很严格的法规或经济措施,企业的回收目标仍然是很难达到的。例如,饮料容器或其他包装容器的回收,就受到消费者对待回收态度的约束。

3. 支持再生资源产品

购买用再生资源制成的产品是对循环经济模式的积极响应,对企业进行物料/零部件的重用、翻新、改制等逆向物流活动具有很大的激励作用。没有消费市场对再生资源产品的需求,企业的逆向物流活动也失去了动力。

事实上,让广大公众真正了解环境问题的严重性、认识到地球资源的有限性,并进行可持续消费观的宣传教育,就能使更多的公众真正关心环境问题与资源问题。具有这种环境危机感的人往往会采取积极主动的措施,通过自己的行动避免造成更多的污染。一般来说,坚持绿色消费方式的公众更愿意购买有利于生态环境的产品或服务,包括绿色产品、再生资源产品等;也会积极支持企业的回收再循环活动。

二、企业绿色理念传播

以资源缩减和废弃物最少化为目标的绿色物流,涉及供应链上的制造企业、物流企业、销售企业和消费者。企业在环境保护方面的作用是最重要的,除了受到政府规制和政策影响外,企业的环境自律管理对绿色物流的推进是至关重要的。

企业从领导层到员工层都具有强烈的环保意识和绿色理念是非常重要的。仅有领导层制定相关战略,而没有一线员工的积极参与和配合,即使制定了最佳的绿色物流战略,也很难得到很好的执行,使战略的作用降低。因此,有必要从上至下进行绿色理念的传播,培养各层次员工的环保意识和环保行为。具体策略如下。

(1) 从企业管理层次看,必须认识到自营物流与外包物流存在的环境绩效差异,推行同产业的共同配送或地域间的共同配送,以降低货车运行里程和次数,减少能源消耗。

（2）在企业物流方式决策过程中，尽量考虑对铁路运输的使用或铁路—公路的联合使用，但这需要提高一次运输量或与其他企业合伙使用运输能力。

（3）加强对员工的环保意识和知识的宣传教育。物流企业对驾驶员进行相应管理，能产生经济与环境的双重效益，比单纯的技术改造的效果还明显。

（4）企业必须实施与环境绩效相关的绩效考评制度，以鼓励表现突出的员工。

总之，绿色物流的发展是一个系统工程，涉及原材料/产品的生产企业、物流服务企业、分销企业、消费者以及从事资源再生的企业，除了政府的政策法规和经济手段外，企业的自律和绿色理念宣传，对于全社会物流的绿色化发展也具有十分重要的促进作用。因此，绿色理念的传播必须贯穿全社会。

案例 爱普生公司依靠三大支柱推进环保教育

爱普生（Epson）公司（以下简称"公司"）为了让每一名员工都能正确认识环境问题，并且能在具体的实践活动中发挥作用，在公司生活和家庭生活中将把环境问题作为判断自己行为的准则之一，公司以"多层次教育""专业教育"和"启发和促进"为三大支柱开展系统性、长期性的环保教育活动。

一、多层次教育

多层次教育的目的是使从普通职员到管理人员的所有员工都能够从各自的职责出发，正确认识应该如何解决相关的环境问题并付诸行动。

1. 基础教育

基础教育是包括国内关联公司在内的全体职工通过采用公司内部网络的网站教育系统"Epson Global Campus"（爱普生全球校园）接受教育。

2. 新任科长级研修

在该层次教育计划中，结合了环境综合措施，向新任管理者解释说明世界环境问题动向及本公司采取的措施等，使其能够作为一名管理者，准确把握环保活动的方向。

3. 新任部长级研修

在新任部长级教育方面，为了使新任部长们对环境经营的重要性有更深刻的认识，在升职人员研修时，由负责环境问题的董事授课。

对总经理（国外关联公司的最高经营负责人），除了让其掌握当地的法律法规等有关环境的动向外，还讲授环境经营的基础知识；对一般职工和管理人员，使其理解赴任当地的环境动向，进行事前教育，使其能够根据经营负责人的指示，切实从事环境活动,或者积极参加环保活动。

二、专业教育

为了使员工掌握必要的环境保护技能,公司针对他们各自的职务给予相应的专业教育。公司每年都会开展内部环境监察员资格培训,通过培训的人员可成为公司内部环境监察员。

三、启发和促进

公司通过内部局域网提供环保活动信息、在每月的社内刊物上刊登相关报道、张贴环保宣传画并开展各种主题的演讲会等措施,进一步增强全公司员工的环保意识。

公司内部局域网的全公司环保活动信息主页上不但按照不同主题分类提供了环保活动的最新信息,还提供了相关法律法规的信息、公司内外召开的相关会议的资料和会议记录、相关用语集等对员工有用的信息。

【问题讨论】

1. 结合案例分析不同层次员工的培训内容有何区别?
2. 对员工进行环保意识教育对于改善公司环境绩效有何作用?

一、名词解释

市场经济;帕累托最优;市场失灵;外部性;负外部性;正外部性;许可证制度

二、判断题

1. 市场失灵在市场经济发达的国家和发展中国家都存在着。( )
2. 市场机制总是能够有效地进行资源的最优配置。( )
3. 外部性是指一个人或一个企业的活动对其他人或企业造成的不良影响。( )
4. 发展绿色物流是企业的责任,政府不需要进行干预。( )
5. 政府规制存在的合理性在于物流活动具有外部不经济性。( )
6. 绿色物流发展的政府规制是政府对企业物流活动外部不经济性的约束与干预。

( )

7. 制定绿色物流标准主要是由于经济目标和技术目标,与环境目标无关。( )
8. 排污收费属于一种经济刺激手段。( )

三、简答题

1. 物流发展中为什么需要"政府干预"?
2. 物流活动的外部性包括哪些?
3. 政府规制的主要特点有哪些?
4. 如何利用政府采购政策促进绿色物流的发展?
5. 制定绿色物流标准对节能减排有何作用?

 **实训项目**

1. 设计问卷,调研消费者对再生产品、翻新制品的消费意愿,分析这种绿色消费意愿对促进逆向物流发展的重要性。
2. 查阅近几年我国政府发布的相关政策文件,归纳与绿色物流发展有关的内容,分析这些政策对促进绿色物流发展的作用。

参考文献

[1] 周光召,牛文元. 中国可持续发展战略 [M]. 北京：西苑出版社,2003.

[2] 赵丽芬,江勇. 可持续发展战略学 [M]. 北京：高等教育出版社,2001.

[3] 王长琼. 绿色物流的内涵、特征及其战略价值研究 [J]. 中国流通经济,2004（3）：12-14.

[4] 王长琼. 绿色物流的产生背景及发展对策初探 [J]. 物流技术,2002（6）：39-40.

[5] 袁晓丽,王长琼. 考虑碳足迹的闭环供应链网络优化研究 [J]. 武汉理工大学学报（交通科学与工程版）,2014（2）：437-441.

[6] 闫高杰. 基于三重底线的可持续供应链管理研究 [J]. 物流技术,2009（3）：114-116.

[7] 张松波,宋华,于亢亢. 绿色采购战略、利益相关者满足与企业绩效 [J]. 经济与管理研究,2017,38（5）：113-124.

[8] 王继祥. 十大绿色仓储与配送措施助绿色物流落地 [J]. 环境经济,2018（8）：32-35.

[9] 王长琼. 循环供应链 [M]. 北京：中国物资出版社,2008.

[10] 王长琼. 国外逆向物流的经济价值及管理策略初探 [J]. 外国经济与管理,2003（8）：18-21.

[11] 郭廷杰. 日本的交通运输节能减排情况简介 [J]. 节能,2010（2）：4-11.

[12] 肯尼思·巴顿,运输经济学 [M]. 北京：商务印书馆,2001.

[13] 杨浩,赵鹏. 交通运输的可持续发展 [M]. 北京：中国铁道出版社,2001.

[14] 武军,李和平. 绿色包装 [M]. 北京：中国轻工业出版社,2000.

[15] 陈柳钦. 现代港口与港口物流业的发展 [J]. 综合运输,2003（1）：30-31.

[16] 吉利斯,波金斯,罗默,等. 发展经济学 [M]. 4版. 黄卫平,等,译. 北京：中国人民大学出版社,1998.

[17] 唐剑武,叶文虎. 环境承载力的本质及其定量化初步研究 [J]. 中国环境科学,1998（3）：227-230.

[18] A. 迈里克·弗里曼. 环境与资源价值评估：理论与方法［M］. 曾贤刚，译. 北京：中国人民大学出版社，2002.

[19] 中国科学院可持续发展战略研究组. 2004 中国可持续发展战略报告［M］. 北京：科学出版社，2004.

[20] 邓南圣，吴峰. 工业生态学［M］. 北京：化学工业出版社，2002.

[21] 王长琼. 现代物流标准体系基本问题研究［J］. 中国标准化，2002（10）：45－46.

[22] 森田富士夫. 中小物流企业制胜的关键［M］. 许京，孙庚，译. 北京：电子工业出版社，2005.

[23] 王喜富，刘全明. 城市绿色智慧物流［M］. 北京：电子工业出版社，2018.

[24] 王长琼. 物流业可持续发展评价指标体系初探［J］. 经济管理，2005（1）：38－40.

[25] 叶正波. 可持续发展评估理论及实践［M］. 北京：中国环境科学出版社，2002.

[26] 李永宁. 区域物流业可持续发展的综合评价［J］. 统计与决策，2009（5）：60－62.

[27] 植草益. 微观规制经济学［M］. 北京：中国发展出版社，1992.

[28] 保罗·R. 伯特尼，罗伯特·N. 史蒂文斯. 环境保护的公共政策［M］. 穆贤清，方志伟，译. 上海：上海人民出版社，2004

[29] 李爱彬，周敏，卞丽丽. 企业实施绿色物流的政府激励与监督机制设计［J］. 生态经济，2009（3）：99－101.

[30] 胡志杰，王长琼. 基于 ArcGIS 的物流配送系统集成研究［J］. 物流技术，2005（3）：35－37.

[31] S. EMMETT, V. SOOD. Green supply chains：an actionable manifesto［M］. Berlin：Springer, 2010.

[32] YANN BOUCHERY, CHARLES J. CORBETT, JAN C. FRANSOO, et al. Sustainable supply chains：a research-based textbook on operations and strategy［M］. Berlin：Springer, 2017.

[33] HARILAOS N. PSARAFTIS. Green transportation logistics［M］. Berlin：Springer, 2016.

[34] PAUL R MURPHY, RICHARD F. POIST, CHARLES D. BRAUNSCHWEIG. Green logistics：comparative views of environmental progressives, moderates, and conservatives［J］. Journal of Business Logistics, 1996（1）：191.

[35] STEFAN SEURING, MARTIN MÜLLER. From a literature review to a conceptual framework for sustainable supply chain management [J]. Journal of Cleaner Production, 2008 (16): 1699–1710.

[36] H.-J. WU, S. DUNN. Environmentally responsible logistics systems [J]. International Journal of Physical Distribution and Logistics Management, 1995 (2): 20–32.

[37] BEHNAM FAHIMNIA, MICHAEL G. H. BELL, DAVID A. HENSHER, et al. Green logistics and transportation: a sustainable supply chain perspective [M]. Berlin: Springer, 2015.

[38] K.-H. LEE. Integrating carbon footprint into supply chain management: the case of Hyundai Motor Company (HMC) in the automobile industry [J]. Journal of Cleaner Production, 2011, 19: 1216–1223.

[39] NIKOLAOS TROKANAS, FRANJO CECELJA, MINGYEN YU, et al. Optimising environmental performance of symbiotic networks using semantics [J]. Computer Aided Chemical Engineering, 2014 (33): 847–852.

[40] MAICOL BARTOLINI, ELEONORA BOTTANI, ERIC H. GROSSE. Green warehousing: systematic literature review and bibliometric analysis [J]. Journal of Cleaner Production, 2019 (226): 242–258.

[41] D. S. ROGERS, R. S. TIBBEN-LEMBKE. Going backwards: reverse logistics trends and practices [R]. Reverse Logistics Executive Council, 1998.

[42] R. S. TIBBEN-LEMBKE, D. S. ROGERS. Differences between forward and reverse logistics in a retail environment [J]. Supply Chain Management: an International Journal, 2002 (5): 271–282.

[43] 沃尔玛（中国）投资有限公司. 企业社会责任与可持续发展报告（2011—2012）[EB/OL]. http://www.sustainabilityreport.cn/76e6cb7f9fb6554403edc33910d94ecd? post_id=5d5bb9b21b6c2a4089a1691a.

[44] 中远海运集装箱运输有限公司. 2018可持续发展报告 [EB/OL]. http://lines.coscoshipping.com/home/About/socialResponsibility/sustainabilityReport.

[45] SEIKO EPSON CORPORATION. Sustainability report 2018 [EB/OL]. https://global.epson.com/SR/report/2018/pdf/epson_sr2018_all_e.pdf.

[46] SHARP CORPORATION. 2019 sustainability report [EB/OL]. https://global.sharp/corporate/eco/report/backnumber/pdf/ssr2019e.pdf.

[47] 富士施乐（中国）有限公司. 可持续发展报告 2019 [EB/OL]. https://www.fujixerox.com.cn/zh-CN/Sustainability-Report/PDF-Download.